Jackie Budd

Pferde
besser verstehen

Jackie Budd

Pferde besser verstehen

Neue Erkenntnisse zur Natur des Pferdes ·
Sprache · Verhalten · Ausbildung

Die Deutsche Bibliothek – CIP-Einheitsaufnahme

Budd, Jackie:
Pferde besser verstehen : neue Erkenntnisse zur Natur des Pferdes ;
Sprache – Verhalten – Ausbildung / Jackie Budd. [Übers.: Bettina
Borst]. – München ; Wien ; Zürich : BLV, 1999
   Einheitssacht.: Reading the horse's mind <dt.>
   ISBN 3-405-15487-1

Übersetzung: Bettina Borst

BLV Verlagsgesellschaft mbH,
München Wien Zürich
80797 München

Titel der englischen Originalausgabe:
READING THE HORSE'S MIND
© 1996 by Ringpress Books and Jackie Budd
Erschienen bei Ringpress Books Ltd,
PO Box 8, Lydney, Gloucestershire GL 15 6YD

© der deutschsprachigen Ausgabe:
BLV Verlagsgesellschaft mbH, München 1999

DTP: Satz + Layout Fruth GmbH, München
Titelfoto: Erwin Escher
Umschlaggestaltung:
Werbeagentur Sander & Krause, München
Gesamtherstellung: Bosch-Druck, Landshut

Gedruckt auf chlorfrei gebleichtem Papier

Printed in Germany · ISBN 3-405-15-15487-1

Inhaltsverzeichnis

Dieses Buch ist meiner Mutter
und meinem Vater gewidmet,
die nie so ganz verstehen konnten,
worum es bei meiner Faszination für
Pferde eigentlich ging,
die meine ungewöhnliche
Besessenheit aber trotzdem
tolerierten.

Pferde verstehen

Dieses Buch ist für Pferdebesitzer und für Reiter aller Leistungsstufen mit und ohne Turnierambitionen gedacht, die das Beste aus ihren Pferden herausholen wollen, indem sie verstehen lernen, wie der Geist des Pferdes arbeitet.

Jackie Budd, die schon ihr ganzes Leben lang mit Pferden zu tun hat, zeigt uns, wie man das Leben durch die Augen des Pferdes sieht und wie man seine natürlichen Instinkte zum eigenen Vorteil nutzen kann, anstatt Konflikte heraufzubeschwören. Für Menschen, die hauptsächlich zum Vergnügen reiten, gibt sie wertvolle Ratschläge, wie man sein Pferd behandeln und pflegen sollte und wie man so sensibel reitet, dass man eine schöne Beziehung aufbauen kann, die auf gegenseitigem Vertrauen basiert. Besonderes Augenmerk legt sie auf die Ausbildung von jungen Pferden, die in jeglicher reiterlichen Disziplin die Basis des Erfolgs ist.

Ihr eigenes umfangreiches Wissen über Pferde ergänzt sie mit bemerkenswerten Einsichten von einigen der bekanntesten Pferdeleute in der internationalen Szene. Zu den Reitern, Pferdeausbildern und Reitlehrern, die sie in diesem Buch interviewt hat, gehören:

- Linda Tellington-Jones
- Monty Roberts
- Susan Hutchinson
- Karen O'Connor
- Sylvia Loch
- Marcy Pavord
- David Broome
- Carl Hester
- Mary King

»Pferde besser verstehen« schafft den Bezug zu den Gründen für viele Charakterzüge und Verhaltensweisen des Pferdes und befähigt uns, noch mehr Freude an der Beziehung mit den Pferden zu haben, die wir versorgen und reiten.

Danksagungen

Ich möchte all den Fachleuten danken, die so bereitwillig in ihrem vollen Terminkalender ein Plätzchen freigemacht haben, um sich noch mehr über Pferde unterhalten zu können: das Balance Team, David Broome (Träger des Ordens »Order of the British Empire«), Stephen Hadley, Carl Hester, Susie Hutchinson, Mary King, Sylvia Loch, Richard Maxwell, Karen O'Connor, Gillian O'Donnel, Marcy Pavord, Monty Roberts, Linda Tellington-Jones und Lesley Ward für die Beiträge aus den Vereinigten Staaten von Amerika und vor allem für das Interview mit Susie Hutchinson.

Ganz besonderer Dank geht an Nick für seine Unterstützung sowie an Julia Menzies und alle diejenigen, die mir geholfen haben, den Überblick über meinen eigenen kleinen »Tiere« nicht zu verlieren, vor allem meine Familie und Sharon Evans.

Einführung

Was ist das für ein Tier, ein Pferd? Was denkt es, wenn es einen Neuankömmling mit viel Geschnaube und Gequieke einer eingehenden Prüfung unterzieht, wenn es misstrauisch die Augen rollt oder auf einen freundlichen Klaps auf die Hinterhand hin einen Luftsprung macht? Es handelt sich doch dabei um dasselbe Tier, das in Luhmühlen furchtlos im Galopp auf einen nicht einsehbaren Tiefsprung loszieht oder das in einer Grand Prix – Dressurprüfung die Mittellinie nur so entlangtanzt – und wehe, das Publikum bewundert es nicht genügend.

Egal ob in geschäftlichen oder in freundschaftlichen Beziehungen – wir würden nie erwarten, mit einem anderen Menschen eine halbwegs vernünftige Partnerschaft eingehen zu können, wenn wir so gut wie gar nichts darüber wüssten, wer das eigentlich ist, wo er herkommt, was ihn bewegt und welche Ziele er im Leben hat – und dabei geht es da noch um Mitglieder derselben »Tierart«! Die Art, wie ein Pferd denkt und reagiert, ist die Grundlage für alles, was es tut. Aber wie viele Reiter – egal ob Anfänger oder Spitzenreiter – haben jemals innegehalten und sich einigermaßen tiefgehende Gedanken darüber gemacht, mit was für einer Art von Wesen sie da umgehen, worauf sie sitzen und an wen sie da immer höhere körperliche und psychische Ansprüche stellen?

Das Pferd, unser Begleiter in Tausenden von Jahren der Menschheitsgeschichte, scheint ein Fall zu sein, der unter dem Phänomen »Vertrautheit schafft Verachtung« leidet. Es ist schon so lange da, hat sich unseren Wünschen gefügt und auf die eine oder andere Art sein Leben mit uns geteilt, dass man es schon für selbstverständlich hält – wie ein Paar vielgetragener Stiefel, die man benutzt und danach putzt und bis zum nächsten Mal an ihrem Platz verstaut. Tatsächlich haben wir gerade erst einmal angefangen, diesen »alten Freund« überhaupt richtig kennen zu lernen.

Reiten aus Freude am Reiten und als Sport ist auf dem Vormarsch und bietet uns eine gute Gelegenheit, unsere Beziehung auf eine neue Basis zu stellen. Es ist nicht mehr nötig, sich die Kraft und die Gutmütigkeit des Pferdes zunutze zu machen, weil man selbst überleben will. Heutzutage kann man sich zurücklehnen und sich in aller Ruhe ansehen, was man da eigentlich hat. Endlich haben wir die Zeit, ein wenig mehr über unseren Mit-Arbeiter herauszufinden, und wenn wir ihn besser verstehen, können wir ihm ein besseres Geschäft anbieten. Diese neue Beziehung sollte auf Zuneigung beruhen, aber sie sollte ebenso auf Fairness und Respekt gründen.

Um einen Schritt nach vorne tun zu können, müssen wir zunächst zurückgehen und noch einmal anfangen, und zwar von fast ganz vorne. Wir müssen das Pferd zu allererst als Tier mit ganz eigenen Eigenschaften sehen, wir müssen herausfinden, welche Gedankengänge in einem Pferd ablaufen und wie es lernt und versteht. Wenn die Kommunikation einmal stimmt, kommen großartige Partnerschaften zustande – wie man an den vielen Pferdemenschen sehen kann, die in diesem Buch interviewt wurden. Kommunikation und Verständnis sollten nicht in ein Lotteriespiel ausarten. Für jedes Pferd-und-Reiter-Paar, das auf derselben Wellenlänge liegt, gibt es nur zu viele frustrierte Reiter und unglückliche, falsch verstandene Pferde, die sich nie näher kommen. Wenn wir ein Auge dafür entwickeln, wie die Natur das Pferd geschaffen hat, dann können wir mit der Richtung arbeiten, die Millionen von Jahren des Instinktverhaltens und der Evolution ihm gegeben haben, anstatt gegen diese Richtung zu gehen. Das Ziel dieses Buches liegt darin, Pferdebesitzern und Reitern dabei zu helfen, ihre Pferde besser kennen zu lernen, von ihnen zu lernen und einige echte Kommunikationsleitungen aufzubauen.

So kommen wir dem Ziel näher, die Natur des Pferdes besser zu verstehen und vor allem auch zu verstehen, was wir sinnvollerweise von ihm verlangen können.

1
Die Evolution des Pferdes

Die Anfänge

Die Geschichte des Lebens auf der Erde ist bereits sehr lang und wird immer länger, je weiter die Wissenschaftler seinen Beginn in der Zeit nach vorne verschieben. Vor kaum zwei Jahrhunderten war der Glaube weit verbreitet, der Planet selbst sei nicht älter als 6000 Jahre, und die Startlinie für das Pflanzen- und Tierleben läge nur einige Tage später. Bis zum 19. Jahrhundert hatten geologische Untersuchungen gezeigt, wie weit diese Einschätzungen daneben lagen – Schätzungen, die das Alter der Erde auf Hunderte von Millionen Jahren datierten, lagen da schon näher an der Wahrheit. Heute wissen wir, dass die Zahl eher bei atemberaubenden 4,5 Billionen Jahren liegt. Auf einer solchen Zeitskala kann man sich einen Zeitablauf fast ebenso unmöglich vorstellen wie die Lichtjahre der Astronomen, wenn man sich nicht einige Referenzpunkte schafft, an die man sich halten kann. Einer der einfachsten und am häufigsten verwendeten Vergleiche ist der, dass man sich das Alter der Erde als einen einzigen Tag vorstellt. Wenn man diesen Tag um Mitternacht beginnen lässt, müsste man zunächst acht Stunden warten, bis man den primitiven Lebensformen begegnet, die vor ungefähr 3000 Millionen Jahren die ersten Fossilien entstehen ließen. Der Vormittag, der Nachmittag und der größte Teil des Abends würden vergehen, bevor die Dinosaurier ungefähr um 22.40 Uhr die Bühne betreten. Die ersten modernen Menschen kommen noch viel später dran und betreten den Spielplan erst einige wenige Minuten vor dem mitternächtlichen Glockenschlag. Die paar Sekunden der menschlichen Zivilisation, die unsere Erdzeituhr registrieren würde, machen deutlich, dass wir auf der Erde wirklich Neuankömmlinge sind.

Wo passt nun das Pferd in den Spielplan? Entfernte Verwandte des Pferdes befanden sich unter den ältesten Säugetieren der Erde und haben einen Stammbaum, der weit vor die Zeit reicht, zu der die ersten Wale auftauchten, und der auch Millionen von Jahren vor dem Auftauchen der ersten Affen (von den ersten Menschen noch gar nicht zu reden) beginnt. Als er anfing, sich aufzurichten und auf zwei Beinen die ersten zaghaften Schritte zu machen, hat der erste Hominide seine Welt mit einem pferdeähnlichen Wesen geteilt, dessen körperliche Erscheinung und dessen Verhaltensmuster wir auch heute leicht erkennen könnten. Bis die modernen Menschen so weit waren, dass sie in ihrer Umgebung irgendwelche Zeichen setzen konnten, hatte das Pferd bereits 50 Millionen Jahre an Modellverbesserung durchlaufen, die aus dem winzigen scheuen Waldtier ein großes Steppenlauftier gemacht hatten.

Die Evolution ist ein Vorgang, der sehr allmählich abläuft. Fast so lange wie die Dinosaurier waren die Säugetiere eine recht erfolgreiche Tiergruppe gewesen, deren Mitglieder sich kunstvoll zwischen den riesigen, klauenbewehrten Füßen ihrer gigantischen Verwandten hindurchschlängelten. Durch den Tod der großen Reptilien waren die Säugetiere plötzlich die Sieger, ohne etwas dafür zu können – das Feld war frei geworden für diese winzigen, vielseitigen Lebewesen, die nun an Größe zunehmen und die Herrschaft übernehmen konnten. Gegen Ende der Kreidezeit vor ungefähr 65 Millionen Jahren waren die meisten Schlüsseleigenschaften der »Siegesformel« der Säugetiere deutlich ausgeprägt. Dazu gehörten Zähne, die ganz spezifisch auf die Verarbeitung bestimmter Nahrung zugeschnitten waren, die Entwicklung weg vom Eierlegen und hin zum Austragen der Jungen, hochentwickelte Sinnesorgane und ein immer wirkungsvolleres Nervensystem.

Wahrscheinlich lag es an der körperlichen Beweglichkeit und der geistigen Flexibilität dieser kleinen Generalisten, dass sie die katastrophalen Umwelt-Umwälzungen überleben konnten, die die Dinosaurier auslöschten, deren Größe, Gewicht und mangelnde Anpassungsgeschwindigkeit das Aus bedeuteten. Nun konnten die Säugetiere sich vermehren, sie wanderten auf den Landbrücken, die die Kontinente miteinander verbanden, in alle Richtungen und spezialisierten sich allmählich je nach den Erfordernissen der Umweltbedingungen, so dass sie zu Experten für Laufen, Klettern, Graben oder Schwimmen wurden. Aber im Spiel des Überlebens gibt es keine Garantien. Es war nie selbstverständlich, dass eine bestimmte Pflanzen- oder Tierart überleben und automatisch »lernen« wird, mit neuen Umständen besser zurechtzukommen und sich dann allmählich an diese Umstände anzupassen. Die Evolution ist eine Lotterie, in der mit hohem Einsatz gespielt wird.

Der Vorgang der Selektion

Den Evolutionsvorgang als »Überleben der Tauglichsten« zu beschreiben, ist irreführend, weil »Pech« dabei eine ebenso große Rolle spielt wie »schlechte Gene«. Mit unserem immer größeren Wissen über Paläontologie ist deutlich geworden, dass keine einzige Lebensform den heutigen Tag geradlinig und mühelos erreicht hat, indem sie in irgendeiner Form besser war als andere Lebewesen, die sich als weniger »fit« erwiesen. Fossilienfunde zeigen, dass der Zwang, den Umwelt und Umstände ausübten, immer und immer wieder den größten Einfluss auf die Route hatte, die das Leben dann einschlug. Ständig blieben – und bleiben auch heute noch, oft

Evolutionäre Veränderungen sind nicht auf körperliche Anpassungen beschränkt – sie beziehen sich genauso auf das Verhalten.

mit etwas Unterstützung vom Menschen – zahllose Arten auf der Strecke, weil ihre Nahrungsquelle versiegte, ihr Lebensraum zerstört wurde oder eine Naturkatastrophe sie auslöschte. Unter denen, die es nicht geschafft haben, befanden sich auch viele Pferdevorfahren. Wer weiß, wie unsere Pferde heute aussehen würden, wenn andere Bedingungen vorgeherrscht und die dreizehigen Waldbewohner des Miozän begünstigt hätten?

Immer wieder wurden die Regeln, nach denen die Arten existieren mussten, neu gemischt und ausgewürfelt, und die Arten, die diese Umwälzungen überlebten, fanden sich danach immer wieder mit neuen Spielregeln konfrontiert. Die »Tauglichsten« waren diejenigen, die für die neuen Spielregeln am besten passten. Alle Arten, die es geschafft haben, bis zum heutigen Tag zu überleben, verdienen als hochtalentierte Spieler, die über Millionen von Jahren hinweg dieses russische Roulette der Evolution erfolgreich mitgespielt haben, unsere Bewunderung. Der Vorgang der natürlichen Selektion, durch den entschieden wird, welche Tiere gedeihen und welche aussterben werden, arbeitet ausschließlich nach dem Zufallsprinzip. Die Gene, chemische Stoffe von bestimmter Form in den Körperzellen, die die Information über einzelne Merkmalsausprägungen tragen, werden auf Chromosomenpaaren an ein Lebewesen vererbt. Jeweils eine Hälfte dieses Paares stammt von der Mutter, die andere vom Vater. Manche Merkmale sind dominant und andere rezessiv (d. h. sie treten hinter den dominanten Merkmalen zurück), so dass kein Lebewesen

›Jedes einzelne Lebewesen wird durch die Dinge angetrieben, die seine eigenen Überlebenschancen maximieren‹

jemals eine genaue Kopie seiner Eltern darstellt. Außerdem unterliegen die Gene ständig und ohne bestimmten Plan Veränderungen oder »Mutationen«, die dazu führen, dass Einzelwesen innerhalb einer Art sich noch mehr von einander unterscheiden.

Wenn ein solcher Unterschied dazu führt, dass das Tier zu einer bestimmten Zeit an eine bestimmte Umgebung besser angepasst ist, wird dieses Einzeltier länger leben und mehr Nachkommen erzeugen. Alle diese Nachkommen können das vorteilhafte Gen erben, das dann in der Population immer häufiger wird. Die Stärken oder die »Tauglichkeits«-Komponenten eines Tieres liegen in denjenigen seiner Eigenschaften begründet, die es an seine Umgebung anpassen und die ihm im Kampf ums Überleben einen Vorteil verschaffen, so dass es von seiner Umgebung möglichst wirkungsvollen Gebrauch machen und seine Fähigkeiten auch weitergeben kann. Durch diese ständige Einführung neuer Mutationen und Strategien wird der Selektionsdruck aufrecht erhalten, so dass zumindest für einige Individuen die Chancen für ein Überleben steigen – diese Individuen liefern dann die Vorlage für ein neues »Baumuster«. Wer Gewinner ist und wer Verlierer, bestimmt sich nach der Art der Veränderung in den Umständen und nicht nach irgendwelchen Überlegenheiten in den Eigenschaften, die dieses Tier anders machen«.

Evolutionäre Veränderungen sind nicht auf körperliche Anpassungen beschränkt, sondern ebenso auch auf Verhaltenweisen anzuwenden, die ja zum großen Teil über Gene vererbbar sind. Verhaltensweisen, die ein Tier wirkungsvoll am

Leben halten, können an eine größere Zahl von Nachkommen weitergegeben werden. Jedes Einzelwesen wird bei allem, was es tut – sei das Nahrungsaufnahme, Spiel oder Kontaktaufnahme mit Artgenossen – von dem Instinkt geleitet, seine eigenen Überlebenschancen zu maximieren. Das trifft natürlich auch auf seine Nachkommen zu, die einen Satz dieser entscheidenden Familiengene an zukünftige Generationen weitergeben. In einer Gruppe entwickeln sich bestimmte soziale Verhaltensmuster, weil zwischen allen Beteiligten eine Art ungeschriebener Übereinstimmung herrscht, dass mit dieser Strategie die Überlebenschancen jedes Einzelnen am besten vergrößert werden können.

Die Ahnen des Pferdes

Beim Pferd haben wir Glück, denn seine Evolution folgt einem klassischen Weg und ist durch ein ganzes Mosaik an Fossilienfunden gut belegt. Dieses Mosaik ist zwar alles andere als vollständig, gibt uns aber trotzdem ein ziemlich genaues Bild der Entwicklung von der Frühzeit an.

Das älteste vollständige Skelett, das als Pferdevorfahr erkennbar ist, wurde 1867, eingebettet in Felsen, in Amerika gefunden. Später fand man heraus, dass es genetisch mit Schädelknochen identisch war, die einige Jahre zuvor in Südengland ausgegraben worden waren. Sein Alter datierte man auf ungefähr 50 Millionen Jahre oder ein wenig älter. Hyracotherium, das von den amerikanischen Wissenschaftlern ursprünglich Eohippus oder »Morgendämmerungs-Pferd« genannt worden war, stammte aus dem Eozän. Zu dieser Zeit war der Atlantik noch ein Moor, und der größte Teil der Erde war von tropischen Regenwäldern bedeckt, die Nordamerika mit dem heutigen Europa und Asien verbanden.

Diese Tiere ähnelten den Spitzmaus-ähnlichen Säugetieren des Dinosaurierzeitalters viel mehr als alle anderen pferdeähnlichen Tiere, die uns heutzutage bekannt sind. Hyracotherium wird durchschnittlich ungefähr 5,5 kg gewogen und eine Höhe von 25 bis 50 cm gehabt haben, womit es ungefähr die Größe und Gestalt eines Fuchses oder eines Collie-ähnlichen Hundes gehabt haben muss. Seine kleinen, niederkronigen Zähne, die auf den Kauflächen der Backenzähne längliche Erhöhungen aufwiesen, waren gut geeignet, um damit zu äsen und an saftigen jungen Blättern, Knospen und Beeren herum zu knabbern – eine Beschäftigung, der sich die meisten unserer Pferde auch heute noch gerne hingeben, wenn sie die Wahl zwischen einer schmackhaften Hecke mit frischen jungen Blättern oder ihrer Weide haben! Raubtiere mied dieser Pferdevorfahr, indem er sich möglichst schnell in die Tarnung des umgebenden Blätterwerkes verzog, so dass ein Sehvermögen zur Seite hin noch nicht nötig war. Die Augen saßen vorne am Kopf, also ungefähr wie beim Menschen. Und noch eine wichtige Einzelheit: Hyracotherium stand mit seinen vierzehigen Vorderfüßen und seinen dreizehigen Hinterfüßen auf dicken, hornigen »Hufen«, auf einer Art Zehenpolster wie denen, die man heute bei Hunden und bei Tapiren sieht – Tapire sind die engsten Verwandten der heutigen Pferde. Diese Polster verhinderten wirksam, dass es in den weichen, nassen Boden einsank.

Hyracotherium machte sich ganz gut, bis die Abkühlung des globalen Klimas sich allmählich in seiner Umgebung bemerkbar machte. Veränderungen in der Regenverteilung hatten zur Folge, dass die Bäume breitere Kronen bekamen, um so in der trockenen Jahreszeit mehr Wasser aufnehmen zu können. Zwar gab es noch keine mit Gras bedeckten Ebenen, aber der Waldboden wurde lichter, so

für Stabilität und Kraft entschieden. Die Verkleinerung der starren Schulterblattgräte, also des Knochenkammes auf dem Schulterblatt, zeigt, dass die Muskeln, die benötigt werden, um den Oberarm nach oben und außen zu ziehen, weniger wichtig geworden sind als die Notwendigkeit, die Energie in einen kraftvollen Schub von vorne nach hinten zu kanalisieren. Geschlossene Winkel zwischen Schulter und Ellenbogen ermöglichen ausgeprägte Dehnungen, die eine raumgreifende Bewegungsmanier schaffen. Da wenig Drehung (Rotation) erforderlich ist, ist die Elle reduziert und nur eine lange, kräftige Speiche ist übrig. Das Vorderfußwurzelgelenk, das unserem eigenen Handgelenk entspricht, hat eine ziemlich eingeschränkte Beweglichkeit, während die langen Knochen, die die Hand darstellen würden, auf einen starken Röhrbeinknochen reduziert und verlängert sind.

Anders als bei unserer Hand mit ihrer Spreizung in Finger sind die Zehen des Pferdes in eine einzige zusammengefasst: das Pferd ist zum »Zehenspitzengänger« geworden, der sich auf der Spitze eines einzigen Fingers bewegt – seines Hufs. Weil diese Zehe vollauf damit beschäftigt ist, das Gewicht des Pferdekörpers zu tragen, hat sie ihre Verwendbarkeit für andere Zwecke wie den Umgang mit Objekten oder das Kratzen verloren – ein guter Grund dafür, warum Sie Ihrem Pferd bei einigen Dingen helfen können, die es nicht selbst tun kann, zum Beispiel mit einer wohltuenden Rubbelminute hinter den Ohren!

Die Länge der Beine ist offensichtlich wichtig, um das Tier über das Niveau der Grashalme hochzuheben, die die Bewegung behindern würden. Die starke Bemuskelung ist auf den oberen Beinbereich konzentriert, um den Tritt antreiben zu können, während die Bewegung selbst eher im unteren Beinbereich stattfindet, so dass der Energieaufwand minimal bleibt. Was einstmals das Zehenpolster war, ist nun zu einer nützlichen, schwammartigen Einrichtung gegen Rutschen und Erschütterung geworden – zum Strahl.

Haut: Hochempfindlich, mit Muskeln, die reflexartig zucken und so Fliegen vertreiben können, was wichtig wird, wenn die Beweglichkeit der Beine eingeschränkt ist. Das Fell kann den jahreszeitlichen Wetterbedingungen durch dichteres oder weniger dichtes Wachsen angepasst werden. Dichte Mähnen- und Schweifhaare dienen der zusätzlichen Isolierung und sind nützliche Werkzeuge zum Vertreiben von Fliegen.

Aus den Fossilienfunden kann man keine vollständigen Verhaltensmuster ableiten, aber die körperlichen Merkmale deuten auf eine verschärfte Sinneswahrnehmung und einen kraftvollen Fluchtmechanismus hin, so dass der grundlegende Bauplan durchaus deutlich wird. Wenn die Mechanik so perfekt auf Überleben abgestimmt ist, ist es nur sinnvoll, anzunehmen, dass auch die Verhaltensmuster von Equus bei der Erfolgsgeschichte eine Rolle spielten und dass sie gegen Ende der letzten Eiszeit wohl auch gut eingespielt waren – und für uns erkennbar. Vor ungefähr zehntausend Jahren durchstreiften diese Pferde Europa und Asien und wurden allmählich vom amerikanischen Kontinent abgeschnitten, als die Meeresspiegel angehoben wurden. Wanderungen zwischen der alten und der neuen Welt waren bis dahin ungehindert möglich gewesen, aber aus Gründen, die die Wissenschaft immer noch nicht gänzlich erklären kann, zeigt uns das Fehlen von Fossilien, dass die Equiden ungefähr zu dieser Zeit in Nordamerika ausstarben. Pferde setzten keinen Huf mehr in das Land ihrer Geburt, bis die spanischen Konquistadoren im 16. Jahrhundert dort wieder Pferde hinbrachten.

Das Hauspferd

Es gibt unzählige Theorien darüber, wie Equus schließlich zur Zuchtgrundlage des Hauspferdes wurde, und es bestehen verwirrende Diskussionen über die beteiligten Gruppen und Untergruppen und ihre korrekten Bezeichnungen. Einigkeit kann man vielleicht in dem Punkt erzielen, dass zu dem Zeitpunkt, als der Mensch schließlich Notiz von den schnellfüßigen Tieren nahm, die da seinen Lebensraum teilten, die Veränderungen der Evolution innerhalb der Gattung der Equidae eine große Bandbreite an fein angepassten Lokalrassen geschaffen hatten.

Wieder war es das Klima, in Verbindung mit den früheren Wanderungsphasen, das den Katalysator für die Differenzierung darstellte. Die primitivsten Typen trafen ein, als die Bedingungen noch warm und tropisch waren. Als das Klima abkühlte, blieben sie in den einladenderen Bereichen Afrikas und des mittleren Ostens und wurden dort zu Zebras und Eseln. Alle Vertreter dieser Gruppe mit Ausnahme des Grant-Zebras sind leider zahlenmäßig sehr zurückgegangen, und manche, wie die Esel Asiens, kämpfen gerade noch um ihr Überleben – sie sind entweder ihrem Eigensinn oder ihrem Mangel an Flexibilität zum Opfer gefallen, weil das für den Menschen im Vergleich mit ihrem vielseitigen, leicht zu führenden und sportlichen Verwandten, dem Equus caballus, eine eingeschränkte Nutzbarkeit bedeutet.

Ein weiterer naher Verwandter, der ebenfalls die Erfahrung machen musste, gerade noch am Aussterben vorbeigekommen zu sein, ist Equus Przewalskii Poliakov, das östliche Steppenwildpferd. Es unterscheidet sich von den modernen domestizierten Rassen durch seine Chromosomenzahl: es hat 33 Chromosomenpaare (Hauspferde dagegen normaler-weise 32). Eine kleine Herde von Przewalskipferden wurde 1881 während einer Expedition zu den abgelegensten mongolischen Steppen von dem polnischen Forscher wiederentdeckt, dessen Namen dieses Pferd heute trägt. Das letzte wirklich wilde Pferd der Welt musste sich schließlich in Gefangenschaft begeben, aber nach einem erfolgreichen Zuchtprogramm wird es heute vorsichtig wieder in seiner ursprünglichen Heimat ausgewildert.

Auch wenn es sich technisch um eine völlig getrennte Art handelt, kann das östliche Steppenwildpferd mit Hauspferden gekreuzt werden, und die Hybriden sind fruchtbar. Die Verwandtschaft muss also ziemlich eng sein. Manche Experten glauben, dass das Przewalskipferd als Vorfahr aller modernen Rassen anzusehen ist, während andere es für wahrscheinlicher halten, dass es zur Urpony-Untergruppe des Nordpferdes gehört (siehe weiter unten). Die primitiven Züge des Przewalskipferdes waren den prähistorischen Künstlern, die ihre Beute auf den Wänden der Höhlen von Lascaux in Südfrankreich abgebildet haben, sicher wohlvertraut.

Trotzdem war es Equus caballus, der schließlich zum Helden der Equidae wurde. Die Vertreter dieser Art lebten auf der gesamten nördlichen Erdhalbkugel von Marokko bis in die Mongolei und verließen sich auf das Grundmuster, das der Gattung Equus so gute Dienste geleistet hatte. Auf dieser Grundlage entwickelten sie spezialisierte Eigenschaften und verschiedene Körperformen, die auf ihre jeweiligen Lebensräume ausgerichtet waren. Allgemein kann man sagen, dass sich zu der Zeit, als die ersten Domestizierungsversuche stattfanden, unterschiedliche Typen entwickelt hatten, von denen man glaubt, dass sie die Grundlage für die modernen Rassen und Typen geliefert haben:

Die **Wüstenpferde** bilden die Basis für die heutigen »heißblütigen« Rassen, die ihren Ursprung in den Pferden der ersten Wanderzüge hatten, die sich nach Süden bewegten, um in den trockenen Gebieten bleiben zu können. Diese Pferde waren hager und hochbeinig, hatten dichte Knochen und kleine, harte Hufe. Die Wärmeabgabe wurde durch eine dünne Haut, dünnes Fell und einen hoch angesetzten Schweif erleichtert. Der spitz zulaufende Kopf und weit dehnbare Nüstern halfen dabei, die trockene, staubige Luft zu filtern. Untertypen führten zu modernen Rassen wie dem Achal-Tekkiner mit seinen langen Linien, dem Kaspischen Pony und dem Araber.

Die **Nordpferde** wurden zur Basis der heutigen »kaltblütigen« Rassen. Sie wanderten später und waren so bereits im Begriff, sich an kühlere Bedingungen anzupassen. Sie blieben weiter im Norden, näher am herannahenden Eis, wo die Vegetation saftiger war. Zu den Untertypen, die sich aus dieser Gruppe entwickelten, gehören der massige Wald- und der Steppentarpan, die wahrscheinlich die Vorfahren der heutigen europäischen Zugpferderassen sind, und die kleinen, beweglichen und unverwüstlichen Wildponys (Equus ferus gracilis), die sich in die entlegensten Gebiete hin ausbreiteten und es dabei mit den unwirtlichsten Klimaten und den schlechtesten Weiden aufnahmen, so dass sie klein blieben. Der nächste moderne Verwandte dieser zähen frühzeitlichen Vertreter wäre wohl das englische Exmoor-Pony. Das ist die einzige noch lebende Rasse, bei der der Bau des Kiefers dem in prähistorischen Fossilien entspricht, die man vor kurzem in Alaska entdeckt hat. Sowohl die Ponys als auch die kalibrigen Nordpferde zeigen bestimmte Merkmale: dicke Haut, dichtes Fell, Beine mit starkem Behang, wirkungsvolle Isolie-

rung gegen Kälte und Regen. Rundliche Körper, kurze Beine und dicke Hälse minimieren die Verluste an Körperwärme. Der grobe Kopf des Tundrapferdes mit der konvexen Nase ermöglichte es, die eiskalte Luft zu erwärmen. Ein zusätzlicher Lendenwirbel schuf mehr Platz für die Verdauungsorgane. Da es nur wenige natürliche Fressfeinde gab, waren weder körperliche noch geistige Beweglichkeit unbedingte Prioritäten. Große, breite Hufe halfen, das Gewicht des Pferdes auf sumpfigem Untergrund zu verteilen, und starke Zugmuskeln an der Vorhand waren beim Herausarbeiten aus weichem Boden wirkungsvoller als Schubmuskeln in der Hinterhand.

Es gibt eine weitere Pferdelinie, die in dieses Bild nicht so ohne weiteres hineinpasst und die man deshalb als eigene Art klassifiziert hat – den Tarpan. Der echte, wilde Tarpan war gegen Ende des letzten Jahrhunderts sowohl auf den ukrainischen Steppen als auch in den Wäldern Ost- und Mitteleuropas bis zur Ausrottung gejagt worden. Vor nicht allzu langer Zeit hat man dieses uralte Pony in Polen in der Gefangenschaft wieder »rekonstruiert«, um seine ausgeprägten primitiven Eigenschaften nicht ganz zu verlieren.

Man neigt heute zu der Auffassung, dass der Tarpan ein Produkt früher Kreuzungen zwischen den südlichen Prototypen des Arabers und den nördlichen Ponytypen darstellt.

Erster Kontakt mit dem Menschen

Hunderttausende von Jahren lang war der Kontakt zwischen Pferden und Menschheit darauf beschränkt, dass man sich gelegentlich kurz in der Ferne sah – ohne irgendeine Ahnung davon, wie eng die Zukunft dieser beiden Arten einmal verflochten sein würde. Der steinzeitliche Mensch war hauptsächlich ein Höhlenbewohner oder ein Nomade, ein Jäger und Sammler, dessen Nahrung hauptsächlich aus pflanzlichem Material, Beeren und Blättern bestand. Fleisch stellte ein willkommenes Festmahl dar, wenn welches zu bekommen war, aber noch waren wir weit entfernt vom Tiermord als Vollzeitbeschäftigung, wie es später der Fall sein würde.

Prähistorische Höhlenmalereien und Knochenreste zeigen, dass die Menschen damals schon wussten, dass die gedrungenen und muskelbepackten Pferde eine Familie wochenlang ernähren konnten, aber diesen schnellfüßigen und reaktionsschnellen Tieren auf der Jagd nachzurennen, war eine Energieverschwendung ohne Aussicht auf Erfolg. Wahrscheinlich verließ der Mensch sich also von den frühesten Anfängen an darauf, sich an einem Kadaver zu bedienen, den andere Raubtiere zur Strecke gebracht hatten, oder er wandte die dramatischere Methode an, eine Herde von Pferden in einen Abgrund oder eine Sackgasse zu treiben, wo viele von ihnen in der aufkommenden Panik zu Tode getrampelt wurden. In dem Maße, in dem die Intelligenz des Menschen, seine organisatorischen Fähigkeiten und seine Fähigkeiten, Waffen herzustellen, zunahmen, wurden die Menschen immer mehr zu Jägern, die Pferde immer mehr zu Gejagten.

Die Beute war dabei immer noch besser ausgerüstet, so dass es zunächst die langsamsten Tiere, die schwachen und die jungen Pferde aus einer vorbeiziehenden Herde waren, die von der Herde

›Die Entwicklung des Menschen brachte die Entwicklung des zahmen Pferdes mit sich ... und den Niedergang seiner wilden Vorfahren‹

weggetrieben, in Fallen gefangen oder mit Speeren durchbohrt wurden, um dem Menschen als Nahrung zu dienen. Die Bedrohung durch den Menschen verblasste dabei aber immer noch neben dem Einfluss, den athletische und sich leise anschleichende Fleischfresser wie die Leoparden hatten – und auch neben dem Einfluss eines ganz alten Feindes: der Klimaveränderung.

Es ist eine Ironie des Schicksals, dass der Mensch, dessen Eingreifen in das Tierreich so oft Arten in die Nebenrolle oder in einen raschen Abgang aus der Evolution gedrängt hat, im Falle des Pferdes wahrscheinlich dessen Rettung gewesen ist. Funde lassen darauf schließen, dass die Wildpferdebestände gegen Ende der Eiszeit langsam, aber sicher abnahmen – nicht aufgrund seiner Fressfeinde, sondern weil die grasbewachsenen Ebenen, die vorher in den gemäßigten Klimazonen der Erde die vorherrschende Vegetation gewesen waren, nun von Wald und Buschland abgelöst wurden. Weil die Umwelt sich schneller veränderte, als die Pferde sich durch natürliche Selektion daran anpassen konnten, hätte es durchaus passieren können, dass die Präriespezialisten sich schließlich mit ihrem eigenen Aussterben konfrontiert gesehen hätten. Die Überlebenschance wartete gerade um die Ecke, wenn auch der Preis dafür hoch war – die Freiheit.

Um diese Zeit hatten die Frühmenschen erkannt, dass sie sich ohne Schwierigkeiten nicht nur mit frischem Fleisch, sondern auch mit nahrhafter Milch, zähem Leder, drahtigem Haar und langen, starken Knochen zur Verwendung als Waffen und Werkzeuge eindecken konnten, indem sie einige Pferde einfingen und einzäunten. Schafe, Ziegen und später auch Rinder waren schon längst zu Kandidaten für die Domestikation geworden, und nun wandte sich die Aufmerksamkeit auch dem Pferd zu. Die Menschen führten immer noch ein Leben, das im Grunde vom Umherziehen bestimmt war, weil es in der ständigen Suche nach neuen Nahrungsquellen für ihre Tiere und sie selbst bestand. Dabei folgten sie wahrscheinlich den Routen, die die wilden Herden auf ihren Wanderungen genommen hatten. Der Durchbruch fand statt, als man beschloss, die gefangenen Pferde auf diesen langen und gefährlichen Wanderungen nutzbringend einzusetzen.

Das erste Mal, als man Equiden als arbeitssparende Hilfskräfte einsetzte anstatt als Eintrag auf der Speisekarte, schnallte man wohl irgendeine schwere Ladung oder sogar einen kranken oder verletzten Menschen auf den Rücken eines gutgezähmten Esels (die frühsten als Zugtiere verwendeten Equiden waren Onager, von denen man weiß, dass sie bereits vor ungefähr 3000 Jahren eingesetzt wurden) oder Pferdes. Als Lasttiere, die ihre Ladungen zunächst trugen und später zogen, eröffneten Pferde den Menschen, deren Bewegungsspielraum bisher immer von den schwächsten Stammesmitgliedern eingegrenzt worden war, nun ganz neue Horizonte.

Die Erwärmung des Klimas und das Abschmelzen der Polkappen führten nun zu erhöhter Bodenfruchtbarkeit und zur Ausbreitung einer Vegetation, die die Umwandlung des Menschen vom Sammler zum Bauern beschleunigte. Allmählich wurde es sinnvoll und lohnend, sich an einer Stelle niederzulassen, anstatt ständig umherzuziehen. Bis zum heutigen Tage haben sich an einigen Stellen primitive Jäger und Sammler sowie no-

madische Lebensstile erhalten, aber es war die Entwicklung der Landwirtschaft, die der raschen Ausbreitung der Zivilisation in den meisten Gebieten der Welt den Weg ebnete. Untrennbar vereint mit der Entwicklung des Menschen war die Entwicklung des »zahmen« Pferdes – und der Niedergang seiner wilden Vorfahren.

Als das zweite Jahrtausend vor Christus anbrach, wendete dieser Neuankömmling auf der Bühne der Domestizierten das Blatt zu seinen Gunsten, indem er sich zahlenmäßig und in alle Himmelsrichtungen ausbreitete. Es ist leicht einzusehen, warum das so war. Der Einfluss des Pferdes auf den Fortschritt des Menschen war so gewaltig wie der einer Bombe.

Die Geburt der Zivilisation

Die Weide, auf der das Vieh und die Pferde eines Stammes ihre Nahrung fanden und damit den Wohlstand und den Status dieses Stammes erhöhten, war ein wertvolles Vermögen, um das die Menschen zu kämpfen bereit waren. Pferde – zunächst an Streitwagen angeschirrt, später geritten – verwandelten Hirten in Krieger und Plünderer, für die Entfernungen keine Rolle spielten. Um 2000 v. Chr. finden sich immer mehr Hinweise in Schriften und Bildern, aus Quellen, die so weit auseinander sind wie das alte Ägypten, Mesopotamien und China: sie zeigen Pferde in reich verzierten Geschirren, wie sie die Streitwagen von Soldaten und Königen ziehen, oder Esel, die mit dem Gewicht von Handelsgütern und Besitztümern beladen sind, oder Pferde, die mit Speeren, Bögen und Pfeilen bewaffnete Soldaten tragen. Reitervölker fegten über die Steppen Eurasiens in das westliche Europa, das alte Persien und den heutigen mittleren Osten und eröffneten so neue Straßen für den Handel und die gegenseitige Befruchtung mit Ideen und Sozialstrukturen.

Mit Ausnahme der großen südamerikanischen Zivilisationen kamen Siedlungen, in denen es keine Pferde gab, über einen sehr primitiven Lebensstil kaum hinaus. Der Fall der amerikanischen Prärie-Indianer zeigt, wie eine festgefügte Gesellschaft von der Möglichkeit, auf dem Pferderücken zu jagen, zu reisen und sich zu verteidigen, völlig verändert wurde. Die fortgeschrittenen Pferdekulturen, die lernten, sich die Vielseitigkeit des Pferdes vollständig zu Nutzen zu machen, wie die Hittiter, die Menschen Mesopotamiens, die Ägypter und schließlich die Griechen und die Römer, erbauten auf seinem Rücken mächtige und ausgedehnte Reiche.

Die Nutzung des Pferdes

Das Pferd lieferte die Sehnen der Macht und hat das die gesamte Geschichte der Menschheit hindurch getan, bis hin in die Zeiten, an die selbst wir uns noch erinnern können. Die Kavallerie gab mit ihren verschiedenen Spielformen und mit immer tödlicheren Waffen dreitausend Jahre lang im Krieg den Ton an und diktierte das Tempo. Nichts könnte deutlicher machen, mit welch außerordentlichem Mut das Pferd in der Lage und willens ist, mit dem Menschen zusammen zu arbeiten, als die furchtbaren Opfer, die es in der gesamten Geschichte der Kriegsführung gebracht hat. Immer stand es inmitten des Schmerzes und der Panik, die die Menschen der verschiedenen Zeitalter zu erzeugen in der Lage waren – ein derartig nervöses Wesen, dessen gesamter Instinkt ihm doch befiehlt, zu flüchten.

Auch wenn die Kriegsführung bis zum 19. Jahrhundert die Hauptfunktion des Pferdes war, so hing doch die Gesellschaft in vielen anderen, wesentlich friedlicheren Bereichen ebenfalls von Muskel- und Zugkraft des Pferdes ab. Die Erfindung des Rades und die Nutzbarmachung der Pferdekraft waren es, die die Gesellschaft in Bewegung brachten. In Nordeuropa waren Last- und Reitpferde vorherrschend, bis Verbesserungen der Straßen und des Wagenbaus zur Hochphase des Pferdetransportwesens führten, die vom späten 17. bis in die Mitte des 19. Jahrhunderts dauerte. Man schätzt, dass beispielsweise in London um 1890 allein die Pferdebusse, Pferdezüge und Kutschen für eine Pferdepopulation von ungefähr 50.000 Stück im Stadtgebiet von London verantwortlich waren. Jedes nur erdenkbare Fahrzeug wurde von Pferden gezogen, von der eleganten Privatkutsche bis zum Taxi, zum öffentlichen Nahverkehrsbus, zum Brauereiwagen und zur Müllabfuhr. Das Arbeitsleben eines Stadtpferdes war hart und kurz. Nur wenige Besitzer hatten die Zeit, sich um die »Sentimentalitäten« zu kümmern, die Anna Sewell in *Black Beauty* beschrieb. Der Einsatz des Pferdes zur Kultivierung des Landes kam erst spät. Wo Pferde geholfen hatten, Zivilisationen aufzubauen und Armeen mobil zu machen, schätzte man ihren Wert viel zu hoch ein, als dass man sie für diese niederen Arbeiten in Betracht gezogen hätte, die man leicht auch mit Ochsen, Eseln und Maultieren erledigen konnte. Trotzdem wurden Pferde ab dem Mittelalter, als die Geschirre genügend weit entwickelt waren, um zum Ziehen schwerer Lasten zu taugen, und als man für die Kriegsführung schwerere Pferde züchtete, auch als Bestandteil der landwirtschaftlichen Arbeitskräfte eingesetzt. Im 18. und 19. Jahrhundert wurden landwirtschaftliche Bewirtschaftungsverfahren und Geräte angepasst, um den Bedürfnissen der explosionsartig wachsenden Bevölkerung gerecht zu werden, und nun führte die größere Zugkraft und

Vielseitigkeit des schweren Zugpferdes zu einem goldenen Zeitalter der Pferdekraft. Vor dem Pflug, auf den Treidelpfaden entlang der Kanäle, angeschirrt an Göpel – so legte das Pferd die Grundlagen für die industrielle Revolution, die es schließlich aus seiner Schwerstarbeit befreien sollte.

Die Geschichte der Verwendung des domestizierten Pferdes durch den Menschen war nie vom reinen Arbeitsgedanken geprägt. Der Mensch liebt den Wettbewerb, und so stellte er schon in frühester Zeit Pferde gegen Pferde auf – ob nun an einen Streitwagen angeschirrt oder mit einem Menschen beritten. Man weiß, dass im 6. Jahrhundert v. Chr. in Persien eine Art Polo gespielt wurde. Jagen als Sport war seit ältester Zeit ein Privileg der Könige und der Adeligen aller Gesellschaften. Als das Land zunehmend eingezäunt wurde, brauchte man größere Galoppgeschwindigkeiten und musste eine Fähigkeit des Pferdes fördern, von der man bisher wenig Gebrauch gemacht hatte: sein Springvermögen. Damit war der Same für die Zukunft des Pferdes in die Erde gebracht – die Zukunft, nachdem die Maschinen fast alle seine traditionellen Aufgaben allmählich übernommen hatten.

Dieser bruchstückhafte Überblick über die Ausbeutung des Pferdes durch den Menschen seit der Zeit, in der unsere Wege sich zum ersten Mal kreuzten, bis zum heutigen Tage erscheint vielleicht sehr einseitig. Doch trotz des beschämenden Missbrauchs, der sich durch die Geschichte dieser Zusammenarbeit zieht, war der Kontakt zum Menschen für das Pferd nicht nur negativ zu werten. Die Domestikation hat aller Wahrscheinlichkeit nach seine Haut gerettet und hat die Anpassungsfähigkeiten des Pferdes auf einem Stand gehalten, auf dem es mit der Entwicklung des Menschen Schritt halten konnte – durch die Verbesserung seiner Umwelt und durch Zuchtauswahl, während die natürliche Selektion damit niemals hätte Schritt halten können. Anstatt benutzt und dann verworfen zu werden, wurde das Pferd dadurch davor gerettet, endgültig auf der Strecke zu bleiben, dass es sich so bereitwillig an die Erfordernisse des Menschen anpasste, während dieser vorwärts marschierte, ohne jemals zurückzublicken.

Die Entstehung der Rassen

Eine kürzlich herausgegebene Schätzung gibt an, dass es heute ungefähr 200 deutlich unterscheidbare Pferde- und Ponyrassen gibt, die alle unter der Artbezeichnung Equus caballus laufen. Diese eindrucksvolle Zahl zeigt deutlich, wie erfüllt und abwechslungsreich die Pferdewelt geworden ist – größtenteils vom Menschen künstlich geschaffen, um seinen eigenen Zielen zu dienen. Wie wir gesehen haben, war das nicht immer so. Bevor die Menschen sich entschlossen, auf den Plan zu treten und in die natürliche Ordnung der Dinge einzugreifen, hatten die Wildpferde sich höchst wirkungsvoll an die örtlichen Gegebenheiten angepasst. Da die frühen Ackerbauern sich meistens aus ihrer jeweiligen Region nicht herausbewegten, gedieh ihr gezähmtes Vieh in seinem jeweiligen, eigenen Milieu, und die einzelnen Tiere unterschieden sich in Körperbau und Verhalten kaum voneinander.

Seit den Frühzeiten der Domestikation fand eine gewisse Art der Zuchtauswahl statt, denn die Menschen suchten sich die Pferde heraus, mit denen sie am besten zurechtkamen, und paarten sie mit anderen Pferden an, die einen ähnlich umgänglichen Charakter aufwiesen, oder sie verpaarten Pferde von kräftigem Körperbau mit anderen kräftig gebauten Pferden, weil sie hofften, so ein ebenso starkes Lasttier zu bekommen – und so weiter. Zwar hatte der Mensch noch keine Ahnung davon, wie Genetik funktioniert, aber er wusste, dass die Chancen, Nachwuchs mit ähnlichen Eigenschaften zu produzieren, höher waren, wenn er »gleiches zu gleichem gesellte«. Die eingeschränkte Mobilität jener Tage bedeutete allerdings, dass noch wenig fundamentale Änderungen eintraten.

Aber dann sorgten Wanderungen und Pferdehandel für Mischung im Genpool. Wildpferdetypen aus einer bestimmten Gegend wurden mit Wildpferdetypen aus einer anderen Gegend, jeweils angepasst an die unterschiedlichen örtlichen Gegebenheiten, angepaart. Wenn das geplantermaßen passierte, war das Ziel immer, Nachkommen mit den besten Eigenschaften beider Elternteile zu erhalten. Damals war Zuchtauswahl eine ziemlich zufällige Sache (wobei viele Menschen wohl behaupten würden, dass das immer noch so ist!). Es konnte sein, dass die Kreuzungen, die dabei herauskamen, gut in ihre Umgebung passten, oder dass sie sich ohne besondere Aufmerksamkeit und Pflege sehr abmühen mussten. Es konnte sein, dass sie für die Arbeit, an die der Züchter gedacht hatte, ideal geeignet waren, oder sie konnten eine völlige Enttäuschung sein – vor allem dann, wenn extrem unterschiedliche Typen miteinander angepaart wurden, so dass die stärksten Eigenschaften jedes Typs verwässert wurden. Hunderte von Jahren Versuch und Irrtum und die gleich bleibenden Anforderungen der Menschen erzeugten aber schließlich doch »Lokalrassen«, die gemeinsame

Merkmale hatten. Auch wenn alle diese Lokalrassen gut an die Arbeitsanforderungen, den Lebensstil und die Umweltbedingungen der lokalen Region angepasst waren, behielten sie doch die wichtigsten Eigenschaften ihrer wilden Ahnen ziemlich unverändert bei.

Das Züchten zwischen den Rassen war zunächst so ungeregelt, dass die ursprünglichen Unter-Typen des echten Wildpferdes bald völlig ausgelöscht waren. Die genetische Mischung war so ausgeprägt, dass sogar bei etablierten Rassen riesige Variationsbreiten im Aussehen der Einzeltiere normal waren. Es gab keine Garantie dafür, dass ein bestimmtes Elternpaar Nachwuchs produzieren würde, der »dem Typ treu blieb«, ohne dass es genetische Rückschläge geben konnte. Dieses Glücksspiel-Element bleibt bis zum heutigen Tage einer der faszinierenden Aspekte beim Züchten und ist in den meisten Rassen zu finden, selbst wenn die Stutbücher schon eine ganze Zeitlang für neues Blut geschlossen geblieben sind und die genetische Basis ziemlich eng ist – wie beispielsweise im Falle des englischen Vollbluts.

Es gab auch noch einen weiteren Einfluss auf die Veränderung im Aussehen des Pferdes. Die Menschen erkannten, dass sie die Wahrscheinlichkeit, mit der ihr Vieh groß und stark wurde, sowie die Arbeitsleistung stark erhöhen konnten, wenn sie die natürliche Grasration mit dem ergänzten, was sie bei ihren immer besser gelingenden Anstrengungen in der Landwirtschaft erwirtschafteten. Wenn

Der Araber wird von vielen Menschen als die älteste und ganz sicher als eine der reinsten Rassen der Welt angesehen.

24

ein Pferd sein Leben lang Getreide erhielt, konnten die schwächenden Auswirkungen der Tatsache kompensiert werden, dass man eine nicht ausreichend genügsame Rasse in einer Region zu züchten versuchte, an die sie nicht optimal angepasst war. Weitere Optionen für die Züchtung und Verwendung von Pferden eröffneten sich dadurch. Nun war es möglich, sich in weit entfernten Gebieten der Erde Pferde mit den Eigenschaften zu suchen, die man haben wollte, und diese Pferde selbst unter unpassenden Umweltbedingungen in einem guten Zustand zu halten, wenn sie das richtige Futter bekamen – und gut untergebracht waren. Man begann, Haltungssysteme für Pferde zu entwickeln, die sich von Anfang an an den seltsamen Bedürfnissen des Menschen orientierten anstatt an den Anforderungen, die das Pferd selbst stellt.

Wenn man heutzutage die Rassen der Welt einmal durchgeht, zeigt sich, dass in den meisten Ländern der nördlichen Halbkugel noch Restbestände der einstmals einheimischen und extrem gut angepassten ursprünglichen Rassen vorhanden sind, wobei einige davon extrem alte Ursprünge haben. Andere nationale Rassen sind Schöpfungen der jüngeren Zeit und wurden mit Hinblick auf bestimmte Arbeitsaufgaben gestaltet. Die meisten der auf der Landwirtschaft basierenden Gesellschaften Nordeuropas haben ihre eigenen kaltblütigen Rassen entwickelt, schwere Zugpferde für die Nutzung in der Landwirtschaft und im Transportgewerbe und leichtere Zugpferde als kalibrige Kutschpferde mit Eleganz und Ausdauer.

Der Ausdruck Kaltblüter, den man für die riesigen Zugrassen benutzt, hat technisch überhaupt nichts mit der Körpertemperatur zu tun, dafür aber jede Menge mit dem Temperament. In dem Wort »Kaltblütigkeit« steckt die Bedeu-

tung »ruhig und fest«, und damit hat man ein gutes Unterscheidungsmerkmal zwischen den gemütlichen Dicken, die sich langsam bewegen und langsam denken, und ihren nervigen und schnell reagierenden vollbütigen Verwandten, die sich in offeneren Wüstenumgebungen entwickelt haben. Tatsächlich sind der Araber und der englische Vollblüter die einzigen wirklichen Vollblüter, wobei der Araber der Vorfahr des englischen Vollbluts ist und von vielen Menschen als die älteste und ganz sicher als eine der reinsten Rassen der Welt betrachtet wird.

Veränderte Rollen

Zu Beginn des 20. Jahrhunderts war das kaltblütige Arbeitspferd in fast allen seinen historischen Rollen überflüssig geworden, und die Zukunft sah für die Nachfahren des alten »Waldpferdes« reichlich düster aus – vor allem verglichen mit der großen Anziehungskraft, die der Vollblüter wegen der neuen Nachfrage nach Sport- und Freizeitreiten genoss. Die Zahl der Kaltblüter nahm rapide ab, aber gleichzeitig entstanden durch den Drang des Menschen, sich im Wettkampf zu messen, immer neue Variationen für den Test der Partnerschaft zwischen Pferd und Reiter – und dafür schuf man lawinenartig eine ganze Reihe neuer »Warmblut-« Rassen, für die man Kaltblüter mit einsetzte, um so auf die Klasse und die Athletik der Vollblüter die Kraft, den Rahmen und die Prise gesunden Pferdeverstandes der Kaltblüter zu setzen.

Die überwiegende Mehrheit der »neuen« Rassen kann als Warmblüter eingeordnet werden. Diese Warmblüter sind ebenso »Mischlinge« wie Mischlingshunde: schließlich hat man wiederholt Vollblüter, Kaltblüter und andere Warmblüter gekreuzt, bis man schließlich ein Spezialpferd nach den Wünschen der

Reiter erhielt, das die Anforderungen einer bestimmten Sportart so gut wie nur irgend möglich erfüllen kann. Diese Rassen sind zwar künstlich entstanden, aber zum Glück für das Pferd lag die Priorität immer auf dem Ziel, einen Athleten zu erzeugen, der in der Lage ist, sich effizient zu bewegen, zu atmen und zu ernähren. Das hat das Pferd vor den schlimmsten Modeauswüchsen bewahrt, die sich in der Hundezucht so negativ auswirken.

Die Pferdewelt kann mit gutem Grund auf eine wirklich synthetische Schöpfung stolz sein: auf ihren eleganten Aristokraten, das englische Vollblut. Die Natur hätte sicher niemals ein Pferd hervorgebracht, das so katastrophal schlecht für die Härten des englischen Klimas ausgerüstet ist, wo die Rasse entstand: kleine Prisen verschiedener einheimischer Gene wurden mit einem Cocktail orientalischer, überwiegend arabischer Blutlinien vermischt. Trotz aller Widrigkeiten entstand daraus im Laufe von kaum 200 Jahren, unter Verwendung eines der am härtesten kontrollierten Zuchtprogramme der Welt und durch intensivstes Hochpäppeln, ein Allround-Hochleistungspferd, das seinesgleichen sucht. Vollblüter sind zur »Veredelung« und Verbesserung fast aller anderen Pferderassen und -typen und auch bei vielen alten Linien eingesetzt worden, um diese Tiere für die modernen Anforderungen umzuformen.

Eine kürzlich durchgeführte Studie macht die dramatische Veränderung in der Rolle des Pferdes seit Beginn des 20. Jahrhunderts deutlich, als der Pferdebestand der Welt noch fast ausschließlich aus der einen oder anderen Art von Arbeitspferden bestand. Von insgesamt 207 heute bekannten Rassen handelt es sich nur bei 36 Rassen um Arbeitspferde, bei 67 um Ponys und bei 104 um Sportpferde.

Das Pferd heute

Größer, schneller, stärker, eleganter, athletischer, weniger nervös... die heutigen Pferde sind das Ergebnis von Jahrhunderten der Domestikation und der genetischen Einmischung in die Millionen und Abermillionen Jahre der Evolution. Was genau hat diese Kombination uns denn nun übrig gelassen? Die Antwort lautet: ein Tier, das seinen wilden Vorfahren ähnlich und gleichzeitig unähnlich ist. Ähnlich insofern, als wir unter den mehr kosmetischen körperlichen Unterschieden von Rahmen, Größe und Farbe immer noch ein Lebewesen vorfinden, das auf Überleben programmiert ist. Es reagiert, denkt und verhält sich so, als ob jede Bewegung, die es aus dem Augenwinkel wahrnehmen kann, ein Raubtier sein könnte, das es gleich anspringen wird, und als ob sein nächster Atemzug auch sein letzter sein könnte. Die beste Chance, am Leben zu bleiben, hat es, wenn es wegläuft – und zwar schnell – oder wenn es wild um sich schlägt, wenn es keinen Ausweg sieht. Es ist im höchsten Maße aufmerksam, fühlt sich aber trotzdem am wohlsten und sichersten, wenn es andere Pferde um sich herum hat. Seine Körpersysteme sagen ihm, dass es den größten Teil des Tages mit Grasen verbringen und dabei frei umherschweifen sollte. Der Erfolg wildlebender Pferde wie der amerikanischen Mustangs, der australischen Brumbies oder der Camarguepferde in Südfrankreich und in Chincoteague zeigt deutlich, dass selbst Pferde, in deren Genetik eingegriffen wurde, auch ohne unsere Hilfe sehr gut zurechtkommen können, wenn man sie sich selbst überlässt und ihnen damit die Möglichkeit gibt, diese altbewährten Taktiken wieder zur Perfektion aufzupolieren.

Beim durchschnittlichen domestizierten Hauspferd bräuchte es allerdings etwas

Nachhilfe in puncto Durchsetzungsvermögen, um diese Überlebensfähigkeiten wieder auf voller Höhe zum Arbeiten zu bringen. Ein früher Vertreter der Gattung Equus würde vielleicht den Körperbau, die Schönheit und das Springvermögen seiner modernen Gegenstücke bewundern, aber er hätte völlig Recht, wenn er über ihre geistige Beweglichkeit die Nase rümpfen würde. Unzählige Generationen hindurch hat der Mensch die Art von Pferd gezüchtet, die er haben wollte, und weil er sich der überlegenen Kraft des Pferdes nur allzu bewusst war, hat er für die Zucht immer diejenigen Tiere ausgewählt, die zur Sanftheit neigten und sich allgemein kooperativ zeigten. Das zusammen mit den Auswirkungen der Tatsache, dass die Pferde unter Menschen aufwachsen und für all ihre Bedürfnisse völlig vom Menschen abhängig sind, hat eine Art geschaffen, die sich – was das Überleben angeht – keinerlei Sorgen zu machen braucht. Die meisten Hauspferde neigen auch dann, wenn sie noch nicht eingeritten sind, in bedrohlichen Situationen viel weniger zum Davonlaufen, Ausschlagen oder wilden Beißen als wildlebende Pferde oder ihre wirklich wilden Vorfahren. Nicht nur die Verteidigungsreaktionen sind durch Zuchtauswahl und Ausbildung abgestumpft, auch andere natürliche Reaktionen, die ein Pferd im »Alltagsdschungel« überleben lassen, sind verwässert worden. Auch wenn es in einer solch kurzen Spanne innerhalb der Evolution kaum möglich zu sein scheint, so zitiert doch Susan McBane, die schon viele Pferdebücher geschrieben hat, Untersuchungen, die belegen, dass die frühesten Przewalskipferde größere Gehirne hatten als heutige Hauspferde

›Vielleicht hat das Pferd einfach die beste Überlebenstechnik für die lange Sicht gefunden‹

und auch als moderne in Gefangenschaft lebende Przewalskis.

Dabei handelt es sich nur um eines der vielen Opfer, die das Pferd gebracht hat, seit es sich mit dem Menschen zusammengetan hat. Es hat den weiten Horizont gegen vier Ziegel- oder Holzwände eingetauscht, seine praktisch ständige leichte Bewegung im Kreise seiner Familie und Freunde gegen ein Einzelleben mit ein oder zwei Stunden Ausgang pro Tag, bei denen es oft ewig im Kreis dem eigenen Schweif hinterherlaufen muss, seine ständige Aufnahme von idealem, natürlichen Futter gegen zwei oder drei Fertigmahlzeiten aus fremdartigen, energieliefernden Substanzen, zwischen denen stundenlang kein Hälmchen in Sicht ist. Und als ob das noch nicht reichen würde, haben wir auch noch andere bizarre Erwartungen: wir gehen beispielsweise davon aus, dass ein Pferd nichts dagegen haben sollte, sich Metallteile unter die Hufe nageln zu lassen; einen Kasten auf Rädern zu betreten; einen Menschen auf dem Rücken sitzen zu haben, der ihm befiehlt, wo es sich in welcher Geschwindigkeit hinzubegeben hat; irgendwelche Teile von beträchtlicher Höhe zu überspringen, obwohl es ganz tolle Wege außen herum geben würde; und ständig zu tun, was man ihm sagt, obwohl all seine natürlichen Instinkte ihm zum genauen Gegenteil raten. Erst wenn wir all das berücksichtigen, fangen wir allmählich an, ein Verständnis dafür zu entwickeln, wie bemerkenswert anpassungsfähig, gefügig und großzügig Pferde wirklich sind. Es gibt viele Leute, die vielleicht sagen würden, Pferde müssten im Grunde ganz schön blöd sein, weil sie sich diese »Ausbeutung« gefallen lassen. Wenn man die

Sache aber aus dem Blickwinkel des Pferdes betrachtet, hat es vielleicht einfach die beste Überlebenstechnik für die lange Sicht gefunden. Schließlich gibt es nicht viele Tierarten, die ihre normale Lebensspanne in der Wildnis verdoppelt haben, sich garantierten Schutz gegen alle natürlichen Fressfeinde besorgt haben, sich Futter und Wasser vorsetzen und jedes Wehwehchen prompt sorgfältig behandeln lassen – und bei alledem trotzdem noch einen gewissen Grad an unabhängiger Reserviertheit behalten konnten.

In der Gesamtbetrachtung sollte der Handel mehr zu Gunsten des Pferdes ausfallen, so lange unsere Erwartungen an seine Anpassungsfähigkeit in vernünftigen Grenzen bleiben. Unglücklicherweise dehnen wir unsere Erwartungen oft bis an die äußersten Grenzen und noch darüber hinaus – und sind dann erstaunt, dass körperliche und physische Probleme auftreten.

Eine ganz besondere Beziehung

Seine Anpassungsfähigkeit war der Pass, mit dem das Pferd sich das Überleben in der Welt des Menschen gesichert hat. Ebenso wie auf bestimmte körperliche Eigenschaften wurde auch auf Flexibilität und Unterordnung gezüchtet, und so wurden diese Eigenschaften im Lauf der Zeit immer stärker in der Mentalität des Pferdes verankert. Ebenso bestimmend für das Verbleiben des Pferdes beim Menschen, aber wohl schwieriger auf einen bestimmten Grund zurückzuführen, ist seine außerordentliche Gutmütigkeit und sein Verlangen, es dem Menschen recht zu machen. Schließlich gibt es keinen richtigen Grund, warum ein Pferd sich auf irgendeinen unserer seltsamen und wunderbaren Vorschläge einlassen sollte. Wie jeder Pferdemann

und jede Pferdefrau weiß, könnte selbst das kleinste Ponyfohlen jeden Menschenwunsch, den es als unsinnig betrachtet, ohne jeden Raum für Zweifel ablehnen, wenn es dazu aufgelegt wäre. Wenn man sich mit einem Pferd anlegen will, wird das auf der körperlichen Ebene ausgetragen, und dieser Kampf ist so ungleich, dass er keiner ist.

Die Erklärung liegt teilweise, aber nicht völlig, darin, dass eine Pferdegesellschaft selbst schon so organisiert ist, dass der Schlüsselbegriff für das Zusammenleben Kooperation lautet und nicht Konfrontation. Damit wäre es vielleicht gar nicht so ungewöhnlich, dass diese Verbindung auch auf das Band zwischen Mensch und Pferd übertragen wurde, als die Domestikation die beiden zusammenbrachte. Trotzdem gibt es eine Menge Herdentiere, die ebenso sozial organisiert sind und im engen Kontakt mit dem Menschen leben – aber nur wenige Menschen würden von einer Kuh oder einem Schaf dieselbe Art von Freundschaft oder Loyalität erwarten, die das Pferd so willig gibt.

Was denkt sich das Pferd eigentlich dabei? Vielleicht ist es dieses faszinierende Geheimnis, das die einzigartige und begnadete Beziehung untermauert, die sich zwischen diesen beiden so völlig unterschiedlichen Arten, dem Menschen und dem Pferd, entwickelt hat. Eigentlich müsste einem die Luft wegbleiben, wenn man sich überlegt, dass ein derart starkes, schnellfüßiges und stolzes Wesen dem Menschen erlaubt, von seiner Kraft und Anmut Gebrauch zu machen, sie für sich zu leihen – und dass es dafür so wenig verlangt. Wir können das immer noch nicht ganz glauben – und das ist die Grundlage für eine unwiderstehliche und intensive Zusammenarbeit, an der mehr als nur ein bisschen Magie beteiligt ist.

Das Pferd ermöglichte es dem Menschen, sich wie ein Gott zu fühlen. Als er im

Galopp auf diesem muskelbepackten Rücken saß, muss er sich unbesiegbar gefühlt haben. Von Anbeginn der Zeiten wurde diese magische Verbindung geknüpft – beginnend mit den Steinzeitmenschen, die Pferde an die Wände ihrer Höhlen malten, um die Geister anzurufen, die ihnen bei der Jagd helfen sollten. Seit dieser Zeit sind Pferde in religiösen Zeremonien benutzt worden, sie waren Opfertiere und sie sind sogar zu Göttern erhoben worden. Die Menschen, die die Kunst erlernten, ein Pferd zu zähmen, zu satteln und zu reiten, konnten eine Geschwindigkeit und Kraft erreichen, die sie sich in ihren kühnsten Träumen nicht hätten vorstellen können. Es ist kein Wunder, dass Pferde in der Vorstellung der Menschen übernatürliche Kräfte annahmen und in Legenden und Erzählungen auf der gesamten Welt verewigt wurden. Alte Zivilisationen erkannten an, welchen Beitrag das Pferd zu ihrer Überlegenheit leistete, und so sahen sie Pferde als etwas Kostbares an, zollten ihnen Respekt und verehrten sie mehr als alle anderen Tiere. Ein Pferd war mehr als nur ein nützliches Werkzeug. Auf einem Pferd wurde ein Mensch majestätisch, überlegen, eine Autorität – und so wurden Pferde zu Symbolen für den Status und Reichtum ihrer Besitzer, wurden zu Reittieren für Könige und Ritter. In den wohlhabenden Gesellschaften des 20. Jahrhunderts hat sich daran nicht viel geändert. Die Menschen haben mehr Freizeit, und so haben sich neue Wege ergeben, wie das Pferd die Ambitionen des Menschen erfüllen kann. Pferde werden immer noch hochgeschätzt, und unsere Bewunderung für die spektakuläre Schönheit und die Gänge des Pferdes ist immer noch so groß wie früher. Diese anhaltende und ganz spezielle Beziehung hat es auch überlebt, dass die Rolle eines der Hauptmitspieler sich komplett umgekehrt hat, und sie entwickelt sich seitdem sogar so gut wie nie zuvor und in einer viel ausgewogeneren Form, als Krieg und harte Arbeit zu bieten hatten.

Der moderne Pferdesport mit seinen vielen Spielarten hat Pferd und Reiter in immer engeren Kontakt gebracht. Beide sind in völligem Vertrauen und Verständnis ebenso abhängig voneinander wie früher der Mensch in der Schlacht und sein Kriegspferd. Reiter und Reiterinnen, die auf höchstem Niveau Erfolge erringen wollen, müssen jedes Detail dieser Partnerschaft zu perfektionieren suchen: das Ziel ist die völlige Harmonie zwischen Mensch und Pferd. Ein zentraler Punkt ist dafür unsere Fähigkeit, zu Zuhörern zu werden und nicht nur zu reden. Wir müssen anfangen, uns bewusst zu werden, dass Kommunikation in beide Richtungen vonstatten gehen muss. Und das ist unabhängig davon, ob wir eine Grand Prix-Dressur reiten oder nur in aller Ruhe in die Umgebung ausreiten wollen.

Vielleicht ist das unsere Herausforderung für das nächste Jahrhundert. Die Mehrheit der Pferde wird zwar heutzutage mit echter Zuneigung geliebt und versorgt und besser geritten als jemals zuvor, aber wir tendieren immer noch dazu, das Pferd unter dem Blickwinkel der Frage zu betrachten, was es für uns tun kann. Um zu einer echten Partnerschaft zu kommen, ist es vielleicht an der Zeit, das Pferd um seiner selbst willen hochzuschätzen und anzuerkennen, wie außerordentlich es als Wesen an sich ist. Vielleicht sollten wir ihm dafür mehr geben als nur Unterkunft und Nahrung: Respekt für dieses bemerkenswerte – und bemerkenswert gutmütige – Lebewesen.

2

Die Welt des Pferdes

Der Grund dafür, dass das Pferd die Achterbahn der Evolution so gut und so lange überlebt hat, liegt hauptsächlich in der hervorragenden Anpassung seiner Sinneswahrnehmungen, die so gut koordiniert sind, dass sie ein hochentwickeltes Frühwarnsystem bilden. In evolutionären Zeiträumen ausgedrückt, sind die Jahrhunderte der Domestikation nur ein Wimpernschlag. Auch wenn unsere Pferde je nach Zucht und früheren Erfahrungen mehr oder weniger sensibel reagieren und nervös sind, hat sich an der grundlegenden Funktionsweise dieses lebenswichtigen Netzwerkes nichts geändert. Es mag ja eine außerordentlich lange Zeit her sein, seit ein Hauspferd sich zum letzten Mal Sorgen über die Gefahr machen musste, die von Leoparden und Löwen ausgeht, die sich unerwartet von hinten anschleichen. Trotzdem haben die Pferde sich ihre hyperempfindliche Ausrüstung und auch die Reaktionen bewahrt, die nötig waren, um ein Steppen bewohnendes Beutetier am Leben zu erhalten. Es ist grundlegend wichtig, dass wir verstehen, wie ein Pferd die Welt sieht, so dass wir einschätzen können, wie viele Reaktionen des Pferdes, die uns »dumm« oder absichtlich ungeschickt erscheinen, tatsächlich automatische Reaktionen sind, reine Reflexe. Diese Reflexe sind so gründlich in Gehirn und Nervensystem des Pferdes einprogrammiert, dass selbst jahrelange geduldige »Gehirnwäsche« in Form von Ausbildung sie oft nicht völlig überlagern kann. Die Welt ist so, wie ein Pferd sie sieht, manchmal genauso wie unsere Welt, aber eben nicht immer – und genau hier liegt die Wurzel für viele der Missverständnisse zwischen unseren beiden Arten. Selbst wo Ähnlichkeiten existieren, müssen wir daran denken, dass ein Pferd die Dinge, die es sieht, hört und fühlt, nach seinen eigenen Bedürfnissen interpretiert, und dass seine Reaktionen dementsprechend ausfallen.

Was sieht ein Pferd?

Ein ausgedehnter Bereich im Großhirn des Pferdes ist Daten gewidmet, die etwas mit dem Sehvermögen zu tun haben. Das ist ein Hinweis darauf, wie wichtig diese Fähigkeit ist. Der Gesichtssinn ist der Sinn, bei dem wohl die größten Unterschiede zwischen unserer eigenen Perspektive und der der Pferde, mit denen wir umgehen und die wir reiten, bestehen. Am auffälligsten ist die Größe der Pferdeaugen und deren Anordnung am Kopf. Viele erfahrene Pferdeleute sagen, »das Auge ist das Fenster zur Seele des Pferdes«; auf jeden Fall aber sind die riesengroßen Augen des Pferdes – mit die größten Augen von allen Säugetieren und doppelt so groß wie unsere eigenen – teilweise für die Anziehungskraft verantwortlich, die das Pferd auf uns ausübt.

Die Größe und die Anordnung der Augen sind typisch für ein Tier, das gejagt wird und dessen Hauptsorge ein Angriff von hinten ist. Beide Eigenschaften tragen dazu bei, dass der randliche oder seitliche Sichtbereich des Pferdes so groß ist – viel größer als der des Menschen. Ein Pferd hat Rundumsicht über 340 von den 360 Grad, und das aus praktisch jeder Position, also egal, ob es steht, grast oder läuft. Dadurch bleiben nur zwei schmale tote Winkel: der eine direkt hinter dem Pferd, und der andere direkt vor und unter der Nase. Den toten Winkel direkt hinter sich kann das Pferd kontrollieren, indem es den erhobenen Kopf ein wenig schräg legt oder die Augen rollt. Ein ausgebildetes und ausgewachsenes Pferd lernt, es entspannter zu sehen, wenn um es her und hinter ihm irgendwelche Dinge vorgehen, aber ein nervöses, ein aufgeregtes oder ein junges Pferd wird Bewegungen oder Geräusche hinter sich mit größter Wahrscheinlichkeit als Gefahr interpretieren und entweder vorwärtsschießen, sich schnell herumdrehen, um besser sehen zu können, oder, wenn auch noch Panik dazukommt, ausschlagen – für alle Fälle. Dass das Pferd nach hinten sehen kann, bedeutet natürlich auch, dass es auch den Reiter auf seinem Rücken sehen kann – eine Tatsache, die wir oft vergessen. Es kann nicht nur spüren, sondern auch sehen, was unsere Beine und Hände, unser Körper und die Gerte tun, und das vor allem auf der Innenseite eines Zirkels. Es erstaunt also nicht, dass

es für ein junges Pferd so aufregend sein kann, wenn zum ersten Mal ein Mensch auf seinem Rücken sitzt – vor allem, wenn es nicht genügend vorbereitet worden ist.

Der zweite Bereich, den das Pferd nicht einsehen kann, befindet sich zwei Meter vor und unterhalb der Nase. Das ist der Grund dafür, warum es praktisch zu einer Schreckreaktion kommen muss, wenn man plötzlich die Hand hebt, um das Pferd an der Stirn zu streicheln. Wenn man sich dem Pferd auf Höhe der Schulter aus leichten Winkel von hinten nähert, kann es einen am besten im Auge behalten und fühlt sich am sichersten. Wenn man von vorne kommt, dann verschwindet man im entscheidenden Augenblick aus seinem Gesichtsfeld – und so wird das Pferd sinnvollerweise einen Schritt zur Seite machen oder sich abwenden, nicht, um vor dem Menschen auszuweichen, sondern einfach nur, weil es ihn wieder klar sehen können möchte. Dieser tote Winkel ist für Springpferde von offensichtlicher Bedeutung, denn sie sehen das Hindernis während des Anreitens deutlich, verlieren es aber dann im letzten Moment aus den Augen – sie springen es also in Höhe und Breite aus dem Gedächtnis. Wenn der Kopf hochgeworfen getragen wird, vergrößert sich der tote Winkel, und bei jedem Anreiten kann eine Ablenkung im seitlichen Sichtbereich, die im letzten Augenblick stattfindet, katastrophale Folgen haben. Wenn man Pferden beim Springen zusieht, kann man sehen, dass viele beim letzten Galoppsprung den Kopf drehen, um einen letzten Blick zu erhaschen. Pferde, die die Angewohnheit haben, an einen Sprung seitwärts tänzelnd heranzugehen, können selten passend springen, weil sie die so wichtige Distanz nicht richtig abschätzen können.

Der seitliche Sehbereich ist zwar groß, aber trotzdem so ausgelegt, dass kleinste

Bewegungen wahrgenommen werden können, während die Tiefen- und die dimensionale Wahrnehmung oberflächlich bleibt. Wenn in der Hecke auch nur das kleinste Stückchen Papier flattert und diese Bewegung aus dem Augenwinkel wahrgenommen wird, ist das Grund genug für ein Pferd, den Körper mit einem Scheuen in sofortigen Alarmzustand zu versetzen – »erst handeln, dann denken« lautet die goldene Regel des Beutetiers. Als Reiter bemerkt man auch, wie Pferde über etwas, das sich direkt unter ihren Füßen befindet, buchstäblich darüberfallen können, während sie bei einer anderen Gelegenheit die winzigste Bewegung weit weg am Horizont wahrnehmen und sich oft wie eine aufgezogene Feder verspannen – sie sind dann bereit, auf eine mögliche Gefahr sofort zu reagieren. Die seitliche Anordnung der Augen bedeutet, dass nur ein schmaler Bereich vor dem Pferd von beiden Augen eingesehen und damit dreidimensional wahrgenommen werden kann. Bewegungen schon aus weiter Entfernung wahrzunehmen gibt dem Pferd den lebensrettenden Vorsprung vor einem Raubtier und ist damit in einer Situation, in der es um Leben und Tod geht, viel wichtiger als eine gute Tiefenwahrnehmung im Nahbereich, wie sie für einen Räuber erforderlich ist, dessen Augen ebenso wie unsere vorne am Kopf sitzen. Jedes einzelne Pferdeauge arbeitet für sich nach dem Prinzip einer Kamera mit Weitwinkelobjektiv – das rechte Auge sieht also eine Szene, die sich mit der, die das linke Auge sieht, kaum überschneidet. Die Pupille ist ein waagrechter Schlitz und kann sich damit bei gleißendem Licht zusammenziehen, ohne deswegen die Reichweite für diese fernen Horizonte zu verringern. Die Traubenkörner, das sind die dunklen unregelmäßig geformten Tropfen, die man im Auge schwimmen sehen kann, wirken wie Sonnenbrillen, die sehr helles Sonnenlicht ausfiltern.

Das seitliche Sehvermögen des Pferdes ist also gut, aber seitlich sieht es nur mit einem Auge und damit flach. Mit zwei Augen sieht es nur in einem sehr schmalen Bereich vor sich – nur in diesem Bereich kann es also Tiefen und Entfernungen abschätzen. Der Mechanismus, mit dem das Scharfsehen erreicht wird, unterscheidet sich stark vom entsprechenden Mechanismus beim Menschen und wirkt bei der Arbeit, die wir heutzutage vom Pferd verlangen, oft gegen das Tier. Aufgrund einer recht schwerfällig erscheinenden Auslegung muss das Pferd den Kopf bewegen, um sich Gegenstände in seinem Gesichtsfeld scharf zu stellen. Im menschlichen Auge ist die Linse flexibel, aber die Linse im Pferdeauge kann sich nur wenig verstellen. Um das Auge also auf Objekte scharf zu stellen, die sich in unterschiedlichen Entfernungen befinden, muss das Pferd das durch die Pupille einfallende Licht so positionieren, dass es am bestmöglichen Punkt auf die Linse trifft. Neuere Untersuchungen haben gezeigt, dass die beste Stelle für eine optimale Scharfeinstellung sich in der Mitte der Retina befindet, und um hauptsächlich diese Stelle zum Einsatz zu bringen, blickt das Pferd vorwiegend durch den oberen Teil des Auges. Das führt dazu, dass ein Pferd am besten solche Objekte scharf stellen kann, die sich in mittlerer Entfernung befinden. Um sich weit entfernte oder sehr nahe Objekte besser anstehen zu können, muss es den Kopf entweder heben oder senken – und das tut es, wenn es beispielsweise den Horizont absucht oder wenn es die Nase nahe an die Brust nimmt und den Hals wölbt, um einen Leckerbissen zu untersuchen, den man ihm geben will.

Man braucht nicht allzu viel Phantasie, um sich vorzustellen, welche Auswirkungen das auf ein Pferd hat, von dem man beim Reiten verlangt, den Kopf völlig ruhig zu halten. Oft schnürt man ihm den Kopf noch mit allen möglichen Riemen und Hilfszügeln fest. In gewohnter Umgebung und auf dem ebenen Geläuf eines Reitplatzes kann ein erfahrenes Pferd sich dabei wohlfühlen, aber ein junges Pferd wird immer dazu neigen, auf solche Einengungen mit Panik zu reagieren – und das ist völlig verständlich. Jedes Pferd, von dem man erwartet, dass es über unebenes Gelände galoppiert und springt, muss Kopf und Hals frei bewegen können. Kann es das nicht, ist es praktisch teilweise blind. Natürlich gilt auch, dass ein Pferd seine Sicht um so schlechter scharf stellen kann, je schneller es sich vorwärts bewegt. Dasselbe trifft übrigens auch für den Reiter zu. Ein erfahrenes Pferd arrangiert sich allmählich mit der Einschränkung seiner Kopfbewegungen und ergänzt das Bild durch andere Sinneswahrnehmungen, durch Wissen aus früheren ähnlichen Erfahrungen und durch Vertrauen in seinen Ausbilder – aber dazu gehört jede Menge Übung!

Eine andere leichte Behinderung, unter der Pferde recht häufig leiden, ist ein leichter Astigmatismus. Dieser Fehler tritt auf, wenn die Oberfläche der Hornhaut ungleichmäßig gekrümmt ist, so dass das Auge auf der einen Seite stärker vergrößern kann als auf der anderen. Daraus ergibt sich eine Unstimmigkeit zwischen der senkrechten und der waagrechten Information, die das Auge erhält, was bedeutet, dass es ein Objekt zwar undeutlich sehen kann, aber nicht sofort herausfinden kann, worum es sich handelt. Auch hier wird das sinnvollermaßen misstrauische Pferd sich lieber erst einmal »dünne machen«, bevor es innehält, um ein potentielles Risiko besser abschätzen zu können. Wenn man das auf eine Situation beim Reiten überträgt, so zeugt es von besserem Verständnis, wenn man einem vorsichtigen Pferd – vor allem einem jungen Tier – erlaubt, stehen zu bleiben und darüber nachzudenken, ob ein Angst einflößender Gegenstand harmlos ist oder nicht, anstatt es beim geringsten Zögern sofort mit klopfendem Schenkel weiterzutreiben oder die Gerte zu heben.

Es gibt noch einige weitere Eigenheiten beim Sehvermögen des Pferdes, die faszinierend sind. Früher dachte man, Pferde seien farbenblind, aber das ist nicht der Fall. Man hat nun herausgefunden, dass sie am besten dafür ausgerüstet sind, gelbe und grüne Farbtöne zu unterscheiden, während sie mit roten und blauen Schattierungen nicht so gut zurechtkommen und bei Violett und Purpur ziemliche Probleme haben. Viele Reiter glauben zwar, dass ihr Pferd grundsätzlich etwas gegen rote Hindernisse oder blaue Hindernisse oder was auch immer hat, aber es ist wahrscheinlicher, dass das Pferd entweder auf eine andere Eigenart des Hindernisses reagiert, beispielsweise auf seine ungewöhnliche äußere Form, oder auf die Intensität der Farbe. Pferde scheinen gegenüber extrem dunklen und extrem hellen Schattierungen empfindlicher zu sein. Das zeigt sich vor allem bei

Ein gutes Nachtsehvermögen ist für ein Beutetier ganz offensichtlich ein Muss.
Das Pferd ist da keine Ausnahme.

sehr weißen Objekten, die viel Licht widerspiegeln und daher sehr hell erscheinen und kann dann bedeuten, dass Pferde vielleicht vor einem weißen Gatter oder einer weißen Papiertüte scheuen, während sie dieselben Objekte in braun oder sogar in rot ignorieren.

Ein gutes Nachtsehvermögen ist für ein Beutetier ganz offensichtlich ein Muss. Das Pferd ist da keine Ausnahme. Die großen Augen können ein Maximum an Daten aufnehmen. Eine besondere, lichtverstärkende Einrichtung im Auge, das Tapetum lucidum, reflektiert Licht und wirft es zurück auf die Retina, um so das erreichbare Licht möglichst gut auszunutzen. Wir Menschen erwarten vom Pferd vielleicht einen tagaktiven Lebensstil, aber in der Wildnis wäre es in der Nacht aktiv und würde all seine scharfen Sinne einsetzen, um im Dunkeln die nötigen Informationen über seine Umgebung zu sammeln. Pferde sehen zwar bei schwachem Licht recht gut, aber man ist der Meinung, dass sie wesentlich länger brauchen als der Mensch, um sich an einen plötzlichen Wechsel von Dunkel nach Hell oder umgekehrt anzupassen. Es lohnt sich, daran zu denken, wenn man nachts das Stalllicht einschaltet oder wenn man von seinem Pferd erwartet, ohne jegliches Zögern über ein Hindernis in einen dunklen Wald zu springen oder eine düstere Box oder einen dunklen Hänger zu betreten.

Wie hört ein Pferd?

Pferdeohren sind wie Radarantennen: ständig werden sie in Richtung interessanter Geräusche geschwenkt. Zusammen mit dem Gesichtssinn sind sie die Eckpfeiler des Verteidigungssystems und spielen außerdem eine wichtige Rolle in der Kommunikation. Die Außenohren sind hoch am Kopf angesetzt und besitzen eine hervorragende Beweglichkeit

um 180 Grad. So sind sie dafür ausgerüstet, das leiseste Geräusch wahrzunehmen und genau zu ermitteln, woher es kommt. Diese Ohren sind unseren eigenen, feststehenden und ziemlich zweitklassigen Kopfanhängseln weit überlegen! Jedes Ohr wird von sechzehn Muskeln kontrolliert. Wenn das Pferd die Schwingungen vergleicht, die in jedem der beiden Ohren ankommen, kann es mit bemerkenswerter Genauigkeit feststellen, woher selbst aus weiter Entfernung ankommende Signale stammen. Wenn es Kopf und Hals biegt und die Ohren konzentriert spitzt, ist ein Pferd für maximale Schallaufnahme gerüstet. Wenn die Ohren im entspannten Zustand, im Schlaf oder ganz entgegengesetzt bei extremen Anstrengungen angelegt werden, können sie unerwünschte Hintergrundgeräusche abblocken. Jedes Ohr kann völlig unabhängig vom anderen bedient werden: ein Ohr kann sich auf Informationen konzentrieren, die von vorne oder von der Seite kommen, während das andere auf Aktivitäten gerichtet ist, die hinter dem Pferd vorgehen, also beispielsweise auf die Tätigkeiten des Reiters.

Vom inneren Aufbau her sind die Mechanismen für den Hörsinn des Pferdes genau dieselben wie für den des Menschen, aber das Pferd kann sowohl am oberen als auch am unteren Ende der Frequenzskala ein wesentlich breiteres Schallspektrum wahrnehmen – bis zu 25 000 Schwingungen pro Sekunde, wo wir selbst eine Kapazität von 20 000 haben. Uns allen ist es schon passiert, dass das Pferd schon lange, bevor wir auch nur den Hufschlag gehört haben, entdeckt hatte, dass da ein Freund die Straße herunterkommt – feinste Hörwahrnehmung mit genauer Schalllokalisierung zu überraschender Wirkung kombiniert.

Ein Pferd, dessen Sehvermögen eingeschränkt wird, wird wahrscheinlich nervös und verspannt. Ebenso fühlt sich ein Pferd, das keine Schallsignale empfangen kann, schnell verletzlich. Trotzdem sorgen windstille Tage für eine Atmosphäre der Sicherheit und Normalität auf der Koppel, weil an solchen Tagen der Schall weit trägt. Windige Tage haben dagegen die umgekehrte Wirkung, weil potentielle Gefahrensignale verdeckt werden, so dass eine Pferdegruppe leicht nervös wird. Ebenso wie der Gesichtssinn ist das Hörvermögen auf die Bedürfnisse, Triebe und Ängste des Pferdes abgestimmt. Geräusche, die das Pferd furchtbar interessieren, haben für uns vielleicht überhaupt keine Bedeutung – das trifft auch umgekehrt zu. So wird beispielsweise das Hintergrundgeräusch irgendwelcher Menschen-Unterhaltungen völlig ignoriert, während das leiseste verdächtige Rascheln oder das Geräusch von Futter, das in einem Eimer geschüttelt wird, mit Garantie alle Systeme in höchste Alarmbereitschaft versetzt oder einen Zustand gespannter Vorfreude hervorruft. Unbekannte Geräusche sind für ein Pferd meist sowohl Besorgnis erregend als auch faszinierend. Plötzliche Geräusche, vor allem laute, sind ganz sicher bedrohlich und führen zu sofortiger Verspannung, weil das Pferd sich fluchtbereit macht. Oft beschließt vor allem ein älteres, schon mit Vielem vertrautes Pferd, dass eigentlich doch keine Gefahr besteht – dann ist es aber an der Zeit, mit intensiver, ohrenspitzender Neugier weitere Untersuchungen anzustellen. Seltsame Geräusche unter den Hufen wie beispielsweise das hohle Poltern beim Betreten einer Brücke oder der Rampe des Hängers werden immer sehr misstrauisch untersucht, weil Pferde aus verständlichen Gründen immer ziemlich vorsichtig damit sind, wohin sie ihre kostbaren Hufe setzen.

Im allgemeinen fühlen Pferde sich bei nicht zu lauten, regelmäßigen Geräuschen entspannt und sicher. Stressig sind Geräusche von großer Lautstärke, vor allem dann, wenn sie unablässig zu hören sind – Lastverkehr oder Maschinen beispielsweise, aber auch ständiges Klappern, Klirren und Rufen. Solche Geräusche überreizen die Nerven durch ständige schmerzhafte Reize und versetzen den gesamten Körper in ständige Bereitschaft.

Nur zu oft gelingt es uns nicht, richtig einzuschätzen, wie fein das Hörvermögen des Pferdes wirklich ist. In wie vielen Ställen plärrt ständig Musik aus dem Radiolautsprecher, von morgens bis abends, ohne jegliche Rücksichtnahme auf die feinen Ohren der Boxenbewohner, denen die Musik an den Nerven zerrt – ohne Zweifel winden sie sich in ihren Ställen und sehnen sich danach, die Tür aufmachen zu können, um diesen Lärm abzuschalten oder wenigstens leiser zu machen. Damit soll nicht gesagt werden, dass Pferde kein Ohr für Musik hätten; wir wissen, dass sie ein starkes Gefühl für Rhythmus haben. Trotzdem sind sie am ruhigsten und fühlen sich am wohlsten, wenn sie beruhigende und harmonische Geräusche hören und nicht verwirrenden, zu stark stimulierenden Lärm, der an den Nerven zerrt.

Wenn man das Hörvermögen des Pferdes richtig einschätzt, kann man es sich auch besser zunutze machen. So kann man beispielsweise seine empfindsame Reaktion auf die menschliche Stimme nutzen – Gelegenheiten dazu gibt es genug. Die Stimme kann ein Instrument sein: sie kann anfeuern oder ausschelten, sie kann eine Bitte ausdrücken, taktvoll vor der Annäherung des Menschen warnen, in einer furchterregenden Situation einen Rückhalt geben oder über eine kleine Unterhaltung beim Putzen und beim Umgang mit dem Pferd einfach das Band des Vertrauens und der Sicherheit zwischen Mensch und Pferd stärken. Die meisten Pferdebesitzer können bestätigen, dass ihr Pferd ihre Stimme oder sogar das Geräusch ihres Automotors zu erkennen scheint, wenn sie morgens in den Stall kommen – nicht verwunderlich bei einem Tier, das seine Pferdefreunde leicht an ihrem jeweiligen Wiehern erkennen kann.

Wann auch immer die Stimme eingesetzt wird, sind der Tonfall und der Ausdruck der Stimme die wichtigsten Dinge, auf die das Pferd anspricht. »Hoo-laa … ruuuhig … Scheee-ritt« sind beruhigende Laute, während alles, was scharf gesprochen wird wie »Teee-rrab!« selbst dann eine dringende, aufmerksam machende und aufwühlende Wirkung hat, wenn es leise gesprochen wird. Immer, wenn man im Umfeld von Pferden spricht, muss man sich dessen bewusst sein, egal, ob man nun direkt mit dem Pferd spricht oder nicht; und man darf nicht erstaunt sein oder mit Schuldzuweisungen um sich werfen, wenn Pferde auf einen Tonfall in der menschlichen Stimme reagieren, der sie nun einmal mit großer Wahrscheinlichkeit in einen Alarmzustand versetzt.

Der Geruchssinn

Pferde haben ihre eigenen Ansichten darüber, mit wem sie befreundet sein wollen. Ein erstes Zusammentreffen zwischen zwei fremden Pferden läuft immer so ab, dass sie sich erst berühren und dann sofort wieder trennen. Das Ritual, mit dem ein Sozialkontakt aufgebaut

wird, beruht auf der Geruchswahrnehmung. Die zwei Pferde werden sich einander interessiert aber vorsichtig nähern und aus sicherer Entfernung die Nasen zueinanderstrecken, um den Neuankömmling sehr vorsichtig zu beschnüffeln. Beide Seiten schnüffeln und schnauben dann, so dass der Atem ausgetauscht und eine Botschaft über die jeweilige Identität tief in die Nüstern des anderen geschickt wird, wo sie analysiert und gespeichert wird. Dann wird die Entscheidung getroffen, ob es sich um Freund oder Feind handelt.

In dem lang gestreckten Gesichtsschädel des Pferdes haben ausgedehnte Nasenhöhlen Platz, die dem Pferd eine Empfindlichkeit gegenüber Gerüchen verleihen und Interpretationen ermöglichen, die wir uns kaum vorstellen können. Die großen Nüstern werden erweitert, um so viel Geruch wie möglich aufnehmen zu können, der dann beim Einatmen des Pferdes in die Nasenhöhle gezogen wird. Pferde atmen übrigens ausschließlich durch die Nase ein, nicht durch das Maul. In der Nasenhöhle wird die Luft über Knochenschnecken gezogen, die mit Schleimhäuten überzogen und mit winzigen Haaren bedeckt sind. Dabei kommt sie mit Riechnerven in Kontakt. Informationen in der Luft, die über den Geruchssinn verarbeitet werden, sind für Pferde auf viele verschiedene Arten wichtig, nicht nur als Mittel der Kommunikation und des Erkennens. Ein Wildpferd muss den Geruch eines lauernden oder sich anschleichenden Raubtiers kennen, es muss in der Lage sein, sich einer Was-

Für Stuten ist der Geruchseindruck die wichtigste Methode, ihren eigenen Nachwuchs von anderen Fohlen zu unterscheiden.

serquelle zu nähern, die es überhaupt nicht sehen kann, und es muss spüren, wenn es sich im Territorium seiner eigenen Herde befindet, das durch das Setzen von Kothaufen markiert wird. Vertrautheit ist gleich Sicherheit, und so ist ein Pferd aus seinem Blickwinkel am glücklichsten, wenn es in einem Stall steht, der seinen eigenen Geruch trägt und nicht den eines anderen Pferdes. Es ist für ein Pferd die natürlichste Sache der Welt, eine frische Stroheinstreu erst einmal mit dem eigenen Geruch zu markieren – sehr zur Frustration des Besitzers, der so stolz auf sein Werk war!

Das Verdauungssystem des Pferdes ist nur schlecht dafür ausgerüstet, mit Fehlern fertig zu werden, und so arbeiten Geruch und Geschmack eng zusammen, um sicherzustellen, dass die nährstoffreichsten Pflanzen und Gräser gefressen werden, während ungesunde Vegetation gemieden wird. Unbekannte Gerüche werden als bedenklich eingestuft und eine Substanz, die einen solchen Geruch verströmt, wird am besten gemieden – wie jeder Pferdebesitzer weiß, der schon einmal versucht hat, Antibiotikapulver mit dem Futter zu verabreichen. Gerüche, die mit Futter in Zusammenhang gebracht werden, sind für Pferde verständlicherweise sehr wichtig; sie reagieren sehr fein auf solche Gerüche und haben überhaupt kein Problem damit, mit der Nase ein einsames Kraftfutterpellet in den Tiefen einer Jackentasche aufzuspüren.

Für männliche Pferde ist die Fähigkeit wichtig, paarungsbereite Stuten zu identifizieren. Ein Hengst kann den aufregenden Geruch einer rossigen Stute auf eine Entfernung von bis zu 200 Metern wahrnehmen. Wenn er sich einmal in Riech-

> *›Die Welt des Pferdes ist ebenso wie die Welt des Hundes voller Geruchsbotschaften, die es aktiv sucht‹*

entfernung befindet und mit seiner Werbung anfangen will, braucht er genauere Informationen darüber, wie empfängnisbereit seine Auserwählte ist. Hier kommt das Jacobsonsche Organ ins Spiel. Dabei handelt es sich um eine besondere Ausbuchtung der Nasenhöhle, die extrem empfindlich auf Pheromone reagiert, also auf die Geruchsbotschaften, die Informationen über den sexuellen Status eines anderen Tieres, seinen Gefühlszustand und seine ureigene Identität enthalten. Um Luft in diese Organe zu bringen, die am Pflugscharbein in der Nasenhöhle sitzen, muss das Pferd tief einatmen. Wenn ein Geruch also genauer untersucht werden muss, fängt das Pferd an zu »flehmen«. Es zieht die Oberlippe hoch und verschließt die Nüstern, so dass die geruchsbeladene Luft in den Bereich dieser Gruben gedrückt wird und ihr Informationsgehalt eingehend analysiert werden kann. Hengste machen vor einer Begattung eingehend vom Flehmen Gebrauch, aber Flehmen kann man auch unter vielen anderen Umständen beobachten, unter denen Pferde von einem starken, fremdartigen oder unbekannten Geruch fasziniert sind, und manchmal auch in unklaren Situationen, in denen die Pferde verwirrt sind und versuchen, so viele Anhaltspunkte wie möglich zu bekommen, damit sie herausfinden können, was los ist. Pheromone werden von Drüsen in der Haut produziert und liegen auch im Haarfett, in Harn, Kot, Atem und Schweiß vor. Unter den vielen speziellen Informationen, die Pheromone übertragen können, ist auch Angst; den Geruch der Angst können Pferde anscheinend sowohl bei anderen Tieren als auch bei Menschen wahrnehmen.

Dieser Geruch ist hoch ansteckend – verwundert das beim Pferd? – und kann sofort den Flucht-oder-Kampf-Reflex auslösen.

Für Stuten ist der Geruchseindruck die wichtigste Methode, ihren eigenen Nachwuchs von anderen Fohlen zu unterscheiden – vor allem nachts, wenn es keine sichtbaren Unterscheidungsmerkmale gibt und die Herde wenig Geräusche von sich gibt. Bei der Geburt wird das Fohlen methodisch abgeleckt und überall beschnüffelt, um seinen persönlichen Geruch im Gedächtnis der Stute zu verankern. Täglicher Maulkontakt verstärkt die Bindung und ermöglicht der Stute, sich an das veränderte Geruchsbild des wachsenden Fohlens anzupassen. Die Geruchssprache spielt im allgemeinen eine wichtige Rolle bei der Aufgabe, die Herde zusammenzuhalten. Sie bietet eine unauffällige Methode für Kommunikation und Erkennen. Pferde benutzen diese Methode an jedem Tag ihres Lebens, ständig und auf verschiedenste Arten. So liegt beispielsweise einer der Gründe für das Wälzen vermutlich darin, dass das einzelne Tier das Bedürfnis hat, sich mit dem Geruch der Gruppe zu umgeben und so sein Gefühl, »dazuzugehören«, zu verstärken. Wir schenken dieser Dimension im Leben eines Pferdes wenig Beachtung – wahrscheinlich deswegen, weil unser eigener Geruchssinn so schlecht entwickelt ist und wir ihm deswegen nur wenig Bedeutung zuerkennen. Die Welt des Pferdes ist ebenso wie die Welt des Hundes voller Geruchsbotschaften, die es aktiv sucht, um sich so ein Bild seiner Umgebung schaffen zu können. Im Vergleich dazu machen wir

›Geruch und Geschmack arbeiten zusammen, vor allem dann, wenn es um das Band zwischen Einzeltieren geht‹

Menschen nur dann Gebrauch von Geruchsinformationen, wenn wir sie buchstäblich vor der Nase haben!

Für ein Pferd ist ein schnelles Überschnüffeln die naturgemäße »Kennenlern-« Technik. Aber wie viele Menschen nähern sich einem fremden Pferd ruhig, bleiben still stehen und geben ihm die Gelegenheit, sich mit der Nase ein Bild von diesem Menschen zu machen? Statt dessen marschieren sie auf das Pferd los und verpassen ihm mit Schmackes einen Schlag auf den Hals, ohne auch nur um Erlaubnis zu fragen. Wie viel unkomplizierter wäre es für Pferde, wenn man ihnen eine sichere Möglichkeit geben würde, sich durch kurzes Anschnüffeln miteinander bekannt zu machen, anstatt darauf zu bestehen, dass sie die Nasen auseinander halten und sich um ihren eigenen Kram kümmern müssen, nur weil es so »manierlicher« ist?

Wie Pferde ihren Geschmackssinn nutzen

Der Geschmack ist eng mit dem Geruchssinn verbunden; ebenso wie beim Menschen wird er hauptsächlich bei der Futteraufnahme eingesetzt. Am Ende jeder Geschmacksnervenfaser befinden sich Zellgruppen, die Geschmacksknospen heißen. Die Geschmacksnerven befinden sich hauptsächlich an der Zunge, aber auch rund um den Gaumen und in der Kehle. Die Informationen dieser Nerven werden als Abstufungen der vier Geschmacksrichtungen – salzig, bitter, süß und sauer – an das Gehirn weitergeleitet. Ein Gesamteindruck einer Substanz entsteht, indem diese Eindrücke mit den Geruchs- und Texturinformationen zu einem Ganzen zusammengefasst werden. Süß und salzig sind anscheinend die bevorzugten Geschmacksrichtungen, sauer und bitter finden nicht so viel Anklang – vielleicht deswegen, weil die meisten giftigen oder ungenießbaren Pflanzen einen bitteren Geschmack aufweisen. Trotzdem tolerieren manche Pferde einen erstaunlichen Grad an bitterem Geschmack und entwickeln sogar eine Leidenschaft für Zaunstreichmittel oder die Mittel, die man auf die Holzteile im Stall gestrichen hat, damit sie nicht angenagt werden…

Wie schon vorher erwähnt, sind Pferde ziemlich mäklige Fresser und bei unbekanntem Geruch oder Geschmack sehr vorsichtig. Da Pferde sich nicht erbrechen können, ist das eine sehr sinnvolle Taktik. Mit ihren unglaublich empfindlichen und beweglichen Lippen können sie Substanzen, die ihnen ungenießbar erscheinen, aussortieren und liegen lassen – egal, ob es sich dabei um ein nicht so schmackhaftes Grasbüschel handelt oder um das Wurmmittel, das man so gründlich wie nur möglich mit dem Kraftfutter vermischt hatte. Der angetrocknete Rand aus angesäuertem Futter in der Futterkrippe, schales oder aus einem anderen Wasserhahn kommendes Wasser, der leiseste Anflug von Chemie wie von einem Reinigungsmittel in einem Eimer – all das kann einen besonders empfindlichen Fresser vom Fressen abhalten. Geruch und Geschmack arbeiten als Kommunikationsmittel zusammen, vor allem dann, wenn es um das Band zwischen Einzeltieren geht wie beim gegenseitigen Kraulen, beim Ablecken des Fohlens durch seine Mutter und bei den Beiß- und Kauspielen in der Werbung zwischen Hengst und Stute.

Man weiß nicht sicher, wie weit die beiden Sinne unter diesen Umständen unabhängig voneinander arbeiten.

Tastsinn, fühlen und spüren

Der Tastsinn fügt der Welt, mit der das Pferd in unmittelbarem Kontakt steht, eine weitere Dimension hinzu, aber er ist keineswegs die einzige »Fühl-Fähigkeit«, über die das Pferd verfügt. Alle Arten von Fühlwahrnehmungen werden über Ansammlungen spezialisierter Zellen registriert, die Sinnesrezeptoren heißen und in mehrere Gruppen aufgeteilt sind. Zunächst gibt es die Gefühle für Druck, Schmerz und Temperatur, bei denen es sich um externe (von außen kommende) Reize handelt, die von den Extero-Rezeptoren verarbeitet werden. Auch die Sinneszellen in Augen, Nase, Mund und Ohren sind spezialisierte Rezeptoren dieser Art, die Signale von außerhalb des Pferdes empfangen. Die Sinneszellen, die für Berührungsempfindungen, Schmerz und Hitze/Kälte zuständig sind, befinden sich hauptsächlich innerhalb der Haut und sind somit über den ganzen Körper verteilt, wobei die Zellgruppen unterschiedlich dicht angeordnet und aus den einzelnen Zelltypen unterschiedlich zusammengesetzt sind.

Beispielsweise registrieren Nase und Maul extrem empfindlich Berührungsdruck über die Tasthaare; in diesem Be-

Die Stimulation über den Tastsinn ist für Pferde offenbar sehr wichtig. Sie wird in der Kommunikation ständig eingesetzt.

reich liegen Sinneszellen und Nervenenden in hoher Dichte vor. Berührungsempfindungen aufzunehmen, ist eine Funktion aller Arten der Körperbehaarung, aber bei den Tasthaaren im Maulbereich handelt es sich wirklich um hochentwickelte Antennen, die für die Aufnahme von Daten über den Bereich unmittelbar unter der Nase und um die Nase herum von größter Bedeutung sind, weil das verlängerte Gesicht des Pferdes diesen Bereich uneinsehbar macht. Die »Barthaare« helfen, die Entfernung von der Nase zum Boden einzuschätzen, und sie werden eingesetzt, um die Textur von Pflanzen und anderen Futtermitteln zu beurteilen, bevor das Pferd sie ins Maul nimmt. Aus dem Blickwinkel des Pferdes haben die Barthaare so viele wertvolle Funktionen, dass das die menschlichen Argumente für das Abhacken dieser als »unordentlich« angesehenen Haare bei weitem überwiegt. Auch von anderen Bereichen wie dem Hals, dem Widerrist, den Schultern und der Rückseite des unteren Teils der Beine weiß man, dass sie besonders berührungsempfindlich sind – bei weitem empfindlicher als beispielsweise die Seitenbereiche des Brustkorbes, auf denen die Beine des Reiters zu liegen kommen. Schmerzsensoren finden sich vor allem im Maulbereich – kein Wunder, dass das Maul von harten Händen oder ungeeigneten Gebissen schnell abgestumpft wird. Die Spezialität der Hufe scheint eine ungeheuer empfindliche Bewusstheit für Oberflächenvibrationen zu sein. Schließlich hängt das Weiterexistieren des Pferdes ja davon ab, dass es aufrecht bleibt, egal, wie der Boden unter seinen Hufen aussieht.

Alle Sinneszellen sind über ein feinverwobenes Netz von Nerven mit dem Zentralnervensystem verbunden, also mit dem Rückenmark der Wirbelsäule und schließlich mit dem Gehirn, der Schaltzentrale. Die Arbeitsweise der Zellen besteht darin, dass sie einen Reiz registrieren. Sobald der Reiz eine bestimmte Intensitätsschwelle erreicht, lösen die Zellen eine Botschaft an das Gehirn aus, die als Impuls über die Nerven übertragen wird. Wie ein Computer erhält das Gehirn die Information, speichert sie, interpretiert sie und trifft eine Entscheidung über die nötige Reaktion. Die entsprechende Anweisung wird dann in Form weiterer (motorischer) Impulse über die Nerven zurück zu den Muskeln geschickt, die dadurch Befehle erhalten, wie sie reagieren sollen. Routine und Erfahrung zusammen bauen eine Datenbank aus Reizen und Reaktionen auf, auf die bei späteren Reaktionen zurückgegriffen wird.

Die Empfindlichkeit für die verschiedenen Reizarten ist je nach Pferd verschieden und unterscheidet sich auch für verschiedene Körperteile. Manche Pferde, vor allem solche mit englischen Vollblütern in der Ahnenreihe, haben einen Hautaufbau, bei dem die Sinnesrezeptoren-Zellen nahe an der Oberfläche liegen und damit gut angesprochen werden können. Bestimmte Körperbereiche sind bei allen Pferden mit dünnerer Haut versehen oder besser mit Nervenenden versorgt, so dass sie besonders empfindlich und oft auch kitzlig sind. Wenn man beispielsweise darauf besteht, dass man unbedingt den verletzlichen Unterbauch mit einer harten Wurzelbürste abschrubben muss, so muss das einfach eine Reaktion hervorrufen – es ist dann absolut unfair, das Pferd dafür zurechtzuweisen, dass es mit dem Schweif schlägt oder aus Ärger über diesen Angriff, den es nicht verdient hat, ausschlägt.

Die Stimulation über den Tastsinn ist für Pferde offenbar sehr wichtig. Sie wird in der Kommunikation zwischen Pferden ständig eingesetzt. Pferde mögen Berührungen offensichtlich und reagieren auch darauf, wenn man auf diese Art eine Beziehung zu ihnen unterhält: nicht nur durch bedachtes Putzen, sondern auch durch Klopfen und Streicheln, das nur dem näheren Kennen lernen dient und das als Rubbeln und Kraulen unter Pferden ständig verwendet wird. Im Herdenverband berühren die empfindlichen Nasen sich oft – zwischen Stuten und Fohlen, beim Zusammentreffen von Freunden oder von fremden Pferden. Die Bindungen zwischen Pferden werden durch gegenseitiges Kraulen verstärkt, also durch dieses Ritual von gegenseitigem Rubbeln und Beknabbern, das man in jeder zusammengewöhnten und entspannten Pferdegruppe sehen kann. Berührungsempfindungen spielen bei Werbung und Paarung eine große Rolle. Wenn es in der Lage ist, andere Pferde zu berühren und nicht nur zu sehen, kann das für ein Stallpferd den Unterschied zwischen ruhiger Zufriedenheit und extremer Unruhe ausmachen.

Neben den Sinneszellen, die auf von außen kommende, körperliche Reize reagieren, arbeiten im Körper eines Pferdes zu jeder Zeit auch noch zwei weitere Arten von Fühlwahrnehmungen. Intero-Rezeptoren sind nicht auf Berührungen ausgerichtet, sondern auf Veränderungen im Körper. In diese Kategorie gehören zwar auch Rezeptoren, die gegenüber Schmerz und Unbehagen empfindlich sind, aber hauptsächlich sind es Zellen, die beispielsweise im gesamten Verdauungstrakt sitzen und dort auf die Konzentrationen an bestimmten chemischen Stoffen reagieren. Es entstehen Gefühle, die sich auf ganze Organe beziehen und das Tier auf bestimmte körperliche Bedürfnisse aufmerksam machen: Hun-

> *›Die Bindungen zwischen Pferden werden durch gegenseitiges Kraulen verstärkt … das Ritual aus gegenseitigem Rubbeln und Beknabbern‹*

ger, Durst, Müdigkeit, der Paarungstrieb oder der Trieb, Kot abzusetzen und zu harnen, sind Beispiele dafür.

Eine weitere Empfindung, die alle Tiere haben, ist Körperbewusstheit. Kein Lebewesen und schon gar kein Fluchttier würde lange überleben, wenn es sich ständig darauf konzentrieren müsste, in welcher Position zueinander, zum Rumpf und zum Boden die Gliedmaßen sich gerade befinden. Proprio-Rezeptoren reagieren auf Reize, die sie aus Gelenken, Muskeln, Sehnen und Bändern erhalten und befähigen so das Pferd, seine Position und seine relative Stellung zum Boden zu beurteilen, während all diese anatomischen Bauteile sich strecken und wieder anspannen. Auf diese Art kann es seine Bewegungen kontrollieren und koordinieren, ohne einen bewussten Gedanken darauf zu verwenden. Dabei arbeiten Gleichgewichtsorgane im Ohr mit und sorgen dafür, dass das Pferd durch Veränderungen der Körperposition, der Richtung und der Geschwindigkeit auf den Füßen bleibt. Unwillkürliche Reflexe aktivieren die Muskeln, die das Gleichgewicht des Körpers aufrecht erhalten. Für das Gleichgewicht sind bestimmte Muskeln an Kopf und Hals besonders wichtig.

Alle Lebewesen besitzen diese ziemlich erstaunliche unterbewusste Fähigkeit, aber das Pferd, das sich auf der Basis von Bewegung und fein abgestimmter Koordination entwickelt hat, ist darin wirklich Experte. Ein neugeborenes Fohlen beispielsweise ist zwar etwas unbeholfen, aber im Vergleich zu den meisten Säugetierjungen sind seine Gangarten bereits ziemlich gut entwickelt. Dem liegt ein eingebautes, ererbtes Bewegungsmuster zugrunde, das das Fohlen befähigt, innerhalb von Minuten aufzustehen und der Herde zu folgen. Im Laufe der Zeit und des Körperwachstums erfasst das Gehirn die veränderten Beziehungsgrößen zwischen Gliedmaßen, Körper und Boden und passt sie ständig an. Dabei bezieht es auch die Erfahrungen des Pferdes mit anderen Pferden und mit Menschen mit ein, und schließlich werden die Bewegungen immer besser ausgeprägt und immer regelmäßiger. Natürlich werden jedes Mal, wenn ein Reiter aufsteigt, neue Anpassungen erforderlich, die einem Pferd durch Erfahrung und gute Ausbildung erleichtert werden, so dass es sich so einfach wie möglich anpassen kann.

Die Tellington-Theorie

Linda Tellington-Jones bereist für Vorführungen mit ihrer einzigartigen Tellington-Touch Equine Awareness Method (TTEAM) die ganze Welt und arbeitet dabei mit Pferden aller Ausbildungsstufen vom »ganz normalen« Freizeitpferd bis hin zu den Pferden des deutschen olympischen Dressurkaders. Ihre Technik beruht auf einer ganz neuen Art, an Pferde heranzugehen: sie setzt bei der Art an, wie sie denken, reagieren und lernen. Das TTEAM-System aus Bodenübungen und sanften Berührungen, die das Tier nicht beunruhigen, basiert auf der Funktionsweise des Nervensystems. Die Übungen zielen auf eine Steigerung der Körperbewusstheit ab, wobei sie von den vier Jahren inspiriert wurde, die sie mit dem Studium der Methoden des israelischen Arztes Moshe Feldenkrais verbracht hat. Sie konnte dort sehen, wie menschlichen Körpern, die vor Schmerz gelähmt waren, geholfen werden konnte, indem das Nervensystem so »umorganisiert« wurde, dass es Nervenbahnen benutzte, an die es bisher nicht gewöhnt war. Linda war überzeugt, dass man dieselben Prinzipien auf Pferde anwenden könnte. Oft waren Widersetzlichkeiten, für die ein Pferd oft bestraft oder sogar völlig abgeschrieben wurde, auf Schmerz oder auf vom Stress verursachte körperliche Verspannung zurückzuführen, die das Pferd daran hindern, vernünftig über seine Situation nachzudenken. Wenn das Pferd Schmerzen hat oder sich in einem Konflikt befindet, reagiert es instinktiv mit einer von vier Möglichkeiten: Flucht, Kampf, Erstarren oder Ohnmacht. Durch die Verwendung von Körperbewusstheitstechniken, die Impulse entlang neu aktivierter, alternativer Nervenbahnen schicken, kann diese lähmende Wirkung vermindert und der Panikreflex übersteuert werden. Anstatt aus blindem Instinkt heraus zu handeln, kann man dem Pferd buchstäblich beibringen, nachzudenken – und dabei zusätzlich noch seine Lernkapazität erhöhen.

Linda glaubt, dass es für uns an der Zeit ist, Pferde mit völlig neuen Augen zu sehen und ihre Intelligenz und Gutmütigkeit anzuerkennen. Sie sagt:

> *In Bezug auf Pferde befinden wir uns noch im dunklen Mittelalter... wir nehmen keine Rücksicht darauf, wie ihr Gehirn arbeitet.*

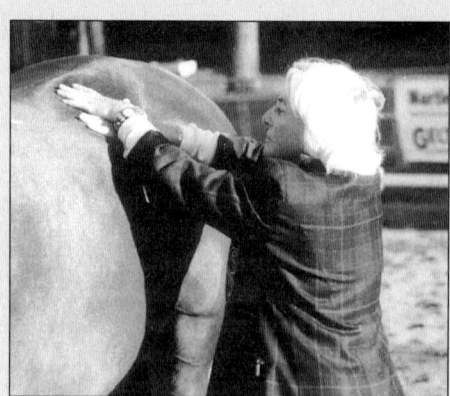

Linda Tellington-Jones

Linda glaubt, dass Schmerz oder Verspannungen im Körper des Pferdes die Widersetzlichkeiten auslösen, die man allgemein als absichtlich oder unverbesserlich bezeichnet. Ihr System aus Berührungen und Übungen, die keinen starken Eingriff darstellen, hilft dem Pferd, aus diesem Teufelskreis auszubrechen. Hier untersucht sie den Körper eines Pferdes auf Anzeichen von Stress.

Ich denke, dass einer der Gründe, warum die Menschen im Umgang mit dem Pferd Berührungen so wenig anwenden, darin liegt, dass sie es selbst nicht mögen, wenn sie berührt werden. Sie fühlen sich dabei nervös – wenn man nicht gerade aus einem der südlichen Länder kommt, sind Berührungen auch gesellschaftlich nicht akzeptiert. Wir denken einfach nicht daran, einfach die Hand auszustrecken und jemanden oder ein Pferd zu berühren. Wir verbringen – wenn überhaupt – nur sehr wenig Zeit damit, Pferde auf der Koppel zu beobachten und dabei zu sehen, wie oft sie sich berühren. Und doch sagen in vielen Teilen der Welt die Pferdeausbilder: »Fass' das Pferd nicht an, du verdirbst es nur«.

Ich finde, dass für die potentielle Intelligenz des Pferdes oder seine Bereitwilligkeit, mit dem Menschen zusammenzuarbeiten, viel zu wenig Verständnis besteht. Da gibt es einige echte Mythen wie zum Beispiel den, dass »ein Pferd immer versuchen wird, dich zu erwischen« und dass man es deswegen dominieren muss. In den meisten Ausbildungssituationen ist das eine weit verbreitete Denkweise. Ich habe herausgefunden, dass das Pferd wirklich gerne und willig mitarbeitet, wenn man Informationen benutzt, die für das Nervensystem neu sind, und wenn man diese Informationen so einsetzt, dass sie das Pferd über seine instinktiven Reaktionen Flucht-Kampf-Erstarrung-Ohnmacht hinausbringen.

Wir werfen den Tieren vor, sie würden sich absichtlich widersetzlich verhalten. Es hat aber nichts mit Absicht zu tun, sondern etwas mit Nervenbahnen. Die Menschen sollten erkennen, dass es auch andere Möglichkeiten gibt als nur die, das Pferd zu dominieren. Ich begreife ein Pferd nie als absichtlich aggressiv, sondern weiß, dass es viel wahrscheinlicher ist, dass das Pferd irgendwo im Körper Spannungen oder Angst sitzen hat und nur versucht, sich selbst zu schützen. Wenn man es dann schlägt oder anschreit, wird das die Anspannung nur verstärken.

Viele Menschen, die anfangen, sich mit Pferden zu beschäftigen, tun das, weil sie Pferde lieben – aber wenn sie dann die ersten Schritte in die Pferdeszene tun, was bringt man ihnen bei? In den meisten Fällen doch, dass man bei einem Pferd ständig hinterher sein und es unter Kontrolle halten muss. Nun ja, ich denke, dass das der Wahrheit entspricht, wenn man nicht in der Lage ist, einen gemeinsamen Nenner zu finden und sich auf einen Standpunkt von Respekt und Verständnis zu stellen. Das ist wie auf der Tanzfläche: wenn keiner führt, klappt es mit dem Tanzen nicht. Ganz sicher muss man am Anfang sehr deutlich ausdrücken, was man will. Sobald man aber über diesen Punkt hinaus ist, gibt es viele Gelegenheiten, zu denen das Pferd sich so auf den Menschen einstimmen und so intelligent mitmachen kann, dass es in der Lage ist, sich zu ändern. Angst bleibt über Jahre im Zellgedächtnis verankert. Wie man sich mit einem jungen Pferd durch ein Problem arbeitet, legt den Grundstein für sein späteres Verhalten: ob es sich an den Menschen wendet, damit der ihm hilft, eine Angst zu überwinden, oder ob es lernt, dass es dafür nur geschlagen wird.

In Bezug auf Pferde befinden wir uns noch im dunklen Mittelalter – wir nehmen keine Rücksicht darauf, wie ihr Gehirn arbeitet, wie ihr Nervensystem arbeitet. Meistens heißt es nur: »wenn ein Pferd sich widersetzt, gehört es geschlagen«, anstatt dass man sich die Frage stellen würde: »wie kann ich diesem Pferd helfen, mit mir zusammenzuarbeiten und zu lernen, wie man lernt«. Wenn man ein Pferd in freundlicher Weise überall berührt, so dass es seine Angst verliert, gibt man ihm neue Informationen über sich selbst. Die Berührung bringt eine neue Selbst-Bewusstheit und ein neues Selbst-Vertrauen, so dass das Tier wirkungsvoller nachdenken kann. Dabei ist es egal, was man von ihm verlangt, denn man kann damit seine Angstreflexe überlagern und es über den Instinkt hinausführen. Man kann damit Angst oder die Erinnerung an Schmerzen auf der Ebene der Zellen auslöschen.

Wenn man ausgewählte Körperbereiche mit diesen kreisförmigen Berührungen »aufweckt«, die mit den langen Streichbewegungen einer Massage nicht viel zu tun haben, dann wird mehr aktiviert als nur die durchschnittlichen Nervenimpulse. Stellen Sie sich vor, wie das Gehirn mit all diesen Körperbereichen verbunden ist, in denen Sie mit den TTouches Gefühlswahrnehmungen wecken. Das ist so, als ob man an der Computerkonsole im Gehirn das Licht einschaltet. Das Tier wagt es, sich umzudrehen, sich mit anderen Augen umzusehen und sich selbst mit anderen

Wenn man dem Pferd Wahlmöglichkeiten gibt und ihm zeigt, dass es wählen darf, dann wird es auch wählen.

Augen anzusehen – es bekommt einen anderen Körpereindruck von sich selbst, und damit auch ein verändertes Selbstbewusstsein.

Wenn ein Pferd sich im Fluchtmodus befindet, wird das Nervensystem aktiviert und das Blut blitzschnell in die großen Muskelgruppen von Schultern und Hinterhand geschickt, so dass das Pferd jederzeit aktionsbereit ist. Das schränkt aber das Selbstbild des Pferdes ein, weil es so seine Verbindung zum Boden nicht spüren kann. Wenn es dann noch die Hinterhand, den Rücken oder den Hals verspannt, werden auch die Impulse blockiert, die über den gesamten Körper laufen würden, und das Pferd kann seinen eigenen Körper nicht so gut spüren. Es ist von seinem eigenen Körpergefühl abgeschnitten. Diese Bewusstheit für den eigenen Körper versuchen wir mit den TTouches und den anderen Übungen wieder zu erwecken.

Wenn einem Pferd nur Flucht oder Kampf offen stehen, hat es keine Wahlmöglichkeiten. Wenn man einem Pferd Wahlmöglichkeiten gibt und ihm zeigt, dass es wählen darf, dann wird es auch wählen. Wenn man einem Lebewesen neue Werkzeuge an die Hand gibt, die mit etwas anderem funktionieren als mit dem Instinkt, wird das Tier meiner Erfahrung nach die neue Information auch nutzen, anstatt in seiner Reaktion auf »Flucht« zurückzufallen. Es kann dann immer noch sein, dass das Tier flieht, aber das wird dann auf einer bewussten Entscheidung beruhen anstatt auf einem Ausrasten. Weil die Intelligenz das Ruder übernommen hat, hält die Wirkung auch lange an.

Als ich vor zwanzig Jahren zum ersten Mal darüber redete, dass man die Intelligenz von Tieren erhöhen könne, wurde ich stark kritisiert. Man sagte mir, nur menschliche Wesen könnten Intelligenz besitzen. Tatsache ist, dass

Intelligenz die Fähigkeit ist, sich an neue Situationen anzupassen. Darin sind Pferde sehr gut, und sie können noch besser werden, wenn man ihnen übermitteln kann, was man von ihnen will, und wenn man nur Dinge von ihnen verlangt, die auch sinnvoll sind. In der Pferdeszene neigen die Leute nicht dazu, anzunehmen, dass Pferde denken könnten. Durch Untersuchungen, die Maxwell Craig in England unter Verwendung einer Technik durchgeführt hat, bei der Zeichnungen der Assoziationsbahnen im Gehirn angefertigt werden, wissen wir inzwischen, dass die Verwendung dieser kreisförmigen Berührungen dem Tier hilft, über den Tellerrand seines Instinktes hinauszugehen und die Gehirnwellen zu aktivieren, die wir Menschen für logische Denkvorgänge einsetzen. Nur mit Alpha-Gehirnwellen alleine kann ein Mensch nicht lernen, auch wenn diese Wellen konzentrierend wirken, denn wenn keine Betawellen vorhanden sind, wird das Gelernte nicht im Gedächtnis behalten. Ich konnte das kaum glauben! Warum haben wir so lange gebraucht, um herauszufinden, dass Pferde wirklich fähig sind, mit genau denselben Gehirnwellenmustern zu denken wie wir? Es liegt wohl an dieser Haltung, dass wir Menschen »überlegen« seien und nicht wirklich Tiere.

Inzwischen hat man herausgefunden, dass das limbische System, also der Teil des Gehirns, der die Gefühlsregungen kontrolliert, auch der Sitz der Lernfähigkeiten ist. Was bei der TTEAM-Arbeit passiert, ist wohl, dass die Emotionen etwas reguliert werden, die Extreme werden etwas geglättet, so dass das Tier wieder zu der Fähigkeit zurückfindet, eine Wahl zu treffen. Die Folge ist, dass schneller gelernt werden kann. Ein Tier, das sich in einer Gefühlsaufwallung befindet und gleichzeitig sehr nervös ist, kann nicht gut lernen – man wird merken, dass man alles immer wieder wiederholen muss. Zunächst kam mir der Gedanke gar nicht, dass man mit der Arbeit am Körper die Persönlichkeit oder das Verhalten eines Pferdes ändern könnte. Erst als ich im Sommer 1975 eine Ausbildung begann, bei der wir mit Hilfe der Feldenkrais-Methode am menschlichen Nervensystem arbeiteten, fiel bei mir plötzlich der Groschen. Es war wirklich und absolut möglich, die Lernfähigkeit des Pferdes, seine Bereitschaft zur Zusammenarbeit und seine sportlichen Fähigkeiten zu verändern. Es ist so faszinierend, eine völlig neue Art, an Pferde heranzugehen – und es klappt. Jeder kann die TTouches ausführen und dabei eine wunderbare Wirkung erzielen.

Wo allerdings Unbehagen oder Schmerz vorliegen – egal, ob vom Menschen verursacht oder durch einen Gebäudefehler – reicht es nicht aus, nur am Körper zu arbeiten. Dann muss man dem Pferd beibringen, sich auf eine neue Art zu bewegen, so dass es alte, gewohnheitsmäßige Reaktionsmuster ablegt. Wir müssen dem Pferd helfen, bestimmte Dinge anders zu tun, so dass sie besser werden. Ganz besonders gefällt mir an dieser Arbeit, dass sie einigen der besten Reiter der Welt geholfen hat. Aber auch ganz durchschnittliche Leute, die kleinere Probleme mit ihrem Pferd haben, können mit den TTouches herumexperimentieren und dabei entdecken, wie viel besser sie mit ihrem Pferd zusammenarbeiten können. Jeder von uns kann ein neues Verständnis für Pferde entwickeln.

Sechster Sinn

Haben Pferde einen sechsten Sinn? Viele Menschen glauben, dass das so ist, und gehen dabei so weit, dass sie sagen, Pferde wären telepathisch veranlagt oder könnten außersinnliche Wahrnehmungen nutzen. Eine Menge von Verhaltensweisen, die man beim Pferd schon oft beobachtet hat, ist sicher nicht leicht zu erklären, wenn man die bestehenden wissenschaftlichen Grundsätze anwendet. Aber wir haben über die Art, wie Pferde ihre Sinne einsetzen, noch so viel zu lernen.

Die Ausstattung des Pferdes unterscheidet sich von unserer eigenen so stark, dass man nur schwer sagen kann, ob man etwas, was einem wie ein Phänomen der Supersinne anmutet, auf besonders empfindliche konventionelle Sinneswahrnehmungen zurückführen kann. Diese Frage wurde in einer kontrollierten Versuchsreihe von einer Expertin für Pferdepsychologie, Moyra Williams, gründlich bearbeitet. Sie zog den Schluss, dass beispielsweise der Richtungssinn des Pferdes in Fällen, in denen es sich nicht auf sein visuelles Gedächtnis berufen konnte, sich hauptsächlich auf den Geruchssinn stützt: das Pferd nutzt winzigste Hinweise, die sich in der Luft befinden, als Hinweis darauf, welche Richtung es einschlagen soll.

Man hat auch wirklich den Eindruck, dass Pferde einen drohenden Wetterumschlag spüren können – eine Fähigkeit, die in der Wildnis nützlich ist – und es gibt Beobachtungen, dass Pferde Radioaktivität spüren konnten und ihr auswichen. Die berühmte Fähigkeit des Pfer-

Die Art, wie wir stehen, uns bewegen und an ein Pferd herangehen, spricht Bände für ein Pferd.

des, die Stimmungslage des Menschen zu ermitteln, beruht wahrscheinlich hauptsächlich auf seiner scharfen Wahrnehmungsfähigkeit für Details, mögen diese nun in Dingen bestehen, die es sehen oder hören oder riechen kann, oder auch in einer Kombination mehrerer oder aller Sinne. Wie jeder Pferdemensch weiß, übertragen Spannung und Angst sich wie ein elektrischer Strom über die Zügel oder sogar durch den freien Raum auf das Pferd – ein deutlicheres Signal kann man einem Fluchttier, dessen Beiname »Nervosität« lautet, gar nicht geben. Wenn man in das entgegengesetzte Extrem geht, gibt es unbestreitbar Menschen, die einfach ein Gefühl für Pferde haben, die es einfach »mit ihnen können«, und das beruht hauptsächlich auf der beruhigenden Wirkung der ruhigen, selbstbewussten Ausstrahlung, die solche Menschen besitzen. Die Art, wie wir stehen, uns bewegen und an ein Pferd herangehen, spricht Bände für das Pferd, dessen Sprache auf den Feinheiten der Körperhaltung und Muskelspannung beruht.

Pferde besitzen vielleicht keine kreative Phantasie, aber sie sind ausgezeichnet in der Lage, Dinge miteinander in Verbindung zu bringen – es ist also leicht zu verstehen, wie ein Pferd beim Auftauchen und bei der Geruchswahrnehmung für »Tierarzt« zwei und zwei zusammenzählt und sich nicht einfangen lässt, oder wie es beim Befestigen der Transportgamaschen sofort an einen aufregenden Tag voller Wettbewerbe denkt und am Frühstück plötzlich nicht mehr interessiert ist. Wir wissen inzwischen, dass die menschlichen Sinne im Vergleich mit denen eines dermaßen erfolgreichen Fluchtkünstlers so unterentwickelt sind, dass wir es uns wirklich nicht anmaßen sollten, beurteilen zu wollen, was ein Pferd wahrnehmen kann und was nicht.

3
Verhaltensmuster – Lebensmuster

Was bringt ein Pferd dazu, sich wie ein Pferd zu verhalten? Welche Triebe und Bedürfnisse rufen die Verhaltensmuster hervor, die wir sehen, womit beschäftigt sich sein Gehirn? Wenn wir es uns schon anmaßen, die Welt des Pferdes so völlig und radikal mit ihm zu teilen und ihre äußere Form zu bestimmen, sollten wir wirklich alle Anstrengungen unternehmen, um die Antworten auf diese Fragen herauszufinden.

Als die Evolution allmählich die körperliche Erscheinung des Pferdes umformte, entwickelten sich im gleichen Zug Verstand und Verhalten – heraus kam das Tier, dessen Leben auf Flucht beruht. Die Zuchtauswahl im Verlauf von 25 Jahrhunderten hat ja vielleicht am Körper des Equus kosmetische Veränderungen hervorgerufen, aber sie hat es lediglich geschafft, an der Oberfläche der genetischen Programmierung seiner grundlegenden Verhaltensmuster zu kratzen, die ungefähr 55 Millionen Jahre auf dem Buckel hat. Diese Verhaltensmuster, nach denen das Pferd gelebt und überlebt hat, haben ihm gute Dienste erwiesen. Aus dem Blickwinkel des Pferdes muss man sich fragen, warum man ein erfolgreiches Rezept ändern sollte? Sehen wir uns also einmal an und versuchen wir zu verstehen, wie dieses Tier funktioniert. Dabei kann es uns passieren, dass wir einige unsere Vorstellungen davon ändern müssen, was ein Pferd braucht, um sich in seiner Umgebung wohlzufühlen.

Grundsätzlich wird alles Verhalten des Pferdes von vier überwältigend starken Bedürfnissen getrieben: Futter- und Wasseraufnahme, Überleben, Vermehrung und Gesellschaft anderer Pferde.

Futter und Wasser

Ganz oben auf der Prioritätenliste für jedes Lebewesen stehen die absolut fundamentalen Bedürfnisse nach Fressen und Saufen – beim Menschen würden wir sagen, nach Essen und Trinken. Ihrer Wichtigkeit entsprechend nehmen diese beiden Vorgänge beim Verhalten eine zentrale Stellung ein. Futter zu finden und zu verzehren, steht bei den meisten Tieren an erster Stelle – Menschen und Pferde eingeschlossen. Das Bedürfnis nach Wasser ist sogar noch dringender als das nach Futter. Füttern und Tränken können die körperliche und geistige Gesundheit und das Wohlergehen des Pferdes stärker beeinflussen als jeder andere Aspekt in der Pferdehaltung. Und doch könnte der Unterschied zwischen seiner natürlichen Ernährung und dem Futterplan, der dem modernen Hauspferd aufgezwungen wird, kaum größer sein.

Am wichtigsten ist dabei die Tatsache, dass ein Pferd, das die Möglichkeit bekommt, frei über die Weide zu laufen, mindestens zwölf Stunden am Tag grasen wird. Dabei wird es die verfügbare Vegetation mit seinen beweglichen Lippen ständig durchsieben und aussortieren und sich eine gemischte Auswahl an Blättern, Pflanzen, Kräutern und Gräsern zusammensuchen, deren Nährstoffgehalt nicht sehr hoch ist, die aber seinen Nährstoffbedarf erfüllt. Pferde ziehen es vor, in vierundzwanzig Stunden mindestens 16 Stunden lang zu grasen, egal ob sie hungrig sind oder nicht – die Programmierung in ihren Genen ordnet das so an. Untersuchungen haben gezeigt, dass ein Pferd unabhängig von der Weidequalität mit dem Grasen weitermachen wird, bis sein psychisches Kaubedürfnis erfüllt ist. Ein Pferd, das in einem mit üppigem Grün bewachsenen Paddock steht, wird also volle sechzehn Stunden lang vor sich hinfressen und würde das genauso tun, wenn innerhalb des Zauns fast kein Hälmchen zu finden wäre und es sich sein Futter zusammensuchen müsste. Es würde also immer noch grasen, obwohl sein Hunger schon längst gestillt und sein Nährstoffbedarf schon längst gedeckt ist. Das ist der Grund, warum vor allem Ponys so schnell übergewichtig werden. Pferde fressen und kauen langsam – nicht, weil sie sich zum Auswählen ihres Futters Zeit lassen wollen, sondern weil der Magen eines Fluchttieres klein ist. Futter wird hälmchenweise aufgenommen, zerkaut und heruntergeschluckt und wird so fast ständig in kleinsten Portionen durch das Verdauungssystem geschickt. Weder der Magen selbst noch die Darmbakterien, die das Futter im Darm verar-

beiten, können plötzliche starke Veränderungen der Ration oder lange Zeiten ohne irgendwelches Futter, das verarbeitet werden muss, verkraften. Wenn das Verdauungssystem leer oder fast leer ist, kann ein Pferd sich nicht entspannen. Ein Pferd ist also körperlich dazu ausgelegt und geistig dazu programmiert, unterschiedliches, nährstoffarmes und rohfaserreiches Raufutter aufzunehmen und mindestens zwei Drittel seines Tages damit zu verbringen, dieses Futter zu verarbeiten. Der Kontrast zum Tagesablauf der meisten Stallpferde könnte gar nicht größer sein. Eine Ration aus nährstoffreichem Getreidekraftfutter, im Eimer dreimal am Tag zu Zeiten verabreicht, die sich passenderweise an unseren eigenen Essenszeiten orientieren – vom Futterwert her mag das ja mehr als ausreichen, aber wenn man die verhaltensmäßigen Bedürfnisse mit betrachtet, lässt man das Pferd dabei praktisch verhungern. Seine Krippe oder seinen Eimer hat es in wenigen Minuten geleert, seine Heuraufe in wenigen Stunden – und dann? Dann steht es für das nächste Drittel oder mehr des Tages in seinen vier Wänden, hat kaum etwas, womit es sich geistig beschäftigen kann und noch weniger, mit dem es seine Verdauung beschäftigen könnte. Wo soll der Sinn darin liegen, dass man den Nährstoffbedarf des Pferdes mit hochwertigem Futter so schnell deckt, obwohl seine natürlichen Triebe ihm befehlen, immer weiter und weiter zu fressen, egal, ob seine Nährstoffaufnahme bereits ausreichend ist oder noch nicht?

Es ist bemerkenswert, wie viele Pferde schließlich ihre natürlichen Instinkte unterdrücken und die verkünstelte Hauspferderoutine tolerieren, aber es ist auch interessant zu wissen, dass Koliken bei wildlebenden Pferden praktisch unbekannt sind. Aber in jedem Stall finden sich auch die frustrierten Vertreter der

Rasse Pferd, die sich nicht anpassen können oder deren Toleranzschwelle niedrig ist – die Weber und Kopper, die verzweifelt versuchen, die Zeit irgendwie mit Aktivität und ihre Mägen mit irgendetwas, egal mit was, zu füllen, selbst wenn es nur Luft ist. Es gibt ganz einfache Maßnahmen, die einen Futterplan fast schon wieder »renaturalisieren« können und trotzdem die modernen Anforderungen an eine kontrollierte und energiereiche Fütterung erfüllen: das Kraftfutter häufiger und in kleineren Portionen füttern, einen größeren Anteil an Raufutter geben und das Ganze so verfüttern, dass es lange dauert, sich eine kleine Menge davon zu holen. Die Art des verabreichten Futters und die dafür vorgesehene Fresszeit sind die Wurzel der meisten Verhaltensprobleme. Es gibt ebenso viele Probleme, die auf Überfütterung mit einer übermäßig energiereichen Ration zurückzuführen sind, wie es Probleme gibt, die mit Unterernährung zu tun haben.

›Ein Pferd, das sich in seiner Umgebung nicht eingelebt hat und nicht wohlfühlt, wird weder gut fressen noch sich gut entwickeln‹

Wie dringend auch immer das Bedürfnis nach Futter oder Wasser sein mag – Pferde fressen und saufen nicht einfach alles. Beim Grasen wählen sie instinktiv aus, was der Körper braucht, und lassen das stehen, was nicht nötig ist oder vielleicht schädlich sein könnte. Für ein Tier, dem die Fähigkeit fehlt, sich erbrechen zu können, ist Fressen eine nicht ganz risikolose Sache. Der Appetit ist je nach Einzeltier unterschiedlich und wird vom seelischen Zustand des Tieres ebenso leicht beeinflusst wie von seinen körperlichen Bedürfnissen. Ein aufgeregtes Pferd kann sich einfach nicht in Ruhe seinem Futter widmen, egal, ob der Grund der Aufregung darin liegt, dass es

etwas Aufregendes erwartet oder dass wirklich Grund zur Angst besteht wie beispielsweise, wenn es von einem anderen, ranghöheren Pferd bedroht wird oder wenn es keine Gesellschaft hat. Es gibt viele Faktoren, die ein Pferd vom Futter ablenken können. Für ein Pferd gilt schließlich: wenn auch nur die geringste Möglichkeit besteht, dass es notwendig sein könnte, die Flucht zu ergreifen, ist es besser, nicht allzu viel Zeit mit Fressen zu verbringen – das kann warten, bis die Luft wieder rein ist. Daraus folgt, dass ein Pferd, das sich in seiner Umgebung nicht eingelebt hat und nicht wohlfühlt, weder gut fressen noch sich gut entwickeln wird. Es wird so viel Zeit, Anstrengung und Geld in die wissenschaftliche Analyse des Nährstoffbedarfs des Pferdes gesteckt, in die spezifischen Anforderungen an bestimmte Futtermittel in Bezug auf Nährstoffgehalt, verdauliche Energie usw. – aber dieser fundamentalen Erkenntnis wird kaum Aufmerksamkeit geschenkt. Wenn ein Pferd sich nicht wohlfühlt – nicht nur was den Futterplan anbetrifft, sondern in seinem gesamten Lebensstil – wird das negative Auswirkungen auf seinen Appetit und damit auch auf seine körperliche Verfassung haben. Bei wie vielen »schwerfuttrigen« Pferden handelt es sich einfach nur um Pferde mit allen möglichen Ängsten, deren Besitzer sich nicht genug Zeit genommen und nicht genügend Gedanken gemacht haben, um zu einer natürlicheren Methode der Fütterung zu kommen oder um die Persönlichkeit ihres Tieres einzuschätzen und herauszufinden, was ihm helfen kann, sich rundum wohl genug zu fühlen, um auch gut zu fressen?

Ein weiterer interessanter und häufig falsch verstandener Aspekt der Fresslust ist der Einsatz von Futter und Leckerbissen bei der Ausbildung. Der ungeheuer wichtige Basisinstinkt »Fressen« sollte eigentlich ein Ausbildungswerkzeug sein, mit dem man ein Pferd zu fast allem überreden und das man sehr nutzbringend einsetzen kann – schließlich kann man einem Hund so gut wie alles beibringen, wenn man ihm auch nur die Hoffnung auf einen Leckerbissen vor die Nase hält, und ein Kind wird für Süßigkeiten fast alles tun, worum man es bittet. Die Reaktion von Kindern und Hunden ist allerdings die Reaktion eines Fleischfressers auf den Gedanken an eine Mahlzeit – eine Mahlzeit ist etwas, wofür er buchstäblich töten würde! Ein Pflanzenfresser hat eine völlig andere Einstellung zu Futter, und das verwässert die Wirkung von Futter als Mittel positiver Verstärkung. Sein Mittagessen steht ständig überall um ihn herum in der Gegend, er knabbert den ganzen Tag daran herum, sein Magen ist ständig zumindest teilweise damit gefüllt (oder sollte es zumindest sein) – welchen Unterschied macht da ein Maulvoll extra? Damit soll nicht gesagt werden, dass ein Pferd Leckerbissen nicht zu schätzen wüsste; ein Leckerbissen befriedigt ein Pferd kurzfristig, lenkt seine Aufmerksamkeit von einer unangenehmen Aufgabe ab oder bringt es zu einer positiven Einstellung dem Menschen gegenüber, aus dessen Tasche die Leckerbissen auftauchen. Aber als Anreiz, um eine Aufgabe gut zu machen, eignen sie sich nicht, denn ein Pferd könnte nicht weniger interessiert sein.

Monty Roberts, der auf vierzig Jahre Erfahrung mit der Ausbildung von Pferden zurückblicken kann und dabei möglichst schonende Methoden anwendet, bemerkt dazu: »Pflanzenfresser können Futter und eine bestimmte Tätigkeit gar nicht gut miteinander assoziieren. Man kann einem Pferd beibringen, sich in Bewegung zu setzen, um sich Futter zu holen, aber es gibt praktisch keine Tätigkeit, von der man ihm beibringen könnte, dass es sie tun und dann eine Futterbelohnung erwarten soll. Man kann ein Pferd nicht dazu bringen, dass es für Futter arbeitet. Man kann ihm ein Pfefferminzbonbon geben und es wird dieses Bonbon gerne fressen – aber das einzige, was man ihm damit beigebracht hat, ist, dem Menschen das Hemd auszuziehen, um das Pfefferminzbonbon zu finden!«

Selbsterhaltung

Ein Pferd, das sich bedroht fühlt, kann sich nicht aufs Fressen konzentrieren – tatsächlich kann es sich auf gar nichts konzentrieren, weil das gesamte Fortbestehen seiner Existenz sich um die Notwendigkeit dreht, sich selbst zu schützen. In der weiten Steppenlandschaft, in der die Evolution des Pferdes stattgefunden hat, bedeutet das die Fähigkeit, schon vor dem Anschein einer Gefahr davonzurennen, und zwar schnell. Für ein Beutetier gibt es keine zweite Chance – ein Zögern könnte tödlich sein. Das Wissen, dass es für einige überaus schlaue und tödliche Jäger ein gutes Mittagessen darstellt, brachte das Pferd dazu, seine stärkste instinktive Reaktion überhaupt zu entwickeln – die Flucht. Dem Pferd steht noch eine weitere Verteidigungsoption zur Verfügung, nämlich der Kampf mit Hufen, Zähnen und mächtigen Bucklern. Aber ein ungeschorenes Entkommen ist immer vorzuziehen, anstatt sich der Möglichkeit einer Verletzung oder einer Niederlage auszusetzen, so dass Pferde fast immer die Flucht dem Kampf vorziehen, außer, wenn sie in die Ecke gedrängt werden und die Wahl, sich dünne zu machen, nicht haben. Sich zu bewegen, ist die bevorzugte Lösung eines Pferdes für die meisten Probleme. Die Füße sind ungeheuer wichtig, weil sie das Transportmittel für die Flucht sind, und deswegen werden sie aufmerksam vor Risiken geschützt. Kein Huf, keine Flucht – jedes Pferd, das willig die Hufe zum Auskratzen hergibt oder gar ohne Zögern einen seltsamen und noch nicht ausprobierten Untergrund betritt, zeigt einen Grad an Vertrauen, der gegen seine tiefverwurzelten Verhaltensregeln verstößt.

Der Selbsterhaltungsinstinkt ist so stark, dass er von der kleinsten Bedrohung, sei sie nun echt oder eingebildet, ausgelöst wird. Dabei ist ausschlaggebend, was in den Augen des Pferdes eine Bedrohung darstellt, und nicht in den Augen des Menschen. Vom flatternden Papierstück in der Hecke bis zur Gerte auf seiner Kruppe ist der Drang, zu fliehen, stärker als alle anderen Überlegungen, bis das Pferd das Gefühl hat, aus der Gefahrenzone heraus zu sein.

Hand in Hand mit dem Selbsterhaltungstrieb geht das Bedürfnis, genug Freiraum zu haben, um fliehen zu können. Erzwungene Tatenlosigkeit muss für ein Tier, das in der Natur ständig durch die Gegend streift, schon eine Qual sein, aber noch viel stressiger und erschreckender ist es, wenn man ihm sämtliche Fluchtwege versperrt. Die gemütliche Box, die unseren Vorstellungen von Bequemlichkeit und Sicherheit entspricht, ist für ein Pferd effektiv ein Käfig – Pferde sind dazu programmiert, auf weiten offenen Flächen zu funktionieren, unter anderen Pferden und in ständiger Bewegung. Auch wenn die meisten Pferde sich in das Schicksal des Eingesperrt-Seins ergeben, zeigen einige doch deutliche Anzeichen von Stress, die dann oft ignoriert oder darauf geschoben werden, dass das Pferd eben unverträglich sei. Schlechte Laune scheint bei Pferden, die im Stall gehalten werden, öfter vor-

zukommen. Wie oft liegt das wohl daran, dass das Pferd keine Chance hat, einem lästigen Einfluss auszuweichen, und dass es deswegen völlig überdreht und frustriert ist? Ein Pferd, das auf der Koppel gehalten wird, kann sich zumindest dem Einfangen entziehen.

Pferde sind von Natur aus extrem klaustrophobisch veranlagt, haben also Angst vor geschlossenen Räumen. Für ein Pferd bedeutet das Eingesperrtsein in irgendeinem kleinen Raum ein Risiko. Auch das direkte Zurückgehalten-werden kann in ein Trauma ausarten. Die meisten Pferde lernen bei einfühlsamer Behandlung sehr willig, sich führen und anbinden zu lassen, aber wenn man sie zu kurz anbindet oder an einem straff gespannten Führstrick noch nach unten zieht, provoziert man damit eine Panikreaktion, weil die Angst vor dem Zurückgehalten-werden durchbricht und die Flucht-Kampf-Reaktion überhand nimmt. Oft reicht schon ein leichtes Längerlassen des Strickes aus, um dem Pferd mehr Bewegungsfreiheit für Kopf und Hals zu verschaffen, so dass es besser sehen und sich sicherer fühlen kann.

Stress und stereoptypische Bewegungen

Jedes Tier, dem durch Bewegungseinschränkung die Möglichkeit genommen wird, bestimmte natürliche Handlungen durchzuführen, ist in Gefahr, wie besessen bestimmte Verhaltensweisen immer wieder zu wiederholen. Zu diesen sogenannten Stereotypien gehören Weben, Koppen, Boxenlaufen und auch Kopfschütteln oder das Schlagen gegen die Boxentür. Alle diese Verhaltensweisen sind Versuche, mit dem Stress umzugehen, dem das Tier durch die Umstände unterworfen ist. Stereotypien sind bei Pferden, die in der Wildnis leben oder ausschließlich auf der Weide gehalten werden, unbekannt; bei Stallpferden dagegen, die Kraftfutterrationen bekommen und wenig oder keine Chance haben, ihren Tag mit sinnvollen Pferdeaktivitäten zu füllen, sind sie weit verbreitet.

Gillian O'Donnel meint dazu:

Gillian O'Donnel ist (unter dem Pseudonym Susan McBane) eine produktive Autorin von Pferdebüchern, deren Name auf ungefähr 20 Büchern steht; eines davon befasst sich mit natürlichen Methoden der Pferdehaltung. 1978 gründete sie zusammen mit Moyra Williams den Equine Behaviour Study Circle (Studienkreis für Pferdeverhalten), eine Vereinigung von Menschen, die an Pferdeverhalten interessiert sind. Dieser Studienkreis hat Mitglieder weltweit und liefert regelmäßig Beiträge zur Verhaltensforschung.
Frau O'Donnel übt deutliche Kritik daran, dass die wahre Natur des Pferdes und seine wirklichen Bedürfnisse allgemein so wenig beachtet werden – auch bei den modernen Haltungssystemen.

Im allgemeinen versuchen die Leute nicht ernsthaft genug, wie ein Pferd zu denken und zu verstehen, was ein Pferd durchmacht, wenn es konventionell gehalten wird. Die schlechteste Begründung dafür, irgend

etwas zu tun, ist »das ist schon immer so gemacht worden«. Manchmal gibt es eben auch bessere Möglichkeiten. Es liegt bei jedem Pferdebesitzer selbst, sich umzusehen und zu entscheiden, wie er den besten Teil des Alten mit dem besten Teil des Neuen verbinden kann. Die Pferdehalter müssen wirklich versuchen, ihre Pferde als Tiere und Einzelwesen zu beobachten und kennen zu lernen und sich dann zu denken: wenn ich dieses Tier wäre, wäre ich dann glücklich?

Der Bereich, der wohl am dringendsten beachtet werden muss, ist die Unterbringung an sich und die Zeitspanne, die viele Pferde in ihrer Box verbringen müssen. Pferde sind Pferde. Pferde sind keine Hunde – in der Wildnis haben sie keine Höhlen und sie mögen es auch nicht, wenn sie auf begrenztem Raum leben müssen. Es ist wahr, dass sie ein Dach über dem Kopf zu schätzen wissen, und ich will nicht sagen, dass es grausam ist, Pferde in einen Stall zu stellen, aber die meisten Pferde stehen zu lange in der Box, und die Boxen sind zu klein, zu ungemütlich und schlecht gelüftet. Wenn die Leute in diesen Punkten sensibler wären, gäbe es nicht halb so viele Gesundheits- und Verhaltensprobleme, wie wir derzeit haben. Leider haben die meisten Pferdebesitzer, die ihre Pferde in Pension stehen haben, wenig Wahlmöglichkeiten, aber es gibt Bereiche, in denen man leicht etwas verbessern kann, indem man beispielsweise für mehr Auslauf und mehr Raufutter sorgt.

> *Ich will nicht sagen, dass es grausam ist, Pferde in einen Stall zu stellen, aber die meisten Pferde stehen zu lange in der Box.*

Wenn man zu irgendeiner anderen Zeit als zur Fütterungszeit an einer Boxenreihe entlanggehen und die Türen öffnen würde, was würde dann passieren? Alle Pferde würden geradewegs zur Tür hinausgehen. Das ist es, was Pferde brauchen – sie brauchen Freiheit und sie brauchen Gesellschaft. Natürlich können sie sich darauf einrichten, in einer Box zu leben, wenn sie entsprechend Auslauf und Futter erhalten, aber genau das passiert zu selten. Sie gewöhnen sich daran, aber ich bin sicher, dass das die reine Resignation ist. Die empfindlicheren Tiere werden bösartig oder ängstlich und fangen an, Stalluntugenden zu zeigen.

In den Augen eines Pferdes ist die konventionelle Box nicht besser als ein Gefängnis, aber es ist wirklich schwierig, Ställe zu finden, bei deren Bau man die Bedürfnisse des Pferdes berücksichtigt hat. Wie oft sieht man Ställe, in denen die Pferde einander berühren können? Warum denn eigentlich nicht? Draußen auf der Weide berühren sie sich die ganze Zeit. Wenn sie draußen sind, halten sie 80 % der Zeit Sichtkontakt miteinander, was sie in allen normalen Ställen praktisch überhaupt nicht tun können. Pferde fühlen sich sicherer, wenn sie alles rundum im Auge behalten können. Aus diesem Grunde sollte es aus jedem Stall mehr als nur eine Möglichkeit zum Hinaussehen geben. Wie oft findet man einen modernen Stall, in dem das Pferd den vollen Sichtbereich von 360° rundum hat? Forschungen mit Stallpferden haben gezeigt, dass die Pferde wesentlich ruhiger waren und besser fraßen, wenn sie alle zusammen frei in einer großen Scheune laufen konnten. Die Leute, die Ställe herstellen, reden vielleicht eine Menge über saubere Verarbeitung, aber an die eigentliche Gestaltung eines Stalles scheinen sie keinen Gedanken zu

verschwenden. Sie haben niemals versucht, sich in ein Pferd hinein zu versetzen und zu sehen, wie ein Pferd die Dinge sieht.

Pferde ständig einzusperren, sie zu überfüttern und nicht dafür zu sorgen, dass sie sich auch wohlfühlen, das sind meiner Meinung nach die schlimmsten und häufigsten Fehler, die in der Pferdehaltung gemacht werden. Stalldecken sind beispielsweise ein richtiges Schreckgespenst für mich. Viele dieser Decken sind für das Pferd wie eine Zwangsjacke! Wenn Sie ständig Kleidung tragen müssten, die zwickt und zwackt, wenn man Sie ständig in einem kleinen Raum einsperren würde, obwohl Sie doch das Bedürfnis haben, die ganze Zeit herumzugehen, und wenn Sie nicht essen könnten, was Sie sich selbst heraussuchen würden, und Sie die meiste Zeit ein fürchterliches Hungergefühl hätten – dann würden Sie sich total elend fühlen. Aus irgendwelchen Gründen füttern wir Pferde einfach nicht so, als ob sie Pferde wären. Die Futtermittelfirmen müssten sich damit befassen, ein viel größeres Angebot an nahrhaften und schmackhaften Raufuttern zu bieten. Heutzutage ist beispielsweise Luzernegrünmehl erhältlich, das zwar gut ist, aber immer noch über die Tatsache hinwegsieht, dass viele Pferde keine Luzerne mögen. Es dürfte nicht nötig sein, solches Raufutter mit stark melassierten Futtermitteln wie beispielsweise Zuckerrübenschnitzeln zu vermischen, nur um die Pferde dazu zu bringen, dass sie es fressen. Ich würde meinem Pferd gerne Futter anbieten können, das es mag und gerne fressen möchte.

Auch Kraftfutter enthalten oft zu viele Zusatzstoffe, und das Getreide wurde unter Verwendung von Spritzmitteln und chemischen Düngern angebaut. Wir brauchen viel mehr biologisch angebaute Futtermittel, denn ich glaube, dass viele der Gesundheitsprobleme wie beispielsweise Allergien, denen wir uns heutzutage gegenübersehen, auf die Art zurückzuführen sind, wie das Futter angebaut und verarbeitet wird. Ich möchte auch durchaus fragen, warum die Futtermittelhersteller so viele Futter anpreisen, die auf Getreidebasis hergestellt und damit für Pferde nicht geeignet und nicht naturgemäß sind. Die Lage verbessert sich allmählich, so sind beispielsweise inzwischen verschiedene Heulage-Produkte erhältlich, aber wir haben trotzdem noch einen langen Weg vor uns. Frustration und Unzufriedenheit der Pferde, weil sie nicht ihrer Mentalität und ihren körperlichen Bedürfnissen entsprechend behandelt werden, liegen ohne Zweifel an der Wurzel der meisten Gesundheits- und Verhaltensprobleme, mit denen sich Pferdebesitzer und Reiter heute konfrontiert sehen.

Pferde sind so ungeheuer anpassungsfähig und stoisch, wenn man einmal darüber nachdenkt, wie die meisten von ihnen leben müssen. Die meisten Probleme rühren von der Pferdehaltung her, wobei ich glaube, dass die Haltung sogar noch wichtiger ist als die Art, wie das Pferd geritten wird, denn die Haltung beeinflusst jeden Tag, jede Minute. Es besteht keine Hoffnung darauf, zu einer vernünftigen Beziehung mit dem Pferd zu kommen, wenn es falsch gehalten und gefüttert wird, weil man es dann niemals dazu bringen wird, Leistung zu erbringen.

Ich denke, dass die meisten Pferde gerne arbeiten, wenn sie einfühlsam geritten und gehalten werden. Sie sind gerne in der Gesellschaft des Menschen und sehr daran interessiert, unter dem Sattel zu gehen und aktiv zu werden – vorausgesetzt, sie fühlen sich wohl. Allgemein muss man sagen, dass Pferden, die nichts zu tun haben, zum Heulen lang-

weilig ist, denn selbst auf einer Weide ist nicht so viel Platz, dass sie ein wirklich naturgemäßes Leben führen könnten. Jawohl, Pferde brauchen die Gesellschaft ihrer eigenen Art, aber sie sind auch ohne weiteres in der Lage, eine Beziehung mit einem Menschen aufzubauen und sich darauf zu freuen, aus dem Stall zu kommen, um geritten zu werden, wenn Umgang und Reiten einfühlsam ablaufen. Leider ist das nur allzu oft nicht so, und dann ergeben sich Probleme.

Verständnis und Anerkennung der wahren Natur und der wahren Bedürfnisse des Pferdes sind die wichtigsten Elemente in der Partnerschaft, aber das Bewusstsein dafür scheint leider bei Anfängern und Profis gleichermaßen wenig ausgeprägt zu sein. Es gibt so viele unglückliche Pferdebesitzer und so viele unglückliche Pferde, und das liegt wirklich nur an einem Mangel an Grundwissen und daran, dass man sich keine Gedanken darüber macht, was für eine Art von Tieren Pferde eigentlich sind. Die Leute müssen sich Wissen über dieses Tier aneignen, bevor sie anfangen, irgend etwas mit ihm zu tun. So sollte man beispielsweise zu sich selbst sagen: »Ich habe vor, dieses Tier zu reiten. Also muss ich eine Ahnung davon haben, wie sein Rücken aufgebaut ist. Und wenn ich nun mit diesem Wissen an das Pferd herangehe, passt dieser Sattel eigentlich, den ich da gerade benutzen will?« Die meisten Sättel sind nämlich tatsächlich zu eng, weil in den Sechzigern die Mode aufkam, dass Sättel eine schmale Satteltaille haben müssten.

Um in der Lage zu sein, solche Dinge aus der Sicht des Pferdes zu betrachten, müssen die Reiter dazu ausgebildet werden. Deswegen bin ich der Meinung, Reitschulen sollten jedem, der kommt, um Reiten zu lernen, zunächst eine

Stunde auf dem Boden erteilen, in der vermittelt wird, was ein Pferd überhaupt ist, und in der betont wird, dass Pferde das tun, was wir von ihnen wollen, weil sie sehr sorgfältig dazu ausgebildet worden sind. Ich käme nicht im Traum auf die Idee, in einen Löwenkäfig zu gehen und aus heiterem Himmel zu versuchen, die Löwen dazu zu bringen, dass sie eine Vorführung geben. Jeder weiß, dass es sich bei Löwen um wilde Tiere handelt, auch wenn sie sich bei ihrem Dompteur, den sie kennen und respektieren, zahm verhalten. Leider stehen Pferde in dem Ruf, man könne sich einfach draufsetzen und ihnen die Absätze in die Rippen hauen, und dann würden sie schon loslaufen und springen und so weiter. Deswegen bedient man sich eines Pferdes einfach so, und oft ist den Leuten absolut nicht klar, wie gefährlich ein Pferd sein kann. Selbst ein winziges Pony kann einen Kleiderschrank von einem Mann quer durch den Hof ziehen, ohne das richtig zu merken. Ein Pferd, das nicht korrekt geritten und nicht richtig behandelt wird, ist wie eine geladene Kanone, die in der Gegend herumsteht und da sehr gefährlich werden kann. Vor allem Jungpferde sind potenziell besonders gefährlich, weil sie noch jung und noch nicht richtig ausgebildet und damit sehr unberechenbar sind – und doch stellen viele Reitneulinge sich junge Pferde in den Stall.

Ich bin mir absolut bewusst, dass Respekt auf Seiten des Pferdes da sein muss. Das habe ich in meinen Büchern auch immer wieder betont – das Pferd muss wissen, dass der Mensch der Ranghöhere ist – aber es bedeutet, dass man sein Pferd freundlich und konsequent

›Es gibt so viele unglückliche Pferdebesitzer und so viele unglückliche Pferde‹

behandelt und sich seinen Respekt verdient, und nicht, dass man es tyrannisiert. Für Reitanfänger ist es schwierig, herauszubekommen, wo die Grenze liegt, und an diesem Punkt ist es äußerst wichtig, dass sie die richtige Anleitung bekommen.

Ich würde es gerne sehen, wenn die Leute ganz von vorne und viel mehr im klassischen Sinne lernen würden, so dass sie lernen würden, was für ein Pferd seiner Natur gemäß ist, und dass sie verstehen würden, dass jedes Pferd anders ist. Die ziemlich »harte Linie« beim Reiten, die sich bei vielen Reitschulen eingeschlichen zu haben scheint, sollte man viel weniger zu sehen bekommen. Die Lehrbücher beispielsweise der British Horse Society oder der deutschen FN stecken den Rahmen für ziemlich klassische Reitprinzipien, aber wenn man dann in eine Reitstunde geht, dann lehren viele qualifizierte Reitlehrer tatsächlich unter Verwendung von Methoden, die für das Pferd und für jeden nicht ganz abgestumpften Reiter ziemlich stressbeladen sind. Damit meine ich beispielsweise die starke Betonung von »Schenkel, Schenkel, Schenkel« oder von »Jetzt setz' dich doch mal durch« oder von »Reit' ihn ran an den Zügel«.

Ich glaube, dass in unserem gesamten konventionellen Ausbildungssystem eine riesige Verschiebung der Einstellungen Not tut. In vielen Reitschulen und Ausbildungsstätten werden die Prioritäten falsch gesetzt. Da scheinen Praktikanten und Auszubildende einen großen Teil ihrer Zeit damit zu verbringen, den Hof zu kehren und den Misthaufen in eine ordentliche Form zu bringen und verbringen auch nicht annähernd genug

Zeit mit den Pferden selbst, so dass sie lernen könnten, wie Pferde wirklich sind und sich darum kümmern könnten, dass es ihnen gut geht und sie sich wohlfühlen.

Außerdem wird in der Pferdeszene viel zu viel Wert auf Turniere und aufs Gewinnen gelegt. Wenn Kinder Ponys bekommen, dienen diese oft in erster Linie als Statussymbol, und weil die Idole dieser Kinder Turnierreiter sind, ist oft das Einzige, was sie wollen, Turniere zu reiten. Ich bin nicht gegen Turnierreiten an sich eingestellt, aber ich bin gegen Turnierreiten als Endprodukt. Wenn Turniere im Leben eines Reiters das Ein und Alles sind, kann das tragische Konsequenzen haben, denn das Pferd wird dann oft einfach zum Sportgerät. Warum können wir nicht einfach alle Vertrauen in uns selbst haben und unsere Pferde so genießen, wie sie sind, anstatt sie nur unter dem Aspekt zu betrachten, was sie für uns tun können?

Ich glaube, dass unsere Beziehung mit unserem Pferd das Endprodukt sein sollte. Wenn man aber nur zum eigenen Vergnügen auf Turniere geht, hat man das Problem, dass Leute, die nicht versuchen, zu gewinnen, auch nicht gesponsort werden. Sobald Geld bei irgend etwas eine Rolle spielt, wird die Situation schwieriger. Ich würde es gerne sehen, wenn man dem Wohlergehen der Turnierpferde mehr Aufmerksamkeit schenken würde. Das soll nicht heißen, dass man ein Pferd nicht so weit trainieren kann, dass es Leistungen auf höchstem Niveau bringen kann – natürlich kann man das, ein Pferd ist ein starkes und schnelles Tier und liebt es, zu galoppieren und zu springen. Ich versuche lediglich, den Reitern das Folgende ins Stammbuch zu schreiben: »Tu's nicht, wenn dein Pferd ein Rückenproblem hat. Tu's nicht, wenn es lahm geht. Achte stärker auf seine Signale und sei empfindsamer ihm gegenüber. Wenn das Pferd sich wohlfühlt und dir vertraut, wird es sich für dich ins Zeug legen, dass ihm die Lunge zerspringt.«

Der Unterschied zwischen einem Pferd, das seinen Reiter mag und respektiert und einem, das das nicht tut, ist leicht zu erkennen. Manche Turnierreiter wechseln ihre Pferde anscheinend wie andere Leute die Hemden, während andere bekannte Namen Pferde haben, die jahrelang im Sport auftauchen – dann weiß man, dass sie mit Einfühlungsvermögen behandelt worden sind. Mary King ist ein gutes Beispiel. Sie nimmt das Turnierreiten sehr ernst, aber ihre Pferde sehen immer gut und zufrieden aus – nicht so, dass sie vor lauter durch Eingesperrtsein aufgestauter Energie gar nicht wissen, was sie zuerst tun sollen, sondern so, dass ihnen die Sache wirklich Spaß macht, und Frau King reitet Jahr für Jahr die selben Pferde.

Ich denke, dass die Dinge sich jetzt allmählich zum besseren wenden, weil ein wachsendes Interesse an der klassischen Reiterei besteht und es modern wird, an Gesundheit und Wohlergehen der Pferde mehr ganzheitlich heranzugehen. Wenn wir die Leute dazu bekommen könnten, mehr über Physiologie und Psychologie des Pferdes zu lernen, wäre das für uns und für die Pferde besser. Aufgrund unseres »überlegenen« Denkvermögens müssen wir dabei die Führungsposition einnehmen, denn es wäre zu unsicher,

›Pferde haben uns so viel zu geben … es ist erstaunlich, wie bereitwillig sie sind‹

wenn das Pferd die Führung hätte. Und wenn Pferde für uns nicht eine nützliche Funktion hätten, wären sie auf den Status von Zootieren oder Fleischlieferanten reduziert, und diese Situation wäre noch viel trauriger. Pferde haben uns so viel zu geben. Es gibt kein anderes Tier auf der Welt, die für uns das tun könnte, was Pferde für uns tun. Es ist erstaunlich, wie bereitwillig und wie freundlich sie sind, wenn man bedenkt, wie wenig Zeit pro Tag man mit ihnen im Vergleich beispielsweise zu einem Hund verbringt. Stellen Sie sich die Beziehung vor, die Sie mit einem Pferd aufbauen könnten, wenn Sie direkt mit ihm leben würden! Wir haben reines Gold in den Händen und behandeln es oft, als wäre es Messing. Ich weiß, dass das dramatisch klingt, aber wir könnten ganz sicher mehr aus unseren Pferden herausholen, weil sie ganz sicher bereit sind, uns mehr zu geben. Ein Pferd ist wirklich ein einmaliges Tier.

Fortpflanzung

Die Fortpflanzung ist für jedes Pferd von Natur aus der eigentliche Daseinszweck, egal, ob es sich nun um einen wildlebenden Mustang in der Wüste von Nevada handelt oder um ein verwöhntes Hochleistungspferd in einem unserer Ställe. Leute, die mit ihren Pferden nicht züchten, schenken ihren sexuellen Bedürfnissen wenig Aufmerksamkeit – bis sie anfangen, unerwünschtes Verhalten hervorzurufen. Eine rossige Stute, die unter den Wallachen, mit denen sie die Koppel teilt, für Aufruhr sorgt oder die sich nur widerwillig auf ihre Arbeit konzentriert, wird plötzlich lästig.
Wie bei den meisten Säugetieren ist die Fähigkeit einer Stute, ein Fohlen zu empfangen, davon abhängig, dass ihr Körper sich im richtigen Zustand befindet, und

so ist der Paarungstrieb zyklisch mal stärker und mal schwächer, je nachdem, wie empfängnisbereit der Körper durch seinen Hormonstatus ist. Bei Pferden ist die empfängnisbereite Phase kurz – alle drei Wochen ungefähr fünf Tage – und außerdem jahreszeitlich bedingt, weil die Hormone von den längeren Tageslichtphasen in den Frühlings- und Sommermonaten aktiviert werden. Verhaltensbeeinflussungen durch den Paarungstrieb sind auch je nach Abschnitt in Fortpflanzungszyklus und Jahreszeit unterschiedlich. Für eine Stute ist es wenig sinnvoll, in der Zeit sexuell motiviertes Verhalten zu zeigen, in der sie sich ohnehin nicht erfolgreich paaren kann. Also ist sexuelle Aktivität auf die Tage beschränkt, an denen sie empfängnisbereit ist. Diese sexuelle Aktivität konzentriert sich dann auf eine Auswahl an sehr deutlichen Kommunikationshinweisen, die von beiden Beteiligten verstanden werden. Ohne diese ganz speziellen Anstöße, die durch das Verhalten gegeben werden, wird keine erfolgreiche Paarung stattfinden. Die Stute wird den Hengst nicht akzeptieren, oder der Hengst wird auf die Stute nicht reagieren. Er muss im Verlauf von bitteren und oft unangenehmen Erfahrungen lernen, die Zeichen der Paarungsbereitschaft richtig und gut zu interpretieren, wenn er ernsthafte Gesundheitsschäden vermeiden will. Wenn der Hengste die entsprechenden Zeichen erhält, wird er ebenso wie die Stute unmittelbar und instinktiv mit der geeigneten körperlichen Reaktion darauf antworten. Hengste sind jederzeit bereit und willig, sich mit einer Stute zu paaren, wenn sie von ihr Reize erhalten, die sie als »Einladung« interpretieren.
Nachdem der Mensch eine Zuchtauswahl treffen will, haben nur wenige Pferde – außer wildlebenden – eine Chance, ihre sexuellen Verhaltensmuster völlig naturgemäß auszuleben. Stuten

erfreuen sich einer ziemlich »normalen« Existenz, auch wenn sie in vielen Betrieben sogar von den Wallachen getrennt werden, um die kleinen Streitigkeiten und Eifersüchteleien zu vermeiden, die in der Paarungszeit trotzdem auftreten. Für die große Mehrheit der nicht kastrierten männlichen Pferde gilt das allerdings kaum, denn die meisten von ihnen verbringen den größten Teil ihres Lebens praktisch in Einzelhaft – sie werden in ihren Stall eingesperrt, um ihre »unsozialen« Mätzchen zu vermeiden und werden nur herausgelassen, um am Ende einer Führkette etwas strikt eingeschränkte Bewegung zu erhalten oder um zu decken. Wenn sie dann decken sollen, passiert das unter Absolvierung der alleroberflächlichsten Vorspiele. Genau diese abnormalen Verhältnisse führen nur zu oft zu abnormal aggressivem Verhalten.

Unter natürlichen Bedingungen ist das Vorspiel ein Muss mit genau geregelten Abläufen. Sobald der Hengst dann grünes Licht hat, ist die Paarung selbst nur eine kurze Angelegenheit, die nicht einmal eine Minute dauert. Eine lange Kopulationsphase würde dem Pferd fürs Überleben nichts nützen, weil sie sich mit schneller Flucht nicht verträgt. Deswegen beruhen die Sexualtaktiken bei Pferden auf intensiver Stimulation und einem ganz kurzen eigentlichen Deckakt ohne Zeitverschwendung. Der Hengst maximiert die Befruchtungschance dadurch, dass er dieselbe Stute in einem Zeitraum von vier oder fünf Tagen mehrmals deckt.

Soziales Miteinander

Für eine Beutetierart ist das Herdenleben für das Überleben wichtig. Der Zusammenschluss in einer Gruppe bietet Sicherheit und verringert für jedes einzelne Tier das Risiko, von einem Raubtier aufs Korn genommen zu werden. Gleichzeitig bietet die Gruppe die ideale Gelegenheit, einen Partner zu finden. Ein verringertes Gefahrenniveau bedeutet mehr Zeit zum Fressen – und wenn es darum geht, Futter und Wasser erst einmal zu finden, sind ein Dutzend Nasen sicher besser als eine. Die gesamte geistige und verhaltensmäßige Natur des Pferdes ist auf das Leben in einer Gemeinschaft zugeschnitten. Das Bedürfnis nach Sozialkontakt mit Artgenossen ist von allen eingebauten Trieben des Pferdes einer der stärksten. Zwar stimmt es, dass Pferde auch alleine leben, aber hier ist es einmal wieder nur gut, dass sie so anpassungsfähig sind, weil sie sehr oft gezwungen werden, genau das zu tun. Ein zufriedenes, entspanntes Pferd, das sich sicher fühlt, wird auch problemlos alleine fressen, zeitweise alleine bleiben und sich alleine ausreiten lassen. Mit der entsprechenden Ausbildung und mit Vertrauen in seinen Reiter kann ein Pferd atemberaubenden Mut zeigen – kaltblütig durch eine achtunggebietende Gelände-Hindernisstrecke galoppieren oder sich auf einem Distanzritt bis an die Grenze der Erschöpfung weitertreiben. Ein unsicheres Pferd wird aber unter Druck immer an seinen Artgenossen kleben. Wenn es die Wahl hat, wird jedes Pferd fast ohne Ausnahme es vorziehen, bei anderen Pferden zu sein.

Einsamkeit bedeutet ein elendes Leben für ein Pferd ... es will dazugehören, so wie wir auch.

Denken Sie einmal darüber nach, was ein Pferd verpasst, das gezwungen wird, ein einsames Leben als einziges Pferd oder einfach nur getrennt von den anderen zu führen. All das Hin und Her, wenn Pferde sich untereinander unterhalten, die kleinen Streitereien, die mutwilligen Streiche, eine gegenseitige Kraulsitzung zur Festigung alter Freundschaften, hier mal kurz vor dem »Aggressor« der Herde weglaufen, da einem alten Feind nachschauen, sich am Auskundschaften neuer Weideflächen beteiligen, nach Gefahrensignalen Ausschau halten und als Reaktion einen Adrenalinstoß und einen Sprint in die hinterste Ecke der Weide erleben, oder einfach nur die Möglichkeit, ein paar Minuten zu dösen und sich dabei sicher zu fühlen, weil man weiß, dass jemand anders auf Wachposten steht. Kaum eine der befriedigenden Aktivitäten und Ablenkungen, die den Tag eines freilaufenden Pferdes in einer sozialen Gruppe ausfüllen, stehen einem Pferd offen, das alleine leben muss, sei es nun in einem Paddock oder in einer Box. Es kann gar keinen Zweifel daran geben, dass die tägliche Stunde menschlicher Gesellschaft, die wir ihm bieten können, nur ein sehr armseliger Ersatz ist (wenn sie auch besser ist als gar nichts). Einsamkeit bedeutet ein elendes Leben für ein Pferd.

Der geradezu magnetische Trieb, sich zusammenzuschließen und wie eine wilde Herde miteinander umzugehen, wird in jeder Situation sichtbar, in der Hauspferde in einer Gruppe zusammengeworfen werden, sei das nun draußen auf der Weide, bei einer Reitstunde in der Halle, in einer Reihe von hintereinander gehenden Wanderreitpferden oder gar in einem Pensionsstall. Jede dieser Gruppen spiegelt eine Herde in der Wildnis wieder, die durch ein ganzes Netzwerk an Freundschaften, Rangzwängen und gegebenenfalls auch Familienbanden miteinander verbunden ist. Jede einzelne »Mannschaft« ist mit großer Wahrscheinlichkeit gelassener und zufriedener, wenn diese komplexen Beziehungsstränge nicht ständig durcheinander gebracht werden oder ihr Gleichgewicht gestört wird, wie es der Fall ist, wenn ständig neue Tiere in die Gruppe gebracht und andere Tiere herausgenommen werden.

Ein Stall mit etablierten Beziehungen zwischen den Pferden ist eine wesentlich stressfreiere Umgebung als ein Stall, unter dessen Bewohnern ein ständiges Kommen und Gehen herrscht. Ein Pferd sehnt sich nach dem Gefühl, »dazuzugehören«, so wie wir auch.

Die Struktur der Herde

In jeder Pferdegruppe sind dieselben grundsätzlichen sozialen Regeln anwendbar. Am deutlichsten sind sie zu beobachten, wenn wilde oder wildlebende Gruppen sich selbst organisieren. Dann besteht eine Herde normalerweise aus vier bis acht Einzeltieren, wobei die Zahl aber durchaus auf zwei absinken oder auf zwanzig und mehr ansteigen kann. Die »Mannschaftsliste« der durchschnittlichen Herde zählt einen ausgewachsenen Hengst auf, seinen »Harem« aus einer Hand voll Stuten, und deren Nachkommen im Alter bis zu zwei Jahren.

Der Hengst:
Die traditionelle Vorstellung vom männlichen Macho an der Spitze der Herde, der seine Stuten heftig gegen die Raubtiere verteidigt, stimmt mit den Tatsachen einfach nicht überein. Untersuchungen an wilden Pferdegruppen haben gezeigt, dass der Hengst eher die Rolle eines Vorsitzenden einnimmt. Jeder weiß, dass er der Chef ist, aber er ist eher der hart arbeitende Organisator für die

Gruppe als eine Art von tyrannischem Diktator. Sobald die Gruppe weiterzieht oder wenn Gefahr droht, findet man den Hengst unweigerlich am Ende der Gruppe, wo er mit ausgestrecktem Hals und angelegten Ohren nach links und rechts droht, um alle zusammenzuhalten und die Nachzügler anzutreiben – ganz ähnlich wie ein gewissenhafter Schäferhund. Der Hengst ist ständig schützend zur Stelle und zeigt damit selten wirklich aggressives Verhalten gegen Mitglieder der eigenen Herde – das hebt er sich für Herausforderungen auf, die sich aus der Annäherung anderer männlicher Tiere ergeben könnten, die ihm die Stuten stehlen wollen. Dann finden auch Kämpfe statt, bei denen der verteidigende Hengst sich deutlich zwischen seinen Stuten und dem Eindringling platziert und bei denen alles erlaubt ist. Wenn die Schlacht verloren ist, übernimmt der Neuankömmling das Amt des Herdenchefs, während der frühere Herrscher ausgestoßen und zu einem Einzelleben verurteilt wird. Häufiger ist es aber der Herausforderer, der vertrieben wird, wenn der bisherige Pascha aus irgendwelchen Gründen nicht ganz einsatzfähig ist.

Die Leitstute:
Wer zeigt den anderen, wo es hingeht, wenn der Hengst normalerweise mit seiner »Schäferhund«-Rolle vollauf beschäftigt ist? Fast jede Herde hat eine Matriarchin, eine Leit- oder Alphastute, die die ganzen schwierigen Entscheidungen trifft, Wanderungen der Gruppe einleitet und als Pfadfinderin fungiert. Oft ist sie auch diejenige, die für Recht und Ordnung sorgt. Wenn ein Junghengst beim Spielen zu ungestüm wird oder allmählich den Stuten ein wenig zu viel Aufmerksamkeit widmet, ist es oft diese Matriarchin, die ihn nachdrücklich in die Schranken weist.

Andere Stuten:
Die übrigen Stuten setzen sich aus den Stuten mit Fohlen bei Fuß und oft einigen güsten Tieren zusammen, die als »Tanten« überall aushelfen und auch Hütepflichten übernehmen.
Wenn die Fohlen noch klein sind, werden sie von ihren Müttern heftig beschützt. Solange die Jungtiere bei der Herde bleiben, existieren starke Familienbande, und die »Kernfamilie« ist die Basis der Gruppe. Wenn die Jungpferde älter werden, ändert sich ihre Identität innerhalb der Herde, womit sie manchmal schlecht zurechtkommen.

Jungstuten:
Nach dem allmählichen, natürlichen Entwöhnen von der Muttermilch bleiben diese Stuten bis zu einem weiteren Jahr bei der Gruppe, aber normalerweise paart der eigene Vater sich nicht mit ihnen. Deswegen werden sie nicht davon abgehalten, sich von der Herde zu entfernen, um sich einer Junggesellengruppe von Hengsten anzuschließen oder von einem anderen Hengst beansprucht zu werden.

Junghengste:
Für Junghengste sind die Zeiten schwieriger, weil sie eine deutliche Bedrohung für ihren Vater darstellen, wenn sie allmählich stärker und reifer werden. Ab einem Alter von ungefähr 18 Monaten werden die Junghengste von der Herde vertrieben und schließen sich in einiger Entfernung zu »Junggesellen-Gruppen« zusammen. Schließlich wagt es ein besonders energiegeladener Junghengst dann, einen älteren Hengst herauszufordern und um seinen Harem zu kämpfen, oder er drängt die anderen Junggesellen aus der Gruppe und beansprucht Jungstuten, die sich ihnen angeschlossen hatten, für sich.
Gibt es außer den Familienbanden noch

irgendwelche Bindungen, die die Gruppe zusammenhalten? Pferdegesellschaften sind ganz sicher friedliche Gemeinschaften, in denen Harmonie der Grundgedanke ist, so dass es kaum ernsthafte Konflikte gibt. Streitigkeiten zwischen Herdenmitgliedern wären eine Sache, die nicht im Interesse der gesamten Gruppe läge, und so sind es eher Freundschaften und Bindungen, die das Gerüst der Sozialstruktur bilden, als der jeweilige Status oder Rang. Beobachtungen an Pferden, insbesondere an Wildpferden, haben inzwischen gezeigt, dass die althergebrachte Vorstellung von der »Hackordnung«, in der jedes einzelne Gruppenmitglied sich seine Sprosse auf der Rangleiter durch Herausforderungen und Kämpfe erobern muss, auf Pferdegesellschaften kaum zutrifft. Für Tierarten, bei denen die Einzeltiere untereinander im Wettbewerb um ein begrenztes Futterangebot stehen, kann die alte Hackordnung die einfachste Möglichkeit sein, ständige und erschöpfende Kämpfe zu vermeiden. Wenn aber genug Platz da ist, besteht zwischen Pferden kaum oder gar kein Wettbewerb ums Futter – warum also darum kämpfen? Hierarchien mit ausgeprägten Dominanzstrukturen entstehen normalerweise nur in Gesellschaften, in denen eine Ressource rar oder bedroht ist. Bei wilden Pferden sieht man Hierarchien selten; bei Hauspferden sind sie nur um Weniges wichtiger, beispielsweise in einer Gruppe zur Fütterungszeit. Pferde wissen dagegen gut Bescheid, wie man zusammenarbeitet und miteinander auskommt. Sie sind normalerweise keine dominanten oder aggressiven Lebewesen. Sie gehen nicht hin und suchen den Kampf, wie Menschen das oft tun.

Pferde sind Herdentiere, die sich am sichersten fühlen, wenn sie klar gefasste Regeln haben, nach denen sie leben können, und wenn sie deutliche Führung haben. Das gilt vor allem für junge Pferde oder solche, die von Natur aus eher ängstlich sind.

Diese Bereitwilligkeit sollten wir auch besser anerkennen, anstatt bei der leisesten Unstimmigkeit während der Ausbildung sofort anzunehmen, dass das Pferd sich absichtlich sträubt oder dumm anstellt. Es besteht kein Zweifel daran, dass ein weniger bereitwilliges Tier dem Menschen niemals erlaubt hätte, in so engen Kontakt mit ihm zu treten, und sich auch niemals von einer anderen Spezies in so vielschichtiger Weise hätte ausnutzen lassen.

Damit soll nicht gesagt werden, dass es in einer Herde in der Wildnis oder innerhalb der Herde auf unserer eigenen Koppel niemals irgendwelche Konflikte gäbe. Wie jeder Pferdebesitzer beobachten kann, haben die einzelnen Tiere ihre eigene Persönlichkeiten, so dass einige sich dominanter als andere zeigen. Diejenigen Pferde, die ständig auf die anderen losgehen, sind allerdings nicht notwendigerweise die Führer der Gruppe – der »Schläger« auf der Weide ist nur selten auch das Pferd, das die Entscheidungen trifft. Die Rangbeziehungen in einer Pferdegesellschaft sind niemals starr oder statisch, sondern sie verändern und verschieben sich je nach Situation ständig. Ganz sicher gibt es einige Tiere, die immer ganz oben stehen, und einige andere, die dazu bestimmt sind, immer ganz unten zu landen, aber häufiger ist es der Fall, dass in einer bestimmten Situation ein bestimmtes Pferd die dominante Rolle spielt,

> *›Pferde brauchen ihren eigenen, persönlichen Freiraum und ähneln in diesem Punkt dem Menschen‹*

während dasselbe Pferd in einer anderen Situation eher unbedeutend ist. Wenn Gefahr droht, sind alle gleich und reagieren wie ein einziges Pferd. Zusätzlich zu den Rangbeziehungen entwickeln sich definierte Zu- oder Abneigungen und schaffen ein kompliziertes Netz von Bindungen und Bevorzugungen. Wenn man das alles mit einbezieht, können all diese Einflüsse die Herde hinter sich herziehen, weil bestimmte Tiere sich an ihre speziellen Freunde halten und die Gruppenmitglieder meiden, die sie nicht mögen. Innerhalb einer freilebenden oder naturnah lebenden Gruppe werden die festesten Bindungen zwischen Familienmitgliedern bestehen, vor allem zwischen Müttern und ihren Fohlen sowie zwischen Brüdern und zwischen Schwestern. Zwar haben Hauspferde selten die Gelegenheit, in einer Familiengruppe mit Mitgliedern unterschiedlichen Alters aufzuwachsen, aber sie schließen andere Freundschaften, die zu außerordentlich starken Bindungen werden können, bei denen die üblichen Verhaltensregeln ignoriert werden und die bestehende »Standard«-Statusleiter empfindlich gestört wird. Man kann das in jeder Gruppe von Pferden beobachten, deren Mitglieder zusammen gehalten werden, und manchmal können daraus echte Probleme entstehen, weil dicke Freunde sich nicht trennen lassen wollen, noch nicht einmal für eine Minute. Jedes Pferd wird seinen bevorzugten Gefährten haben und für bestimmte andere Pferde eine deutliche Abneigung hegen. Für den Menschen kann diese Wahl völlig exzentrisch wirken. Trotzdem werden immer wieder kleinere Eifersüchteleien aufkommen, und bestimmte Situationen beanspruchen die Freundesbande bis an die Grenze – wenn beispielsweise zu wenige Heuhaufen in die Koppel gelegt werden oder jemand mit einem Eimer in der Hand auf die Gruppe zukommt. Als

Menschen haben wir jede Menge Gelegenheit, unserem Pferd gegenüber seine Freundeswahl stärker zu beachten und die entsprechenden Anpassungen vorzunehmen, um so Situationen zu vermeiden, die zu Stress oder zu Konflikten führen. Wenn man darauf besteht, eingeschworene Feinde in benachbarten Boxen unterzubringen oder sie sogar zusammen auszureiten, provoziert man Ärger. Umgekehrt kann aber die Gesellschaft eines Freundes oder eines Pferdes mit Führungsqualitäten in Situationen, die das Pferd auf die Probe stellen – beispielsweise bei der ersten Begegnung mit einem furchterregenden Hindernis – beruhigend wirken und die Selbstsicherheit stärken. Wenn der Platz ausreicht und man verhindern kann, dass es zu Streitigkeiten um das Futter kommt, was spricht dann dagegen, ein befreundetes Pferdepaar in dieselbe große Box zu stellen? Der Umstand, mit dem man die Eier im Beziehungskorb am leichtesten zerbricht, ist ein Überbesatz mit Pferden. Dafür gibt es zwei Gründe. Zum einen bedeuten zu viele Pferde auch einen Bedarf an bestimmten Grundgütern wie zum Beispiel Futter, der das Angebot überschreitet – die unmittelbare Folge ist, dass eine zwanghafte und aggressive Hierarchie das Ruder übernimmt, deren einzelne Mitglieder darauf bestehen, dass ihnen Aufmerksamkeit geschenkt wird. Zum zweiten brauchen Pferde ihren eigenen, persönlichen Freiraum, um sich wohlfühlen zu können, und ähneln in diesem Punkt dem Menschen. Jedes Pferd scheint im Abstand von ungefähr 2 Metern um sich herum einen ovalen Bereich zu haben, den es als seine »Sicherheitszone« betrachtet. Nur enge Freunde dürfen erwarten, hier willkommen zu sein, während andere damit rechnen können, vertrieben zu werden. Außerhalb dieser »Schale«, deren Ausdehnung sich durch die Drohdistanz

definiert, befindet sich eine größere Schale, die das Pferd als Fluchtdistanz betrachtet. Verdächtige Eindringlinge, die sich in diesen größeren Bereich wagen, veranlassen eine Fluchtreaktion. Wenn ein Pferd mit anderen auf zu engem Raum leben muss oder sein Territorium irgendwie bedroht wird, ist das für das Tier genauso stressig, als wenn man es völlig alleine leben lässt. Wenn es ständig zu Verletzungen der Privatsphäre kommt, ziehen Stress und Unsicherheit sich durch die ganze Gruppe, die Pferde sind nervös und überreizt. Hauspferden fällt es schwer, sich zu entspannen, wenn ihr Sicherheitsbereich ohne Einladung verletzt werden könnte – ob nun von Pferden oder Menschen. Pferde, die sich nicht gerne berühren lassen, werden auf der Weide auf Abstand bleiben, aber in der konventionellen Box besteht diese Möglichkeit nicht. Dann sieht der vermutliche Eindringling sich einem drohenden Gesicht oder Schlimmerem gegenüber und wird so gewarnt, er möge aufpassen, wo er hintritt. Dominante »Schlägertyp«-Persönlichkeiten sind wesentlich empfindlicher, wenn es um die Einhaltung ihrer Individualdistanzen geht, die dann auch größer zu sein scheinen als die von Charakteren, die sich eher unterordnen. Im allgemeinen ergeben Hauspferde sich in das Schicksal, dass der Mensch ständig in ihren Freiraum eindringt, ohne um Erlaubnis zu fragen, aber bei Tieren, die noch wenig Kontakt mit dem Menschen hatten oder die frei laufen können, sind die unsichtbaren Grenzlinien gut zu erkennen. Wann auch immer man also auf ein Pferd zugeht, wäre es wesentlich höflicher – und sinnvoller – innerhalb der Fluchtdistanz einen Augenblick innezuhalten und abzuschätzen, ob die Gegenwart des Menschen als Störung betrachtet wird oder nicht.
Zusammentreffen mit neuen Pferden sind für Herdentiere immer fürchterlich interessant, und wie wir bereits gesehen haben, werden bei dieser Gelegenheit in rascher Folge Signale ausgetauscht. Je nach den Umständen, den Charakteren der beteiligten Pferde und der Interpretation der Körpersprache kann diese Situation sich in verschiedene Richtungen entwickeln. Wenn der Fremde beispielsweise eine cher aggressive Haltung einnimmt (den Kopf in Richtung anderes Pferd richtet und es anstarrt), wird er damit eine andere Reaktion hervorrufen als ein Fremder, dessen Haltung Unterwürfigkeit ausdrückt (Annäherung im Winkel, Augen abgewendet, als Menschenhaltung ausgedrückt mit hängenden Schultern). Wenn Mensch und Pferd zusammentreffen und vor allem wenn das Pferd jung oder dem Menschen nicht bekannt ist, besteht die weiseste Taktik darin, etwas vorsichtig zu sein und dem Pferd den ersten Zug zu überlassen.

Pferde, die zusammen grasen, neigen dazu, ihren persönlichen Freiraum freizuhalten. Wenn sie mit ihrem besonderen Freund zusammenstehen, werden sie ihn auch unterschreiten, aber umgekehrt werden sie auch nicht willens sein, sich allzu weit von den anderen Gruppenmitgliedern zu entfernen. Die mutigeren Vertreter dehnen diese Herdendistanz weiter aus als die ganz Vorsichtigen. Eine zufriedene und entspannte Gruppe wird immer etwas weiter auseinanderstehen als eine verängstigte Gruppe, deren Mitglieder sich eng zusammendrängen, weil ihnen das mehr Sicherheit gibt.

Marcy Pavord meint dazu:

Marcy Pavord nimmt erfolgreich an Distanzritten der höchsten Schwierigkeitsgrade teil. Heute konzentriert sie sich auf das Einreiten junger Pferde und arbeitet als Vertreterin der Distanzreiter im Trainings- und Ausbildungskomitee der British Horse Society. Sie ist als Nachwuchsrichterin für internationale Distanzritte auf die FEI-Richterliste aufgenommen worden.

Ich denke, dass eine Menge Leute aus den anderen pferdesportlichen Disziplinen ein Problem damit hat, anzuerkennen, dass Distanzreiter zunächst einmal Pferdeliebhaber sind, und erst in zweiter Linie Turnierreiter. Unser Ziel besteht nicht darin, irgendwelche Sachen zu gewinnen, sondern darin, uns mit unseren Pferden zu befassen und eine Beziehung mit ihnen aufzubauen. Zum Distanzreiten will man ein Pferd, das begeisterungsfähig ist, gut vorwärts geht und seine Sinne beisammen hat. Es muss mutig sein – die Art von Pferd, die wissen will, was hinter der nächsten Ecke liegt, und außerdem muss es hart im Nehmen sein. Das Pferd muss intelligent genug sein, um sich bei Schwierigkeiten selbst zu helfen, aber gleichzeitig auch vorsichtig genug, um sich auf schwierigem Geläuf nicht selbst in Schwierigkeiten zu bringen. Es muss die Art von Pferd sein, die vorausschauend denkt. Wenn man Springen geht, will man kein Pferd haben, das irgendwelche Sachen vorwegnimmt, aber beim Distanzreiten ist bei einem Pferd, das man einmal ausgebildet hat, die Tatsache, dass es vorausdenkt, einfach prachtvoll. So lernt das Pferd beispielsweise, den Markierungen zu folgen und wird eine solche Markierung schon erspähen, bevor der Mensch sie gesehen hat.

Distanzpferde müssen bereitwillig mit dem Menschen zusammenarbeiten, so dass man sie dazu ausbilden kann, beispielsweise Tore sehr schnell zu öffnen. Sie dürfen sich nichts daraus machen, ob sie als erste oder als letzte gehen, und sie müssen ihren Reiter respektieren und auf ihn hören – sie müssen ihn als Freund sehen, denn es wird oft Zeiten geben, zu denen man in einem ganzen Pulk von Pferden reitet und nicht dieselbe Geschwindigkeit gehen will. Dann braucht man ein Pferd, das auf den Reiter reagiert, anstatt die ganze Zeit daran zu denken, was die anderen Pferde tun. Das kann ziemlich schwierig sein, und es kann einige Zeit brauchen, bis sie es lernen.

Wenn ich mir ein ganz junges Pferd ansehen würde, würde ich eines wählen, das mutig und neugierig ist, nicht eines, das sich scheu, vorsichtig oder ängstlich zeigt. Es muss ein Pferd sein, das Menschen mag – es gibt ganz offensichtlich Pferde, die Menschen mögen, und Pferde, die sie eben nicht mögen. Manche Pferde kommen auf den Menschen zugaloppiert, der die Weide betritt – das ist die Art von Pferd, die man zum Distanzreiten braucht, nicht die Art, die den Menschen kommen sieht und sich an das andere Ende der Weide verzieht, um dort die Nase in die Hecke zu stecken. Diese Art wäre nicht sehr kooperativ, wenn man an das Ende eines 100-Meilen-Rittes kommt und dann sagen muss »na komm schon, die letzten 25 schaffst du wirklich auch noch«. Ich mag Pferde, die aufpassen, wo sie

Beim Distanzreiten liegt die Kunst und die Herausforderung darin, dass man sein Pferd kennt und weiß, wie weit man es fordern kann.

hingehen, und die nicht über ihre eigenen Füße fallen. Sie müssen über das nachdenken, was sie tun. Meine gute Stute Tara war immer ganz besonders ordentlich und vorsichtig und hat sich den Weg durch die Tücken des Weges gesucht. Persönlich bevorzuge ich Stuten, auch wenn sie manchmal etwas von ihren Hormonen gelenkt werden und auch einmal sagen »heute bin ich nicht in der Stimmung«. Man bekommt auch den einen oder anderen hervorragenden Wallach, aber Hengste sind nicht immer so gut, wie man denken würde, weil sie dazu neigen, sich über alles mögliche Sorgen zu machen.

Wenn man ein Pferd kaufen will, muss man es wirklich auf den ersten Blick mögen. Es bringt nichts, sich zu denken »na ja, vielleicht mag ich es ja mit der Zeit«. Es muss einen wirklich stark ansprechen. Es ist wichtig, dass man mit dem Pferd zurechtkommt und dass das Temperament des Pferdes zum Temperament des Menschen passt. Das Pferd muss den Menschen respektieren und ihm zuliebe etwas tun wollen – eine solche Beziehung aufzubauen, braucht seine Zeit. Je mehr Zeit man miteinander verbringt, desto stärker wird das Band, und Distanzreiter verbringen einfach aufgrund der Natur der Sache, in diesem Falle der Sportart, eine ganze Menge Zeit mit ihrem Pferd.

Beim Distanzreiten liegt die Kunst und die Herausforderung darin, dass man sein Pferd kennt und weiß, wie weit man es fordern kann. Manche Pferde bleiben, wenn sie körperlich oder geistig ermüden, einfach stehen und sagen, dass sie nicht mehr weitergehen werden. Es wird dem Pferd gut gehen, solange man seinen persönlichen Sicherheitsbereich nicht verlässt. Das Problem mit der richtigen Art von Pferden liegt darin, dass sie so viel Herz haben, dass sie weitergehen, wenn sie es eigentlich nicht mehr tun sollten, und das ist natürlich der Punkt, an dem das Geschick des Reiters ins Spiel kommt. Man muss unbedingt lernen, ob das Pferd sich überanstrengt hat oder nicht, und man muss auch wissen, wie man eine schwierige Strecke hinter sich bringt, auf der die Bedingungen schlechter als erwartet sind. In einer Rennsituation sind einige Pferde absolut zufrieden damit, wenn sie hinterherziehen können, während andere sich als Führernaturen erweisen – das gilt vor allem für Stuten – weil in der Herde die Stuten als Herdenführer fungieren, während die Hengste die Herde von hinten zusammenhalten. Diese Art von Leitstuten ergeben wunderbare Distanzpferde. Man merkt dann allerdings, dass solche Stuten untereinander unglaublich eifersüchtig werden können, weil es sich bei ihnen um so dominante Persönlichkeiten handelt. Pferde, die dominante Persönlichkeiten sind, geben gute Distanzpferde ab.

Die Pferde, die von Anfang an ganz vorne sein wollen, sehen den Ritt nicht als Rennen. Sie zeigen einfach eine Fluchtreaktion. Ein Vollblüter oder ein Angloaraber neigen dazu, schnell zu laufen, so dass es für solche Pferde sehr einfach ist, an die Spitze des Pulks zu kommen. Aber nach ein oder zwei Saisons haben die Pferde gelernt, dass man von ihnen erwarten wird, sehr weit zu gehen, und sie haben etwas über Energiesparen gelernt. Die Pferde, die dann gut sind, sind die dominanten Tiere, die auch dann immer noch gehen und vorne sein wollen.

Die Pferde eignen sich auch vom Reiter an, was erwartet wird. Pferde teilen mit dem Menschen die Gefühlsregungen, derer sie sich bewusst sind, also beispielsweise Vertrauen, Angst, Selbstsicherheit. Pferde sind sich jederzeit in unheimlichem Ausmaß bewusst, was ihre Menschen fühlen. Sie müssen ihren

Reiter so sehr respektieren, dass sie auf ihn hören. Wenn man zu seinem Pferd sagt »nun halt' dich mal einen Moment zurück, so schnell kannst du nicht gehen«, dann muss es genügend Verstand haben, um darauf zu hören, langsamer zu machen und dabei im Gleichgewicht zu bleiben – an diesem Punkt merkt man, wie wichtig die Grundausbildung ist.

Die gleiche Sprache sprechen

Pferde haben ihre eigene, weit entwickelte und komplizierte Sprache. Wenn der Mensch einfühlsam genug ist und genügend Erfahrung hat, kann er lernen, diese Sprache zu interpretieren und sich so auf die Wellenlänge des Pferdes einzustimmen. Damit kann er sich ein völlig neues Verständnis dafür erschließen, mit welcher Art von Tieren er es zu tun hat und welche Gefühle sie haben. Die Kommunikation unter Pferden basiert nicht auf Sprache und auf Geräuschen wie beim Menschen und ist deswegen auch nicht so gut darauf eingerichtet, ganz genaue Bedeutungen zu übermitteln. Sie ist aber wunderbar wirkungsvoll, wenn es darum geht, innerhalb von Sekundenbruchteilen Stimmungsschattierungen zu übermitteln und ungeheuer feine und komplexe Gefühlsaussagen zu machen. Wie könnte die Pferdegesellschaft ohne irgendeine Art von Sprache funktionieren? Wenn es keine Kommunikationsformen gäbe, die jedes Tier der Herde kennt und versteht, würde die Gruppe sich in Untereinheiten auflösen, so dass alle Vorteile des Herdenlebens verloren gehen würden. »Pferdisch« ist eine weitentwickelte Sprache, die allen Vertretern der Art gemeinsam ist, sei der Sprecher nun ein Shetlandpony oder ein Shire, und sei der Zuhörer nun ein Zebra oder ein Derbysieger. Da es sich dabei aber nicht um die gewohnte Sprache des Menschen handelt, müssen wir uns die Bedeutung übersetzen, indem wir sorgfältig auf die Signale und auf die Reaktionen, die dadurch hervorgerufen werden, achten.

Botschaften zwischen Pferden werden durch Verhaltensweisen übermittelt, die Signalcharakter haben. Einige davon scheinen angeboren zu sein, während andere anscheinend von den Jungpferden gelernt werden. Manche Reaktionen sind unfreiwillig, andere sind recht absichtlich. Manche übermitteln eine bestimmte Anordnung, andere drücken ein allgemeines Gefühl aus. Manche sind für uns leicht zu verstehen, während wir für andere sorgfältige Beobachtung und die Erfahrung vieler Zusammentreffen mit Pferden brauchen, um einigermaßen sicher ermitteln zu können, was gemeint ist. Unabhängig von den Umständen besteht kein Zweifel, dass bei jedem Austausch zwischen Pferden noch viel mehr vor sich geht, als wir »Ausländer« wahrnehmen. Da wirkt ein ganzes Kaleidoskop von Signalen zusammen, um eine Botschaft zu schaffen: Geruchs-, Geschmacks- und Berührungsreize gehören ebenso dazu wie die für uns besser sichtbaren Aussagen, die sich an Ohren und Augen richten.

Kommunikation findet ständig statt, nicht nur zwischen Pferden, sondern auch zwischen Pferden und Menschen. Wenn wir nur für die Sprache des Pferdes ein ebenso gutes Gespür entwickeln könnten wie das Pferd für die Sprache, die wir ihm beibringen und von der wir erwarten, dass es sie trotz unserer Unklarheit und Inkonsequenz versteht! Pferde wissen es zu würdigen, wenn wir tatsächlich einmal verstehen, was sie sagen, und das zeigen, indem wir richtig reagieren. Wie schwer es uns auch fällt, Pferdesprache zu verstehen, sie versuchen immer weiter, uns ihre Botschaft zu übermitteln, selbst wenn sie – wie ältere und schlauere Pferde das tun – genau wissen, wie schlecht wir darin sind. Der Zeitpunkt, an dem man sich um ein Pferd wirklich Gedanken machen muss, ist dann gekommen, wenn es abschaltet und seine Versuche, überhaupt zu kommunizieren, einstellt.

Monty Roberts meint dazu:

Monty Roberts versetzt weltweit sein Publikum in Erstaunen, wenn er seine Methode von »Annäherung und Rückzug« zum Einreiten junger Pferde demonstriert. Entsetzt über die Brutalität der üblichen Cowboytaktitken, die darauf abzielen, das Pferd körperlich und geistig praktisch zu zerbrechen, verbrachte Roberts Jahre damit, das Verhalten der wilden Mustangs in Nevada und Idaho zu beobachten, die er als »unbeschriebene, reine Geister« beschreibt. Seine Art, an Pferde heranzugehen, zielt darauf ab, das Vertrauen des Pferdes dadurch zu gewinnen, dass man seine eigene Sprache benutzt – die Sprache von Körperhaltung und Gesten. Was dabei herauskommt, ist die Fähigkeit, ein völlig unberührtes Jungpferd innerhalb von bemerkenswert kurzer Zeit dazu zu bringen, dass es ihm wie am unsichtbaren Band überall hin folgt (ein Phänomen, das er als »Join-Up« bezeichnet) und sich ohne Anzeichen von Unsicherheit aufsatteln und wegreiten lässt.

Die Leute fragen mich, wie es sein kann, dass dieses System innerhalb von 30 Minuten zu einem Resultat führt, während es sonst sechs Wochen sind. Das liegt daran, dass dieses System mogelt. Es klinkt sich in das Kommunikationssystem des Pferdes ein, und das macht die ganze Sache um einiges einfacher. Ich habe die Erlaubnis des Pferdes,

das zu tun, was ich da gerade tue. Das Pferd spricht mit mir, und ich verstehe, was es sagt. Die Sprache ist vorhersagbar, sie ist verständlich und sie ist wirkungsvoll – bei meinen Vorführungen setze ich mir zum Ziel, diese drei Dinge aufzuzeigen. Außerdem ist diese Sprache für Pferde universal – sie wird von allen Pferden verstanden – so dass Pferde unter sich keine Dolmetscher brauchen. Pferde sind 65 Millionen Jahre alt und stammen alle aus einer Gegend, also hatten sie viel länger Zeit als der Mensch, sich ein Kommunikationssystem zu schaffen. Mein Selbstvertrauen entspringt der Tatsache, dass die Pferde reagieren. Es ist nicht meine Sprache, es ist ihre. Ich spreche Bände zu ihnen, aber nicht auf Englisch oder in irgendeiner anderen hörbaren Sprache, weil die Pferdesprache nicht hörbar ist.

Wenn ich das Pferd im Round Pen frei laufen lasse, handelt es sich bei ihm um ein Fluchttier, bei mir dagegen um ein Kampftier – also läuft es weg. Ich sage zu ihm: »Was auch immer du tun willst, ist in Ordnung – wenn du laufen willst, dann lauf, aber du musst dafür arbeiten«. Es wird immer noch nicht glauben, dass ich seine Sprache spreche, denn es ist noch nie zuvor einem Menschen begegnet, der das kann. Aber ich sage »Lauf«, indem ich meine Schultern breit mache und es mit den Augen fixiere. Wenn es nicht mehr weiterlaufen will, wird es darum bitten, den Vertrag neu aushandeln zu können – dazu wird es mir zunächst das Ohr zudrehen, das mir am nächsten ist, und danach wird es sich wahrscheinlich vom Zaun lösen und versuchen, näher an mich heranzukommen.

Danach stehen ihm zwei Kommunikationswege offen, die mich ausreichend davon überzeugen, dass es bei mir sein will. Der eine besteht aus Leck- und

Monty Roberts

»Ich handle einen Vertrag mit dem Pferd aus, dass ich ihm nicht wehtun werde ... der Vertrag lautet so, dass ich ihm eine Sicherheitszone biete, wenn es sich gut beträgt, ist alles in Ordnung, auf eine positive Handlung folgt eine positive Konsequenz ... aber es muss sich für seine eigenen Handlungen verantwortlich fühlen.« Monty Roberts arbeitet im Round Pen mit einem jungen Pferd.

Kaubewegungen – das Pferd sagt damit, ich bin ein Pflanzenfresser, ein Fluchttier, aber es glaubt nicht, dass ich ihm etwas tun werde, und frisst deswegen weiter. Pferde leben in ständiger Angst um ihr Leben, und den größten Teil der Zeit tragen wir zu dieser Angst nur noch bei. Wir erweisen uns als absolut nicht hilfreich. Das letzte Zeichen, das sie normalerweise geben, besteht darin, dass sie den Kopf bis fast zum Sand sinken lassen. Das bedeutet »wenn wir über den Vertrag nochmal sprechen könnten, wäre ich gerne Vorsitzender. Ich würde gerne die Tagesordnung auf den Tisch bringen.« Danach werde ich passiv, wende meinen Blick ab, bringe mich vor das Pferd und meine linke Schulter hinter seinen Kopf und lade so das Pferd ein, zu mir zu kommen. Was ich dabei tue, ist, dass ich die Sprache nachahme, die ein dominanteres Pferd zu einem spricht, das auf der Rangordnungsleiter weiter unten steht. Ich habe das gelernt, als ich die Leitstute einer Herde dabei beobachtet habe, wie sie andere Pferde unterrichtet hat – sie war meine Lehrerin. Jede Wildpferdeherde hatte ein Tier, das als Lehrer zuständig war, und das war immer eine Stute. Sie sagte den ganzen Tag lang den Kindern, was sie machen sollten, sie sagte dem Hengst, was er machen sollte, sie gab an, was die Herde fressen würde und in welche Richtung sie wandern würde. Wenn ich das sage, will ich keine Unterordnung erreichen. Ich will eine 50:50-Partnerschaft erreichen, in der das Pferd keine Stufe höher oder niedriger steht als ich. Wenn später irgendwelche Hindernisse, die nicht in der menschlichen Rasse begründet liegen, sich als Hindernisse für den Lernprozess erweisen, muss der

Mensch zur Sicherheitszone des Pferdes werden. Wenn er Zwang anwendet, hält er das Pferd damit nur von sich weg. Meine Methode war eine Reaktion auf die Art, wie die Pferde auf den Ranches behandelt werden – diese Methode ist ziemlich extrem. Die Absicht hinter meiner Methode liegt darin, mit dem Pferd umzugehen, ohne ihm irgendwelchen Schmerz zuzufügen. In diesem Punkt bin ich ziemlich unerbittlich. Ich bin für Rennen ohne Peitsche, aber nicht deswegen, weil mir das Herz blutet und ich denke, dass das arme kleine Pferd vor lauter Schmerzen sterben wird. Ich glaube, dass Schmerz ein schlechtes Mittel ist. Nach vielleicht vier Rennen, bei denen man ein Pferd genug mit der Gerte malträtiert hat, wird es wirklich langsamer laufen, sobald es die Gerte wieder spürt, als wenn man keine Gerte einsetzt. Es beginnt, die Gerte übel zu nehmen, und das kann so weit gehen, dass ein Pferd, das man im Verlauf des Rennens deutlich treibt, denkt, dass es jetzt die Gerte übergezogen bekommen wird und deswegen steigt. Also schlage ich Pferde nicht. Ich sage nicht, dass es keine andere Methode gibt, ein Pferd so zu einzureiten, dass es ein gutes Pferd wird. Man kann es auf meine Art einreiten, oder man kann es gefühlvoll auf die konventionellere englische Art einreiten. Die zwei Methoden sind am Anfang ein Stück auseinander, aber je länger man mit dem Pferd arbeitet, desto näher kommen sie sich. Gute Pferdeleute können Siegerpferde ausbilden, und Siegerpferde hat es seit Hunderten von Jahren gegeben, ohne dass ich sie jemals angefasst hätte. Ich versuche nur zu sagen,

> *›Ich spreche nicht zu den Pferden, ich höre ihnen zu, und durch dieses Zuhören hören sie auch mir zu‹*

dass auf diese Art mehr Pferde eine Chance haben. Man kann es besser machen, so dass man das Pferd nie einengen oder ihm Schmerz zufügen muss, und das klappt wirklich. Man braucht nicht mehr zu glauben »ich muss ihm wehtun, damit es weiß, wer der Chef ist«. Dasselbe Pferd wird sich für den Menschen viel mehr anstrengen, wenn man genau das nicht tut, und das kann ich beweisen. Pferde bekommen ohnehin reichlich wenig für die guten Dinge, die sie im Leben so tun, also werden sie um so besser sein, je mehr wir sie loben und belohnen. Wenn ein Pferd richtig eingeritten wird, sollte es niemals überhaupt nötig werden, irgendwelche Disziplinarmaßnahmen zu ergreifen. Bei dem Ganzen geht es eigentlich darum, eine Alternative zu bieten. Man muss dem Menschen eine Alternative bieten und ebenso dem Pferd: es kann viel bequemer leben und sich viel wohler fühlen, wenn es bestimmte Dinge auf eine bestimmte Art tut. Wenn man selbst nicht den Rahmen so steckt, dass das so ablaufen kann, hat man einen Fehler gemacht. Denn dann ist das Ende vom Lied, dass man negatives Verhalten verstärkt, weil man damit kämpfen muss. Das unterscheidet sich kaum von den Verhältnissen in einer Ehe oder einer Familie, von den Diskussionen zwischen einer Mutter und ihrer Tochter oder zwischen einem Vater und seinem Sohn. Wenn man immer nur um etwas kämpfen muss, dann wird das auch so bleiben. Sobald man aber eine Alternative anbietet – »Also gut, wenn wir uns nicht streiten, was machen wir statt dessen?« – hat man eine Chance, ein vernünftigeres Leben zu führen.

Wenn wir ein Pferd einreiten und sogar dann, wenn wir mit Problempferden arbeiten, hoffe ich, eine Vereinbarung mit dem Pferd zu treffen, die so aussieht, dass das Pferd selbst dafür sorgt, dass etwas passiert oder nicht passiert. Ich mache einen Handel mit ihm und sage ihm, dass ich ihm nicht wehtun werde. Ich werde nichts tun außer ihm eine Konsequenz für negatives Handeln aufzeigen. Dann werde ich ihm eine Sicherheitszone anbieten, und wenn es brav ist, sage ich ihm, was es für ein nettes Pferd ist, dass alles in Ordnung ist, dass positive Handlungen auch positive Konsequenzen haben. Aber immer, wenn das Pferd beschließt, etwas zu tun, das außerhalb der Respektparameter liegt, die ich von ihm verlange, muss es dafür gerade stehen. Auf diese Art versteht es sehr schnell, welches der bessere Teil ist. Ich bin da, um dem Pferd sowohl die Chance zu geben, es zu schaffen, als auch, zu versagen. Aber es muss für seine Handlungen selbst verantwortlich sein.

All die jungen Pferde und Fohlen, mit denen ich zu arbeiten anfange, kommen rein und unverdorben zu mir und lassen sich an ihrem verletzlichen Unterbauch berühren – jedes einzelne von ihnen. Sie kommen nicht mit Problemen zu mir. An irgendeinem Punkt hat irgendein Mensch die Verantwortung für die Zukunft dieses Pferdes. Im Falle der Pferde, die zur Korrektur zu mir kommen, ist jemand dieser Verantwortung in größerem Umfang nicht nachgekommen. Ich bin ganz ausgeprägt der Meinung, dass ein guter Ausbilder hören kann, wie das Pferd zu ihm spricht – ein wirklich guter Ausbilder kann es hören, wenn es flüstert. Viele der Korrekturpferde, die ich zu sehen bekomme, flüstern weder, noch sprechen oder rufen sie – sie schreien und brüllen und trommeln gegen den Boden, und trotzdem

gibt es Ausbilder, die das nicht hören. Oder die es vorziehen, das zu ignorieren. Es gibt nur zwei Arten von Menschen, denen ich meine Methode nicht beibringen kann. Da sind zum einen die Menschen, die Angst vor Pferden haben und sich in ihrer Nähe nicht wohlfühlen. Mein Puls bleibt immer niedrig und ich gestatte mir selbst niemals, mich zu verspannen, egal, welche Situation sich entwickelt. Zum anderen sind da die Menschen, die nicht glauben, dass es klappt. Wenn man nicht glaubt, dass es klappt, merkt das Pferd das und blockt den Menschen ab.

Ich spreche nicht zu den Pferden, ich höre ihnen zu, und durch dieses Zuhören hören sie auch mir zu. Aber die Unterhaltung fängt immer am anderen Ende an – ich muss die Pferde hören können, bevor sie mich hören können. Alles, worauf ich abziele, ist eine Umgebung, in der die Pferde lernen können – das heißt, anstatt zu versuchen, Wissen in ein Pferd hineinzustopfen, kann ich im Hintergrund stehen und Zuschauer sein, ich kann zusehen, wie sie lernen und kann sie bewundern, weil sie es geschafft haben, mir ihre Sprache beizubringen.

Das stimmliche Repertoire des Pferdes

Verglichen mit einer Tierart, die sich so stark wie der Mensch auf eine hörbare Sprache verlässt, ist das Repertoire des Pferdes an kommunikativen Lautäußerungen klein, aber trotzdem ist es nützlich. Anders als die Lautäußerungen des Menschen dienen Pferderufe meistens dazu, mehr die allgemeine Verfassung des Pferdes zu übermitteln als ganz bestimmte feste Bedeutungen, die je nach Gesamtsituation verschieden sind. Die hauptsächlichen Lautäußerungen und ihre typischen Botschaften sind die folgenden:

Wiehern:

Wiehern ist der längste und lauteste Ruf, der mit offenem Maul ausgestoßen wird und von anderen Pferden, wenn sich welche in Hörweite befinden, meistens beantwortet wird. Das Wiehern ist ein Ruf mit der Bedeutung »Hallo, ich bin hier drüben, seid ihr irgendwo da draußen?«, und die Antwort sagt dem Rufenden »Ja, ist gut, ich kann dich hören«. Das Wiehern hilft Pferden, andere Gruppenmitglieder auf eine gewisse Entfernung hin zu kontaktieren und festzustellen, wo sie sich befinden. Jedes Wiehern ist anders, so dass die anderen Pferde bald lernen, dieses Wiehern zu erkennen und zur Identifizierung zu nutzen. Ein Wiehern enthält keine Angst- oder Alarminformationen, sondern ist ein Informations-Suchruf.

Schnauben:

Dieses kräftige Ausatmen durch die Nüstern trägt eine doppelte Alarmbotschaft: »Hier ist etwas, das gefährlich werden könnte – macht euch fertig zur Flucht«. Ein schnaubendes Pferd weitet die Nüstern und macht tiefe Atemzüge, bei denen es den Atmungtrakt weit öffnet und jede Menge Sauerstoff aufnimmt, um so seine Muskeln arbeitsbereit zu machen. Das Geräusch macht auch andere Pferde aufmerksam, so dass sie wissen, dass die Möglichkeit einer Gefahr besteht, und aus welcher Richtung sie kommt.

Grummeln:

Für dieses leise, vibrierende Geräusch gibt es mehrere Variationen. Eine davon ist ganz deutlich ein Willkommensgruß, ein »Hallo, schön, dich zu sehen, komm' doch mit«, der auf ziemlich kurze Entfernung an ein befreundetes Pferd oder oft auch an einen Menschen, der Futter bringen könnte, gerichtet wird. Hengste benutzen ein längeres, tieferes und stärker vibrierendes Grummeln einer Stute gegenüber, in die sie sich verguckt haben, und nicken dabei normalerweise gleichzeitig mit dem Kopf auf und ab. Das leise mütterliche Grummeln einer Stute, Gegenstück zu einem besorgten menschlichen Flüstern, ist kaum hörbar, wenn sie damit ihrem Fohlen sagt, dass sie sich Sorgen macht und es bitte näher bei ihr bleiben soll.

Prusten:

Wie ein kurzes, kräftiges Schnauben ohne die Vibrationen oder die Anspannung, von der ein Schnauben begleitet ist. Die Botschaft kann Neugier ausdrücken: »Huch! Was ist das denn?«, oder einfach nur besagen, dass das prustende Pferd sich wohlfühlt.

Quietschen:

»Pass' auf!« Quietschen ist eine Warnung auf kurze Entfernung oder ein beleidigter Protest, den das andere Pferd auf eigene Gefahr ignorieren kann – außer wenn es sich um ein Treffen der Geschlechter handelt, bei dem die Stute den Hengst manchmal etwas tretzen will. Quietscher können kurz oder lang sein, aber meistens sind sie laut – die wirklich ernsthaften Quietscher kann man auf eine Entfernung von 100 m hören.

Schreien:

Ein wilder, ungestümer und meist sehr hoher Ruf, der in Hauspferdesituationen nur selten zum Tragen kommt, in der Wildnis aber durchaus zu hören ist, wenn starke Emotionen wie Wut oder Angst durchkommen.

Es gibt weitere Laute, deren Absicht nicht darin liegt, eine bestimmte Bedeutung zu übermitteln: die Grunz- und

Stöhnlaute beispielsweise, die man manchmal bei extremer Anstrengung oder extremem Schmerz hören kann, oder wenn ein Pferd vom Boden aufsteht oder herzhaft gähnt. Seufzer bei Pferden deuten ebenso wie bei uns Menschen meist Langeweile an, oder dass es genug hat. Ein kräftiges Ausschnauben durch die Nase ist ein gutes Zeichen, dass das Pferd allgemein zufrieden mit dem Leben ist, während ein schärferes Niesen einen leicht erwartungsvollen und gereizten Beigeschmack hat.

Körpersprache

Die Silhouette und die Körperhaltung eines Pferdes sprechen zu seinen Herdenkollegen Bände über seine Verfassung und seinen emotionalen Zustand. Jedes Pferd beobachtet die anderen ständig auf sichtbare Kommunikation dieser Art. Jeder Teil des Körpers trägt zum Gesamtbild bei und fügt dem allgemeinen Eindruck Bedeutungsschattierungen hinzu. Im allgemeinen gilt, dass das Pferd um so aufgeregter ist, je stärker angespannt, bewegt und aufgerichtet die obere Linie der Körpersilhouette ist. Je mehr die Haltung nach unten geht und schlaffer wird, desto schläfriger, unterwürfiger oder niedergeschlagener ist das Pferd. In der Mitte liegen alle möglichen Gefühlsabstufungen, die irgendwo zwischen diesen beiden Extremen liegen. An einem beunruhigten oder erregten Pferd ist alles gespannt und senkrecht, fordert Aufmerksamkeit, stößt den Ruf »Achtung!« aus. Ein aufgeschrecktes Pferd, das etwas furchtbar Interessantes oder Aufregendes erspäht hat, ist ein perfektes Beispiel. Der Körper zeigt in der Silhouette Kurven und Winkel, die bei anderen Pferden zu Aufregung und Aufmerksamkeit führen, und gestelzte ruckartige Schritte, die von den anderen Pferden leicht gesehen werden, verstärken dieses Signal. Erst wenn das Tier auf der Flucht ist, wird die Silhouette einfach aufgrund der Anstrengung bei der Bewegung mit großer Geschwindigkeit wieder flacher. Eine steife Körperhaltung und abgehackte, angespannte oder nervöse Bewegungen bedeuten für ein Pferd immer nur eins: Gefahr.

Für das Überleben des Pferdes war es schon immer ungeheuer wichtig, schon die geringsten Alarmsignale zu interpretieren und darauf zu reagieren. Diese Fähigkeit ist also gut eingeübt und fast schon eine Reflexreaktion. Es ist also auch nicht überraschend, dass beim Pferd die Alarmglocken klingeln, wenn es bei seinen Menschen irgendwelche Zeichen von Körperverspannung wahrnimmt – Pferde sind ebenso geschickt darin, die Körpersprache des Menschen zu lesen und seine Stimmungen für sich selbst zu übernehmen, wie sie das mit anderen Pferden tun. Es geschieht so oft, dass die Kommunikation zusammenbricht und so Probleme entstehen, weil der Reiter oder Ausbilder sich dieser Tatsache nicht bewusst ist oder die Körpersprache des Pferdes selbst dann nicht korrekt interpretiert, wenn sie ihm prak-

Für das Überleben des Pferdes war es schon immer ungeheuer wichtig, schon die geringsten Alarmsignale zu interpretieren und darauf zu reagieren.

tisch zuschreit. Ein Pferd, das bei einem nervösen Reitanfänger allmählich immer aufgeregter wird und dem immer mehr die Haare zu Berge stehen, wird kaum jemals Pläne schmieden, um nun die Unerfahrenheit des Menschen auszunutzen, sondern es wird ganz rasch von Angst überkommen und denkt »Hilfe, mein Mensch hat Angst, also muss hier etwas sein, wovor man Angst haben muss – ich bin weg!« Ein ängstliches Pferd wird fast steif, vor allem im Bereich von Maul und Hals. Es kann sich nicht entspannen, spürt weder Gebiss noch irgendwelche Reiterhilfen und geht oft nicht eher vorwärts, als bis die Spannung aus seinem Körper freigesetzt wurde. Auf der entgegengesetzten Seite haben entspannte Muskeln, eine zusammengesackte Silhouette und langsame, gemächliche Bewegungen auf andere Pferde eine beruhigende Wirkung: es geht anscheinend nichts vor sich, das eine nähere Untersuchung oder irgendwelche Anstrengungen wert wäre. Der Kopf wird tief getragen, der Schweif hängt schlaff herunter, vielleicht wird ein Fuß zum Dösen aufgestellt, und das gesamte Bild des Körpers wird kleiner und kommt dem Boden näher. Ebenso überträgt ein Mensch, der sich frei und aufmerksam bewegt und dabei offen und selbstsicher wirkt, ein Gefühl der Sicherheit und Beruhigung auf das Pferd. Bestimmte Bewegungen, die sich auf den gesamten Körper erstrecken, signalisieren bestimmte Bedeutungen und werden auch gerne als Schaudrohungen verwendet, mit denen der Rang gefestigt oder Streitigkeiten beigelegt werden sollen, ohne dass das Pferd auf einen echten Kampf mit der potentiellen Gefahr von Verletzungen zurückfallen muss. Ein dominantes Pferd wird seinen ganzen Körper einsetzen, um ein anderes zu blockieren: es schwenkt den ganzen Körper mit der Breitseite vor einen Rivalen

und hält es so auf. Nun ist das andere Pferd gezwungen, sich zu entscheiden, ob es sich auf eine direkte Konfrontation einlassen will, oder ob es lieber aufgibt, indem es sich wegdreht. Manchmal wird die Blockade mit dem Körper noch einen Schritt weitergeführt, indem ein einschüchternder Rempler mit der Schulter das andere Pferd wirklich berührt. Poloponys werden dazu ermuntert, solche Rempler durchzuführen, um so eine Attacke aufzuhalten. Gegen Jockeys werden empfindliche Strafen ausgesprochen, wenn sie dabei ertappt werden, dass sie darauf zurückgegriffen haben, mit dieser körperlich und psychologisch entmutigenden Taktik in einen Rivalen zu rempeln.

Wenn die Androhung einer Handlung die gewünschte Wirkung hervorrufen kann, wird sie der offenen Konfrontation normalerweise vorgezogen. So wird beispielsweise ein Pferd, das bereit ist, als Abwehrreaktion auszuschlagen, zunächst einmal die Hinterhand herumnehmen und damit den anderen signalisieren »jetzt geht aber mal auf Abstand, sonst…!« Dieses Warnsignal wird normalerweise ernst genommen und vermeidet eine hässliche Auseinandersetzung mit stärkeren Mitteln. Drohungen, bei denen die Hinterhand in Richtung des anderen genommen wird, sind fast immer als Verteidigung gemeint und beruhen auf Angst. Das Ziel des Pferdes ist dabei, den echten oder potentiellen Angriff abzuwehren. Echte Aggression sieht anders aus: ein wütender Frontalangriff, der aber glücklicherweise – und interessanterweise – kaum jemals gegen Menschen angewendet wird. Sowohl aggressive als auch Verteidigungshandlungen bestehen aus einer ganzen Reihe von Signalen, die auf die Absichten des Pferdes hinweisen und miteinander in Verbindung stehen. Die Intensität der Signale steigert sich rasch, bis schließlich

der Drohung Taten folgen: »Ich warne dich ... also gut ... nimm das!«
Wenn der unterlegene Kämpfer sich unterwerfen will, dreht er sich ab und wirft das Handtuch. Der Sieger versetzt ihm nur selten noch den »Todesstoß«, denn normalerweise ist er ganz dankbar, dass er selbst aus dem Konflikt keine Verletzungen davongetragen hat. Beobachtungen von Forschern an einer Wasserstelle, an der 1162 Streitigkeiten stattfanden, haben ergeben, dass es in 76 % der Fälle nicht zum Schlagabtausch zwischen den einzelnen Tieren kam, weil die Unstimmigkeiten nie über das Drohungsstadium hinauskamen. Endlich einmal ein intelligentes Tier.

Vorne und hinten

Ohren und Schweif sind hervorragende Signalgeber und werden oft gleichzeitig eingesetzt. Sie sind so wirkungsvoll, weil sie beide so deutlich ins Auge fallen und die Körpersilhouette, die in der Körpersprache des Pferdes so wichtig ist, so drastisch verändern. Ein hoch getragener Schweif bedeutet Ausgelassenheit. Am höchsten wird der Schweif bei einem Hengst getragen, der sich um eine Stute bemüht oder einem Herausforderer entgegentritt, bei einem interessanten Zusammentreffen, einem guten Spiel oder beim Wegrennen vor einer Gefahr. Bei solchen Gelegenheiten kann der Schweif sogar so hoch getragen werden, dass er im Bogen über der Hinterhand liegt. Immer noch hoch, aber nicht mehr ganz so hoch wird der Schweif getragen, wenn ein Pferd durch irgendeine Situation aufgeregt oder bedroht ist, wenn es alarmbereit ist oder bei einer Stute, die ihre Paarungsbereitschaft signalisiert. In der Bewegung wird

›Ohren und Schweif sind hervorragende Signalgeber und werden oft gleichzeitig eingesetzt‹

der Schweif immer leicht erhaben getragen – je schneller oder aktiver der Gang, desto höher. Ein niedrig getragener Schweif deutet an, dass ein Pferd entweder entspannt und schläfrig ist oder vielleicht Unbehagen verspürt. Wenn der Schweif eingeklemmt wird, weiß man, dass man hier ein Pferd vor sich hat, das Angst hat, entweder in untergeordneter Stellung oder aus Angst vor einem Angriff, auf der Flucht oder in der Vorbereitung auf die Verteidigung. Auch das Schlagen mit dem Schweif hat eine Bedeutung – normalerweise die, dass etwas das Pferd stört oder frustriert, so dass dieselbe Reaktion hervorgerufen wird, die auch von einer störenden Fliege ausgelöst würde. Hinter dem Schweifschlagen kann körperlicher Schmerz stecken, aber auch Wut und Unentschlossenheit werden so deutlich gemacht. In einer Dressurprüfung wird Schweifschlagen als Anzeichen von Widersetzlichkeit gewertet.

Am anderen Ende des Körpers sind es die Ohren, die je nach Interessiertheit und Erregungszustand aufgestellt oder angelegt werden. In der Neutralstellung sind die Ohren leicht nach vorne gestellt und befinden sich damit in der besten Position für eine Rundum-Überwachung. Wenn die Ohren in Hab-acht-Stellung sind, deuten sie dorthin, wohin die Aufmerksamkeit des Pferdes gerichtet ist, wobei der Winkel das Konzentrationsniveau anzeigt. Je mehr das Pferd also die Ohren nach vorne spitzt, desto stärker ist sein Interesse nach vorne gerichtet. Ein oder beide Ohren können auch nach der Seite oder halb nach hinten gerichtet sein, um so Aktivitäten seitlich oder hinter dem Pferd im Ohr zu behalten, oder die Ohren können sich ganz nach hinten drehen und sich so auf Geräusche ausrichten, die von hinten kommen. Manchmal zeigt auch ein Ohr in die eine Richtung und das andere Ohr in eine andere, und dabei können die Ohren auch noch ständig die Stellung wechseln. Damit wird entweder geteilte Aufmerksamkeit oder ängstliche Unsicherheit angezeigt. Die Aufgabe der Ohren als Signalempfänger kann zeitweise durchaus mit ihrer weiteren Rolle als Kommunikatoren in Konflikt geraten und diese Rolle auch überlagern. Es ist also sowohl für Pferde als auch für Menschen wichtig, dass sie lernen, auf einen Blick zu unterscheiden, wann die Ohren Aufmerksamkeit einem Geräusch gegenüber ausdrücken, und wann sie Gefühle andeuten.

Hängende Ohren deuten auf einen entspannten Zustand, auf Dösen oder auf Lethargie hin. Völlig schlaff herunterhängende Ohren bedeuten allerdings, dass das Pferd aufgrund von Schmerz, Depression oder Unterordnung völlig abgeschaltet hat. Noch extremere Angst oder Unterordnung zeigen sich in Ohren, die verspannt nach hinten gehalten werden. Flach gegen den Kopf gelegt sind die Ohren gut geschützt – normalerweise vor irgendwelchem größerem Ärger, egal, ob das Pferd dabei die Schläge einsteckt oder austeilt.

Wenn Pferde Gesichter schneiden

Pferde sind vielleicht nicht in der Lage, den weiten Ausdrucksspielraum zu erzielen, auf den das menschliche Gesicht zurückgreifen kann, aber Bewegung und Spannungszustand vor allem im Bereich von Maul und Nüstern können deutliche und detaillierte Aussagen liefern. Wenn die Lippen zurückgezogen und damit die Zähne sichtbar werden, wird eine deutliche Botschaft gesendet, die allerdings nicht immer unbedingt »wütende Aggression« lauten muss. Das unterwürfige Öffnen und Schließen des Mauls, wie es kleine Fohlen beim »Kauen« zeigen, sagt dem Empfänger des Signals – bei dem es sich normalerweise um ein großes, ausgewachsenes Pferd handelt – »Tu' mir bitte nichts, ich bin doch noch so klein. Schau, ich trinke noch am Euter...«. Wenn die Fohlen sich entwickeln und mehr Selbstvertrauen und Status innerhalb der Herde erreichen, verlieren sie diese Reaktion allmählich. Eine weitere sehr deutliche Maulbewegung ist das Flehmen, das ein Hengst einsetzt, um den Harn einer Stute zu beriechen. Gelegentlich wird es auch von anderen Pferden benutzt, wenn sie einem fremden Geschmack oder Geruch begegnen.

Nicht so deutlich zu sehen, aber ebenso aussagekräftig ist die Maulpartie, die mehr oder weniger stark verkniffen oder entspannt werden kann. Wie immer bedeutet Verspannung auch hier Stress – einen Konflikt, Angst, Aufregung, Wut. Die Lippen werden dabei fest über den Zähnen geschlossen, so dass die Nase verlängert erscheint, und der Unterkiefer wird so festgebissen, dass das Kinn sich zu einem harten Ball zusammenzieht. Angespannte und weit geblähte Nüstern erzeugen ein »Stressdreieck« oberhalb des Maules. Im Gegensatz dazu wird bei einem entspannten, stressfreien oder erschöpften Pferd die Maulpartie hängen und schlaff sein, und an der Nase wird der Muskeltonus sehr gering sein. Die Nase kann auch anderweitig einmal länger werden, nicht nur, wenn das Pferd unter Druck steht. Eine lange Nase bei entspannter Maulpartie deutet auf Neugier und Verspieltheit hin; wenn das Pferd mit der verlängerten Oberlippe herumtastet, spricht es damit vielleicht eine Einladung aus, zu einer Kraulsitzung näher zu kommen, oder es zeigt, dass es dringend gekratzt werden müsste oder dass es jetzt gleich in einer der Taschen seines Menschen zu suchen anfangen wird. Die Nase kann auch gerunzelt werden, wenn das Pferd irritiert ist, sich ekelt oder sich unbehaglich fühlt, aber auch bei Stuten während der Paarung. Wenn die Nüstern gebläht werden, um so viel Luft wie möglich aufnehmen zu können, zeigt das immer einen Zustand intensiver Emotion an.

Wenn man sich am Kopf weiter nach oben bewegt, kommt man zu den Augen, die verständlicherweise bei ängstlicher Erwartung oder großer Aufmerksamkeit weiter geöffnet sind, während sie im Zustand der Entspannung, bei der Unterwerfung oder bei Ermüdung mehr oder weniger weit geschlossen werden. Wut zeigt sich daran, dass das Auge nach hinten gerollt wird und stärker hervorquillt, obwohl man nicht sagen kann, dass ein Pferd, bei dem man das Weiße im Auge sieht, immer ein übel gelaunter Zeitgenosse ist. Wahrscheinlich versucht es einfach nur, etwas in den Blick zu bekommen, das hinter ihm vorgeht.

Kopf um Kopf

Die Kopfbewegung, die bei Pferden in der Herde am deutlichsten sichtbar ist und am häufigsten ausgeführt wird, ist ein Kopfstoß in einer aufwärtsschaufelnden Bewegung, der normalerweise von geöffnetem Maul und zurückgelegten Ohren begleitet wird und damit ein ganz geschäftsmäßiges »Pass' bloß auf!« anzeigt. Wenn die Warnung kein Gehör findet, kann ihr eine Drohung mit dem ganzen Körper oder sogar ein Angriff folgen. Weniger bestimmt ist ein sanfteres Anstupsen mit halb zurückgelegten oder mit gespitzten Ohren. Das bedeutet »He, ich bin auch da« oder »Nun komm schon, worauf warten wir?« – es fordert

Beachtung. Wird der Kopf geschüttelt oder ständig hochgeworfen, so zeigt das immer einen gewissen Grad an Irritiertheit an und kann sich zu einer Angewohnheit auswachsen, die noch lange nach Beseitigung der ursprünglichen Ursache anhält. In den Anfängen der Evolution war der Ursprung dieser Bewegung wohl der Versuch, das Tier von beißenden Insekten zu befreien, aber heutzutage kann die Ursache für die Irritation so ziemlich alles von einer Fliege bis zum unerwünschten Anbinden, vom schlecht verpasstem Sattelzeug bis zur ungeschickten Reiterhand sein.

Ein etwas großspuriger Vertreter kann auch ein langsames Ziehen des Kopfes von einer Seite zur anderen zeigen, das »Ich bin zufrieden mit mir, das habe ich gut gemacht« bedeutet. Wird der Kopf wiederholt in kurzen Bewegungen herunter und wieder nach oben genommen und tritt das Ganze in Verbindung mit aufmerksamen Augen und Ohren auf, so sieht man ein Pferd vor sich, das versucht, ein unbekanntes Objekt in einiger Entfernung scharf in den Blick zu bekommen und herauszufinden, worum es sich handelt. Ein Pferd, das Angst hat, zuckt vielleicht plötzlich zurück und zieht sich damit von der Ursache seiner Aufregung zurück, sei das nun ein bedrohliches Pferd oder ein bedrohlicher Pfleger. Führt man diese Bewegung einen Schritt weiter, so wird sie zum Steigen, mit dem der Pfleger dann ein echtes Problem bekommen könnte.

Der lange, kräftige und biegsame Hals des Pferdes arbeitet mit dem Kopf zusammen, hilft ihm, sich zu drehen und die Sinne auf einen bestimmten Reiz auszurichten. Der Hals übermittelt aber auch seine eigenen, unabhängigen Kommunikationsbotschaften. Bei einem aufgestörten oder erregten Pferd schwellen die Muskeln an, so dass der Hals angespannt und erhoben wird. Wenn der

Hals von etwas weggeschwenkt wird, signalisiert das den Wunsch, etwas Unangenehmem fern zu bleiben. Ein Hengst, der die Herde vor sich hertreibt, senkt den Kopf, macht gestelzte Schritte und streckt den Hals, wobei er eine seltsame, rhythmische Pendelbewegung von einer Seite zur anderen durchführt, die ursprünglich wohl eine Reihe von Beißdrohungen war, inzwischen aber zu diesem deutlich erkennbaren »Beweg' Dich« Treibebefehl generalisiert worden ist. Er unterscheidet sich deutlich vom Halsverwinden, einer seltsamen, verdrehten Schraubbewegung von Kopf und Hals. Diese Bewegung kann man beim Spiel beobachten, aber manchmal auch einfach als Anzeichen von Stress und Frustration. Man könnte sie bei einem verwirrten Pferd sehen, das vielleicht gerne aggressiv handeln würde, sich aber nicht dazu durchringen kann, und das sich lieber nicht in der Situation befinden würde, in der es jetzt ist.

Beinarbeit

Neben dem allgemeinen Eindruck, den die Beinbewegung an sich hervorruft – beispielsweise durch ruckartige und gestelzte oder durch langsame und lustlose Ausführung – gibt es bestimmte einzelne Beinbewegungen, die eigene Bedeutungen haben. Jede Art von Aufstampfen bedeutet normalerweise eine Art schüchternen Protests und ist eine modifizierte Form des Ausschlagens. Manche Pferde stampfen, wenn sie eine lästige Fliege nicht loswerden können, wenn der Sattelgurt angezogen wird oder wenn eine Stute etwas gegen die ständigen unerwünschten Aufmerksamkeiten ihres Fohlens hat. Das Scharren auf dem Boden hat eigentlich einen rein funktionalen Zweck, weil es der Untersuchung des Untergrundes dient, mit der eine Stelle zum Wälzen vorbereitet wird oder mit der Eis oder Schnee beiseite geschoben werden. Ein Pferd, das auf dem Boden scharrt, weil es endlich loslegen will oder seinen Futtereimer nicht erreichen kann, zeigt damit Ungeduld und ein frustriertes Verlangen danach, etwas zu erreichen.

Wenn beim Fressen ein Vorderbein angehoben wird, so ist das wahrscheinlich eine abgemilderte Form des Scharrens, während ein rasch angehobener Vorderfuß eine erste Warnung andeutet: »Ich könnte Dich schlagen...«. Das rasche Nach-Vorne-Schnellen des Vorderbeins, das einen echten Schlag ausmacht, ist eine Verstärkung davon, die man beim Zusammentreffen von fremden Pferden oft beobachten kann. Das Ganze kann von einem empörten Quietschen begleitet werden: »He, halt' gefälligst Abstand!«

Heftiges Ausschlagen mit beiden Vorderbeinen gehört in das Arsenal eines kämpfenden Hengstes. Am hinteren Ende gilt ebenso, dass das Anheben eines Hinterbeins oder das Winken damit darauf hindeutet, dass dieses Pferd sein Ziel abschätzt und im Falle einer weiteren Provokation aus einem oder beiden Rohren feuern wird. Dieser Hinweis wird oft zur Untermauerung des Hinterhand-Zudrehens verwendet, wenn diese Botschaft als Abschreckung versagt hat.

4

Wie lernen Pferde

Wenn die Verhaltensmuster des Pferdes nicht ebenso perfekt auf seinen Lebensstil hin entwickelt wären wie sein Körper, wäre es mit größter Wahrscheinlichkeit nicht so weit gekommen. Die Mentalität des Pferdes ist allerdings perfekt an die natürliche Umgebung des Pferdes und nicht an die des Menschen angepasst. Wenn wir also versuchen, die geistigen Kapazitäten des Pferdes, seine Intelligenz und seine Art zu lernen einzuschätzen, müssen wir daran denken, dass Vergleiche mit dem Menschen – oder mit irgendeinem anderen Tier – von ganz geringer Bedeutung sind. In seiner ureigenen Umgebung ist das Pferd hervorragend angepasst, jede Handlung und jede Reaktion ist fein abgestimmt, äußerst vernünftig und passend. In der Umgebung, die wir dem Pferd vorsetzen und in der es nun leben und bestimmte Leistungen erbringen soll, ist ein großer Teil dieser eingebauten Reaktionen völlig unangebracht – und deswegen werden sie, was nicht weiter überrascht, als ungeschickt, sinnlos oder dumm abgetan.

Wie wir bereits gesehen haben, gibt es für die körperlichen Eigenheiten des Pferdes einen grundlegenden Bauplan, der sich um die Strukturen und das anatomische Gerüst eines hervorragend angepassten Fluchttieres kümmert. Aber was ist mit dem psychologischen Bauplan? Wie arbeiten Geist und Verstand des Pferdes?

Bauplan für Geist und Verstand

Darüber, wie das Gehirn funktioniert, gibt es noch viel zu lernen – egal ob Pferde- oder Menschengehirn. Da beide die gleichen Grundstrukturen haben, ist es aber sinnvoll, anzunehmen, dass sie auf ziemlich ähnliche Weise funktionieren. Es ist bekannt, dass unterschiedliche Bereiche des Gehirns für bestimmte Aufgaben zuständig sind und als Kontrollpulte für die jeweiligen Funktionen dienen.

Der ausgedehnte vordere Bereich des Gehirns, die Großhirnrinde, wird normalerweise mit bewusstem Denken und Lernen in Verbindung gebracht. Sie analysiert die über Augen und Ohren aufgenommenen Daten und regiert den Tastsinn und die willkürlichen Bewegungen. Ebenfalls wahrscheinlich in der Großhirnrinde angesiedelt ist das Funktionieren der Persönlichkeit und deren Integration mit Körper und Verhalten. Ganz vorne in diesem Bereich sitzen die Riechlappen, die für die nahe verwandten Sinneswahrnehmungen Geruch und Geschmack zuständig sind. Die Großhirnrinde ist wie beim menschlichen Gehirn in eine linke und eine rechte Hälfte gespalten, von denen jede sich nur mit den Botschaften befasst, die von der jeweils anderen Seite kommen. Verglichen mit der Funktionsweise des menschlichen Gehirns ist beim Pferd allerdings die Fähigkeit, zwischen den Hälften hin und her zu schalten, begrenzt. Deswegen muss jede Lektion, die man dem Pferd beibringen will, von beiden Seiten gleich gründlich gelehrt werden. Es ist wichtig für die körperliche Entwicklung des Pferdes, dass es auf beiden Händen gleich viel gearbeitet wird und dass man sowohl von links als auch von rechts an es herangeht – ebenso wichtig ist das allerdings auch vom Standpunkt des geistigen Gleichgewichts aus. Wenn eine bestimmte Handlung immer nur auf einer Seite ausgeführt wird, kann das Pferd reagieren, als ob es mit dieser Handlung noch nie Bekanntschaft gemacht hätte, wenn diese plötzlich einmal von der anderen Seite ausgeführt werden soll. Ebenso kann es sein, dass beispielsweise eine schlechte Erfahrung, die auf der einen Seite gemacht wurde, eine Angstreaktion hervorruft, wenn das Gleiche auf dieser Seite wiederholt wird; passiert dagegen das Gleiche auf der *anderen* Seite, so ruft es – zumindest zunächst – vielleicht überhaupt keine Reaktion hervor.

Die Fläche der Gehirnrinde ist beim Pferd sehr groß. Diese Tatsache kann als Anhaltspunkt für seine Lernfähigkeit und sein Denkvermögen dienen. Nach allgemeiner Auffassung ist ein Tier um so intelligenter, je stärker gefurcht die Großhirnrinde ist. Dann stünde das Pferd weit vor dem Hund und ungefähr auf gleicher Stufe mit dem Menschen. Allerdings denkt man auch, dass die schiere Gehirngröße wichtig ist, und für

sein Körpervolumen hat das Pferd eine ziemlich bescheidene Gehirngröße. Also, so die Theorie, braucht es seine Furchungen in der Gehirnrinde schon allein dafür, um nur am Leben zu bleiben, und hat sehr wenig Raum für solchen Luxus wie Denkvermögen, problemlösendes oder kreatives Denken übrig. Aber selbst dann stellt die Großhirnrinde des Pferdes noch eine Ausnahme dar, deren Größe und Komplexität einfach nach einer Frage schreien: wie groß ist unser Verständnis für das, was darin vor sich geht, wirklich, und wie weit erkennen wir das Potential dieses Gehirns? Ein Bereich, der beim Pferd verglichen mit anderen Tierarten unbestritten sehr stark entwickelt ist, ist das Kleinhirn. Bei einer Tierart, die auf Flucht spezialisiert ist, ist das zu erwarten, denn das Kleinhirn ist das Hauptkontrollzentrum für Bewegungen, Gleichgewicht und Koordination von Muskeln und Gliedmaßen. Bestimmte Zellen (Cristae genannt) registrieren Kopfbewegungen, bestimmte andere Zellen (die Maculae) die Kopfposition, so dass jedes Schiefhalten und jede Einschränkung der Kopfbeweglichkeit die Art der Signale verändert, die von diesen Zellen ans Gehirn geschickt werden, und somit Koordination und Gleichgewicht beeinflusst. Im hinteren Bereich des Kleinhirns sitzt das verlängerte Mark, das die unwillkürlichen Lebensfunktionen wie Atmung, Schlukken, Verdauung und Herzschlag reguliert.

Im Mittelhirn gibt es verschiedene Bereiche, die die Futteraufnahme und die Temperaturkontrolle überwachen und Verbindungen zwischen Körper und Gehirn herstellen. Auch ein Teil des Fortpflanzungsverhaltens wird hier kontrolliert, aber vorwiegend ist das Mittelhirn das emotionale Zentrum des Pferdes. Tief im Zentrum dieses Gehirnbereiches spielt ein ausgedehntes ringförmiges

Nervenbündel, das limbische System, eine Rolle für die automatische Regelung der Wartungsfunktionen des Körpers sowie für den Geruchssinn und die Emotionen. Schädigungen dieses Bereichs rufen beim Menschen und bei Tieren abnormales Verhalten hervor.

Interessanterweise ist der Anteil des Gehirns, der den »Gefühlen« vorbehalten ist, beim Pferd genauso groß wie beim Menschen – was andeutet, dass Pferde in der Lage sind, ein ebensogroßes Spektrum an Emotionen mit einer Gefühlstiefe zu empfinden, die ebenso groß ist wie bei uns – auch wenn die Gefühle eines Pferdes von ganz anderen Situationen und Auslösern abhängen könnten. Allerdings ist das »Denkzentrum« des Pferdes im Verhältnis weniger gut entwickelt, und daraus kann man wahrscheinlich folgern, dass Pferde zwar starke Gefühle haben, aber nur in geringem Maß die Fähigkeit, sie zu analysieren. Pferde leben für den Augenblick und verschwenden keine Gehirnenergie daran, ihre Gefühle auf die verstandesmäßige Ebene zu bringen.

Die Hirnanhangsdrüse ist über einen kurzen Stängel mit der Gehirnbasis verbunden. Diese lebenswichtige Drüse ist sozusagen der Dirigent für das Hormon-Orchester, das die Wartung des Körpers und die Regulierung der Sexualfunktionen übernimmt und auch mit Stress umgeht. Ein weiterer nahegelegener Hirnteil, der Hypothalamus, registriert Hunger und Durst und greift in die Arbeit der Hirnanhangsdrüse mit ein. Zwar sind in bestimmten Gehirnteilen bestimmte Funktionen lokalisiert, aber sie hängen alle so eng zusammen, dass

das Gehirn im Endeffekt als Ganzes funktioniert. Das körperliche Wesen des Tieres ist von seinen Emotionen und seinem Intellekt praktisch nicht zu trennen, und jegliche Unterbrechung in der Funktion eines dieser Bereiche findet ohne Zweifel deutlichen Niederschlag in den anderen Bereichen.

Gedächtnis

Das Gedächtnis ist die »Festplatte« des Gehirncomputers, in dem frühere Erfahrungen und die Ergebnisse früherer Entscheidungen gespeichert werden, so dass sie für zukünftige Entscheidungen als Referenz dienen können. Man weiß nicht, wo im Gehirn – egal ob im menschlichen oder in dem des Pferdes – der Erinnerungsvorgang stattfindet. Es scheint dafür keine bestimmte Örtlichkeit zu geben, auch wenn Störungen in bestimmten Bereichen zu einer Beeinträchtigung des Gedächtnisses führen können. Immer noch unerforscht sind auch die eigentlichen Vorgänge für die Speicherung von Gedächtnisinformationen. Es gibt unterschiedliche Theorien, die beispielsweise besagen, dass dazu »Ersatz-DNA« innerhalb der Gehirnzellen verwendet wird oder dass elektrische Ströme im Gehirn der Schlüssel sind.

Gedächtnisleistungen werden in drei Stufen erbracht: Aufnahme, Speicherung und Erinnerung. In der ersten Stufe werden die Daten wahrgenommen, verstanden und in das Kurzzeitgedächtnis einsortiert. Das Problem mit dem Kurzzeitgedächtnis liegt darin, dass es ein sehr begrenztes Fassungsvermögen hat, so dass Inhalte, die nicht durch ständige

Pferde haben zwar starke Gefühle, aber nur in geringem Maß die Fähigkeit, sie zu analysieren.

Wiederholung immer wieder bestätigt werden, durch andere, dringendere Informationen ersetzt werden. Daten, die ausreichend wichtig oder etabliert sind, können in das Langzeitgedächtnis übernommen werden. Im Endstadium des Gedächtnisvorganges wird Datenmaterial aus dem Gehirn herausgesucht, indem es absichtlich aus dem unbewussten in den bewussten Modus aufgerufen wird. Wie zuverlässig und wirkungsvoll dieses Erinnerungssystem ist, hängt davon ab, wie gut die Daten während der Speicherung codiert wurden.

Die Fähigkeit, sich an Dinge zu erinnern, wird ja allgemein als Zeichen hoher Intelligenz gewertet, so dass Pferde auf der IQ-Skala ziemlich weit oben liegen sollten. Man kann das zwar schwer quantifizieren, aber Pferde scheinen ein ausnehmend langanhaltendes und deutliches Erinnerungsvermögen für Datenmaterial zu besitzen, das sehr wirkungsvoll gespeichert wurde. Es ist bekannt, dass Pferde Orte, andere Pferde und selbst Menschen nach Ablauf eines beträchtlichen Zeitraums wiedererkennen können, und jeder Ausbilder weiß, dass eine einmal gelernte Lektion jahrelang »hängen bleibt«, ohne dass man sie ständig auffrischen müsste. Das ungeheuer leistungsfähige Gedächtnis des Pferdes hat sich genauso wie seine Gliedmaßen als Überlebensmechanismus entwickelt. Ein junges Pferd muss lernen, schnell und für immer, welche Situationen eine Bedrohung darstellen – ein Beutetier hat keine Zeit für wiederholte Proben. Es war lebensnotwendig, zu wissen, wo die Raubtiere bevorzugt auf der Lauer lagen. Es war unabdingbar, sich von einer Jahreszeit zur anderen zu merken, wo die Wasserlöcher und die windgeschützten Plätze einer bestimmten Region lagen und welches Gebiet rivalisierende Herden für sich beanspruchten. Es hatte nur wenig Sinn, zu lernen, welche Pflanzen gut schmecken und welche nicht, oder welche wehtun und welche giftig sind, wenn die Information nicht im Gedächtnis aufbewahrt werden konnte, so dass das Pferd richtig reagieren konnte, wenn es derselben Pflanze im Verlauf der nächstjährigen Wachstumsperiode wieder begegnete.

Das Pferd ist bekannt für seine Begabung, sich bestimmte Stellen und Orte zu merken, die wahrscheinlich eine von mehreren Fähigkeiten ist, die es einsetzt, wenn es wieder nach Hause finden will. Schließlich musste in der Wildnis jedes Herdenmitglied in der Lage sein, sich Details nicht nur über die Landschaft eines bestimmten Territoriums ins Gedächtnis zurückzurufen, sondern auch über Bereiche mit Geländeschwierigkeiten, und diese Details musste es vom einen Winter zum nächsten oder vom einen Sommer zum nächsten behalten, oder wie lange auch immer es nötig war.

Ein solch ausgezeichnetes Gedächtnis bringt offensichtliche Vorteile, was die Ausbildung anbetrifft, aber es kann ebenso Probleme bereiten. Wenn eine Erfahrung einmal gut gespeichert ist, wird sie wahrscheinlich für das ganze Leben aufbewahrt, sei sie nun gut oder schlecht. Unkorrekte Ausbildung, Misshandlungen oder unangenehme Erfahrungen – der Tierarzt gibt eine Spritze, eine aufregende Hängerfahrt, ein Reißen im Maul über einem Hindernis – werden beim Pferd ein verständliches Widerstreben dagegen auslösen, sich der Möglichkeit auszusetzen, dass diese Erfahrung wiederholt werden könnte.

Ein einziger Fehler oder eine einzige schlechte Erfahrung muss nun aber nicht gleichbedeutend mit der totalen Katastrophe sein. Die meisten Erinnerungen werden nicht »permanent«, wenn sie nicht durch Wiederholung verstärkt werden. Diese Wiederholung muss sehr eng, fast sofort, auf die anfängliche Erfahrung folgen. Man kann einem Pferd eine Schullektion beibringen, aber danach muss man sie sofort mehrere Male wiederholen, bis man sie als gefestigt betrachten kann. Ähnlich kann man dem Pferd nicht etwas Neues beibringen, das es einmal richtig gemacht hat, und dann von ihm erwarten, dass es diese Bewegung Wochen, Tage oder auch nur Stunden später korrekt wiederholt.

Ein Fehler bei der Ausbildung muss sich nicht unbedingt festsetzen, solange er nicht sofort wiederholt wird, denn dann ist er über das Kurzzeitgedächtnis noch nicht hinausgekommen. Damit haben wir etwas Bewegungsspielraum, aber ganz aus dem Schneider sind wir deswegen nicht! Sehr schlechte Erinnerungen, vor allem solche, die mit Schmerz oder Angst verbunden sind, können sich sofort festsetzen, wenn sie dramatisch genug waren oder wichtige Auswirkungen auf das Pferd selbst und sein Überleben hatten. Beispiele dafür sind ein Verkehrsunfall, aber auch eine Begegnung mit einem bösartigen Hund an einer bestimmten Stelle oder ein Sturz in einer bestimmten Art von Hindernis. Unangenehme Erinnerungen können durch geduldige und konsequente korrigierende Ausbildung, die das Vertrauen in den Menschen und das Selbstvertrauen des Pferdes wieder aufbaut, bewältigt werden. Bei vielen Pferden ist das aber ein langer Weg ohne Garantie. Die alte Reaktion wird sich oft wieder zeigen, wenn das Tier unter Stress oder Druck steht.

Die Fähigkeit, zu lernen, hängt in hohem Maße davon ab, wie gut eine Erinnerung in der Datenbank des Langzeitgedächtnisses gespeichert wird, und wie leicht es für das Pferd ist, sie von dort wieder abzurufen. Darauf haben mehrere Faktoren Einfluss. Einer davon ist die Wichtigkeit, die dieses Ereignis für das Pferd hatte. Weitere Erfahrungen, die der ersten direkt folgen, für Assoziationen sorgen und das Pferd immer wieder an die erste erinnern, sind ein anderer Faktor, und ein weiterer ist die Zeitspanne, die vor der Wiederholung der Erfahrung verstrichen ist. Wenn es darum geht, sich an etwas zu erinnern, sind die besonderen Umstände, Prioritäten und Erinnerungsanstöße, die gerade vorhanden sind, wichtig dafür, welche Informationen abgerufen werden und wie leicht das geht. Anders ausgedrückt kommt es darauf an, wie viel Ablenkung vorhanden ist und wie stark man sich auf die Erinnerungsanforderung konzentriert.

Verschiedene Verhaltensarten

Jegliches Verhalten fällt in eine von zwei Kategorien. Zum einen gibt es artspezifische Verhaltensweisen, die von allen Angehörigen der Art gezeigt werden. Zum anderen gibt es individualspezifisches Verhalten, das von einem Einzeltier zum anderen unterschiedlich ist. Innerhalb dieser Kategorien sind einige grundlegende Vorgänge am Werk, die die Basis für die geistige Natur des Pferdes legen.

Das ungeheuer leistungsfähige Gedächtnis des Pferdes hat sich genauso wie seine Gliedmaßen als Überlebensmechanismus entwickelt.

Reflexe

Dabei handelt es sich um die einfachsten Verhaltensmuster, die aus der raschen, automatischen und unbewussten Reaktion eines Muskels oder einer Drüse auf einen äußeren Reiz bestehen. Die Reaktion ist unmittelbar, von kurzer Dauer und sehr speziell. Beispiele sind das Zucken eines Muskels, um damit eine Fliege zu verscheuchen, das Blinzeln mit den Augen bei plötzlichem grellen Licht oder ein Husten oder Niesen, wenn etwas den Atmungstrakt reizt. Die Körperbewegungen werden von einem ganzen Netzwerk an Reflexen kontrolliert, die sicherstellen, dass die richtigen Muskelgruppen aufeinander abgestimmt arbeiten, um so das Pferd auf den Füßen zu halten und die verschiedenen Gangarten zu erzeugen. Die meisten Reflexe finden mit minimaler Beteiligung des Gehirns oder seines Gedächtnisses statt. Bei einem Reflex wird eine Botschaft von den Sinnen wahrgenommen, an das Rückenmark weitergeleitet und mit einer Reaktion beantwortet, ohne dass dazu das Gehirn zur Analyse eingeschaltet würde. Diese Technik der schnellen Reaktion spart in einer Krisensituation wertvolle Mikrosekunden. Wenn ein Pferd aus einem Augenwinkel eine winzige Bewegung hinter sich wahrnimmt, startet es durch – es bleibt nicht am Fleck und geht damit ein Risiko ein. Damit soll nicht gesagt werden, dass das Gehirn überhaupt keine Kontrolle über die Reflexhandlungen ausüben würde. Einige Reflexe können durch bewusste Kommandos vom Gehirn abgeschwächt oder sogar überlagert werden. Eine ganze Menge Trainingsarbeit zielt darauf ab, Reflexreaktionen auf diese Art abzuschwächen oder zu überwinden – beispielsweise, wenn man das Pferd davon zu überzeugen versucht, dass eine kleine Bewegung in seinem seitlichen Gesichtsfeld nicht unbedingt von einem Löwen herrühren muss, der im Unterholz lauert. Reflexe können auch zeitweise abgestumpft werden. Häufige Wiederholung des Reizes, der einen bestimmten Reflex auslöst, scheint die Toleranzschwelle zu erhöhen, so dass die Reaktion immer schwächer ausfällt.

> *›Eine ganze Menge Trainingsarbeit zielt darauf ab, Reflexreaktionen abzuschwächen oder zu überwinden‹*

Entscheidungen treffen

Der größte Teil des nichtreflektorischen Verhaltens ist das Ergebnis einer bewussten Entscheidung durch das Gehirn. Das Gehirn erhält Input in Form von Daten – als Sinnesreiz, als Hinweis aus der Umgebung, als Verhaltenssignal von einem anderen Pferd oder in Form einer sonstigen Botschaft, beispielsweise einem inneren Signal: vielleicht verspürt das Pferd Hunger oder Durst oder den Drang, etwas zu tun (»Motivation«). Wenn ein Reiz wahrgenommen wird, fängt das Gehirn sofort an, die gegenwärtig ankommenden Informationen zu verarbeiten und sie nicht nur nach Prioritäten zu sortieren, sondern sie auch unter dem Aspekt früherer Erfahrungen zu analysieren, die es im Gedächtnis gespeichert (gelernt) hat. Entscheidungen werden auf der Basis aller zur Verfügung stehenden relevanten Daten getroffen. Dann ordnet das Gehirn eine Reaktion an, die körperlich sein kann, in einer Verhaltensäußerung bestehen kann oder im Pferd ein Gefühl auslösen kann.

Bei einem solchen Gefühl kann es sich um Schmerz oder um abstraktere Konzepte wie Furcht, Wut, mütterliche »Liebe«, Eifersucht usw. handeln. Solche Emotionen können dann zur Basis weiterer Motivation werden: sie erwecken das Verlangen, etwas bestimmtes zu tun anstatt etwas anderes. Dieses Verlangen selbst wird nun zum Reiz, der an das Gehirn zurückgeleitet wird. So kann ein Kreislauf etabliert werden, der das Lernen beschleunigt (oder behindert).

Das Gehirn ist so einem Bombardement von Daten ausgesetzt, die es völlig zuschütten könnten. Es muss also offensichtlich manche Reize ausfiltern und die anderen je nach Bedeutung für das Überleben nach Prioritäten sortieren. Auf diese Art erreichen unwichtige Reize gar nicht erst den bewussten Gehirnbereich und können ihn nicht mit unnötigen Informationen ablenken oder vollstopfen. Dieses Vorgehen nach Prioritäten bildet die Basis für die Perspektive, aus der ein Pferd die Welt sieht. Es sind die unterschiedlichen Prioritäten, die dazu führen, dass verschiedene Tierarten ihre Umgebung unterschiedlich wahrnehmen. Wie geht der Sortiervorgang nun vor sich? Auf der ersten Ebene werden die Reize einfach aufgrund des Wahrnehmungsbereiches der Sinne aussortiert – Pferde können beispielsweise Dinge riechen, die wir nicht riechen können. Sobald dann eine Botschaft im Gehirn ankommt, kann der Bereich, der sich mit der jeweiligen Reizart befasst, die Signale aussieben und bestimmen, welche davon beachtet werden sollen und welche nicht. So kann ein Pferd beispielsweise zwar alle Geräusche hören, die in seiner Umgebung wahrzunehmen sind, aber es wird mit größerer Wahrscheinlichkeit auf den Ruf eines anderen Pferdes oder auf ein raschelndes Geräusch reagieren, das Gefahr bedeuten könnte. Und schließlich können selbst diese ausgefilterten Daten noch überlagert oder ausgeschaltet werden – je nachdem, was in einem bestimmten Augenblick passiert und ob das Gehirn etwas anderes als wichtiger betrachtet, ob also die Aufmerksamkeit auf einen anderen, stärkeren Impuls gerichtet ist, dem eine höhere Priorität eingeräumt wird. So ist beispielsweise ein entsetztes Pferd, das nur noch an Flucht denkt, an dem Gras unter seinen Hufen nicht interessiert, und sei es noch so üppig oder das Pferd noch so hungrig. Verwirrung tritt dann auf, wenn das Pferd zwischen zwei widersprüchlichen Prioritäten gefangen ist, die vom Gehirn als gleich wichtig eingestuft worden sind. »Soll ich da rüber gehen und mir dieses seltsame Ding in der Hecke einmal näher anschauen, oder soll ich lieber davor weglaufen?« »Da kommt ein Freund von mir die Straße herunter – aber andererseits kommt da gerade mein Abendessen.« »Ich möchte gerne zu dem Pferd auf der anderen Seite dieses Baches, aber ich traue mich nicht durchs Wasser.« Ein Pferd, das sich nicht so recht entscheiden kann, wird ebenso wie ein Mensch stark gestresst. Das Ergebnis ist normalerweise ein ziemlich aufgeregtes Pferd. Wenn die

Die Persönlichkeit des jeweiligen Pferdes hat eine ganze Menge damit zu tun, wie es mit stressbeladenen Situationen umgeht, in denen es sich entscheiden muss.

Wahl zwischen zwei widersprüchlichen Trieben getroffen werden muss, beispielsweise ob das Pferd sich nun in Richtung eines Objekts oder weg davon bewegen soll, dann fällt sie besonders schwer – vor allem dann, wenn die eine Möglichkeit dem Pferd künstlich verschlossen bleibt, wie das bei einem Pferd in seiner Box der Fall ist. Dieses Pferd ist dann vielleicht sowohl ängstlich als auch fasziniert, aber es hat keine wirkliche Option zur Flucht. Unter solchen Umständen findet man dann auch oft zielloses Verhalten, das anscheinend gar nichts mit der Sache zu tun hat – man nennt dieses Ersatzverhalten eine »Kommenthandlung«. Das kann beispielsweise nervöses, aufgeregtes Schnappen nach dem Heunetz sein, oder das Pferd beißt nach seinen eigenen Flanken oder nach seiner Stalldecke.

Wenn das Pferd daran gehindert wird, einen Konflikt zu lösen, kann das auch zu einer aggressiven Reaktion führen, die dann rein das Ergebnis seiner Frustration ist: ein Hengst, der eine paarungsbereite Stute riecht, aber in seiner Box eingesperrt ist, oder ein Pferd, das nicht gefüttert wird, wenn alle anderen im Stall ihr Futter erhalten, und das deswegen ständig mit den Vorderhufen an seine Boxentür klopft. Eine niedrige Toleranz für Frustration kann bei dem jeweiligen Tier dazu führen, dass abnormale Verhaltensmuster aufgestellt werden, die Erleichterung von dem Konflikt verschaffen – beispielsweise stereotype Stalluntugenden oder schlechter Appetit.

Die Persönlichkeit des jeweiligen Pferdes hat eine ganze Menge damit zu tun, wie es mit stressbeladenen Situationen umgeht, in denen es sich entscheiden muss. Ergreift es die Flucht oder kämpft es?

› Von der Minute an, in der ein Fohlen das Licht der Welt erblickt, beginnt es zu lernen ‹

Meistens hängt die Wahl von den Umständen ab – eine erschreckende Bewegung wird beispielsweise die meisten Pferde eher dazu veranlassen, wegzulaufen als zu schlagen. Ein Pferd, das von einem bellenden Hund gegen einen Zaun gedrängt wird, wird als erste Reaktion eher schlagen als zu versuchen, den Zaun zu überspringen. In manchen Situationen könnte allerdings beides ausgewählt werden, und nun hängt die erste Wahl des Pferdes stark von seiner Persönlichkeit und seinen früheren Erfahrungen ab. Nachdem beide Reaktionen vom Adrenalin angetrieben werden, kann es in Gedankenschnelle zwischen den beiden hin- und herschalten.

Strategien

Reize und Erfahrungen werden mit Prioritäten bewertet, die die Reaktion eines Pferdes beeinflussen. Wie werden aber diese Bewertungen zugeteilt? Wo wird entschieden, wie diese Prioritäten für ein Pferd auszusehen haben? Schließlich unterscheidet sich die Prioritäten-Rangliste eines Pferdes sich stark von der eines Menschen, eines Eisbären oder eines Nashorns. Woraus besteht das Verbindungsglied zwischen der Botschaft, die ins Gehirn geleitet wird, und der Reaktion, die daraufhin eintritt und sich im Verhalten des Pferdes zeigt?

Die Antwort liegt in einer Kombination aus zwei Elementen: angeborene »instinktive« Neigungen und Gelerntes. Mit ersteren wird das Pferd geboren, sie werden von Genen kontrolliert, die in Wechselwirkung mit der Umgebung stehen – und sie sind artspezifisch. Zweiteres ist das Ergebnis der Erfahrungen, die das jeweilige Tier während seines eigenen Lebens gemacht hat.

Vorbestimmtes Verhalten folgt Programmen, die durch die Verhaltensmuster des Pferdes (siehe Kapitel drei) diktiert werden, denn diese sind die Orientierung, die alle Handlungen des Pferdes prägt und die durch Jahrtausende eines Evolutionsprozesses geschaffen wurde, der dieses Tier so angepasst hat, dass es in seiner Umgebung perfekt überleben kann. Selbst Tiere, die isoliert aufgezogen werden, entwickeln Verhaltensmuster, die mit diesen fundamentalen Trieben in Einklang stehen und im normalen Rahmen liegen. Die Aufnahme von Futter und Wasser, die Fortpflanzung, Bedrohliches meiden und verjagen, die Vorliebe für Gesellschaft – in diesem Rahmen werden Botschaften in der Wildnis bewertet. Die Prioritäten werden danach zugeteilt, wie gut ein Reiz diese Bedürfnisse erfüllt, und das Tier reagiert entsprechend. Dieser Basisplan ist von Geburt an vorhanden, aber er ist von diesem Punkt ausgehend niemals statisch. Von der Minute an, in der ein Fohlen das Licht der Welt erblickt, wird es von seinen Erfahrungen beeinflusst und geformt. Es beginnt, zu lernen.

Instinkt

Was sind Instinkte eigentlich genau? Bestimmte artspezifische Verhaltensweisen scheinen vorbestimmt zu sein, weil sie von der Evolution in die Gene des Tieres programmiert wurden. Solche Reaktionen laufen in engen Grenzen ab, es sind weder Wahlmöglichkeiten noch bewusste Entscheidungen beteiligt, und sie werden von Erfahrungen nicht beeinflusst. Traditionsgemäß werden solche Reaktionen als »instinktiv« betitelt. Sie befriedigen ein grundlegendes biologisches Bedürfnis und werden von einem äußeren Anreiz angeregt. Welche Art von Pferdeverhalten könnte man also als »instinktiv« beschreiben? Wie viele Reaktionen sind von vorneherein in der Natur des Pferdes verankert, und wie viele können durch Lernen verändert werden? Es ist ziemlich schwierig, das zu beurteilen. Unter der Überschrift »instinktives« Verhalten würden die meisten Leute auch den Drang eines Fohlens auflisten, die Zitzen zu finden und zu saugen, aufzustehen und sich dann zu bewegen, sie würden die Art auflisten, in der ein Pferd irgendwie zu wissen scheint, dass es vor Gefahren davonlaufen muss, und schließlich auch den Paarungstrieb. Sind diese Verhaltensmuster aber wirklich so unveränderlich, und sind sie alle bei der Geburt bereits vorhanden? Wie viele dieser Verhaltensweisen hängen davon ab, dass der richtige Auslöser vorhanden ist, und ist der immer ein äußerer Faktor? Wenn man der Sache genauer auf den Grund geht, sind die Grenzen zwischen »instinktivem« und »erlerntem« Verhalten zu stark verwischt, als dass die übliche Definition als Arbeitsgrundlage dienen könnte oder auch nur sinnvoll wäre. So sind beispielsweise nur wenige Verhaltensmuster absolut unveränderlich in dem Sinne, dass sie immer auf die gleiche Weise ausgeführt oder nur unter bestimmten Bedingungen gezeigt werden.

Kein Pferd ist wie das andere und jedes Pferd wird eine bestimmte »instinktive« Reaktion unterschiedlich zeigen.

Kein Pferd ist wie das andere und jedes Pferd wird eine bestimmte »instinktive« Reaktion unterschiedlich zeigen. Wenn beispielsweise ein Mensch ein Pferd bedroht, so wird ein nervöses Tier vielleicht flüchten, aber ein frustriertes oder verärgertes Pferd wird vielleicht beißen. Beide Aktionen werden vom Adrenalin angetrieben, aber viele Faktoren haben einen Einfluss darauf, welche Reaktion dieser Adrenalinschub hervorruft. Einzelne Tiere können die gleiche grundlegende Reaktion auch jedes Mal, wenn sie gezeigt wird, unterschiedlich ausführen, weil sie ihr Verhalten an die Situation anpassen, in der es benutzt wird. Dazu kommt, dass viele »instinktive« Verhaltensweisen ausgiebig geübt werden müssen, um wirkungsvoll zu werden. Ein Fohlen weiß, dass es sich auf die Füße kämpfen und einen Huf vor den anderen setzen muss, um sich vorwärts zu bewegen, aber bis es diese Bewegung wirkungsvoll genug ausführen kann, um einen Beitrag zum eigenen Überleben zu leisten, gehen viele Versuche und Irrtümer ins Land.

Viele Verhaltensmuster werden auch erst »eingeschaltet«, wenn das Tier älter wird. So ist beispielsweise die Lektion »versuche, zu laufen« für ein Raubtier weniger dringend als für ein gejagtes Tier und wird beim Menschen erst ab einem gewissen Alter aktiviert. Und von diesem Startpunkt ausgehend ist einiges an Übung erforderlich, bis die Bewegung perfekt wird. Das Sexualverhalten ist ein weiteres offensichtliches Beispiel für einen »Instinkt«, der auf seinen Auslöser warten muss, und der kommt keineswegs von außen, sondern von innen: der Körper muss Geschlechtshormone produzieren.

Ebenso schwer ist zwischen den Reaktionen zu unterscheiden, die angeboren zu sein scheinen, und solchen, die im Grunde dadurch »erlernt« werden, dass andere Herdenmitglieder nachgeahmt werden, die sich auch alle so und nicht anders verhalten, weil »alle anderen das auch so machen«. Ein Tier wird nicht einmal unbedingt so geboren, dass seine Angst vor Raubtieren bereits funktionieren würde. Die Herde reagiert praktisch aus »Tradition« auf Raubtiere mit Angst und überlebt so. So lernt es das Jungtier, allerdings sehr schnell, und schließt sich damit dem Verhalten der Mehrheit an. Es gibt kein Verhalten, das sich völlig vom Einfluss der Umwelt freimachen kann, und deswegen ist es nützlicher, an »Strategien« zu denken als an »Instinkte«. Eben weil die Unterscheidung zwischen angeborenem und erlerntem Verhalten bald zu vage wird, um noch einen Sinn zu ergeben, bevorzugt man heute die Begriffe »ererbt« oder »unbedingt«, mit denen man Reaktionen bei einer Art beschreibt, die immer so ablaufen und von einem Reiz oder Signal »ausgelöst« werden, den das Tier von Geburt an erkennen kann und der somit in seinen Genen festgelegt sein muss.

Sheila Roughton meint dazu:

Sheila Roughton ist geprüfte Reitlehrerin bei der British Horse Society und prüft selbst bis in die höchsten Qualifikationen. Pferde, die sie eingeritten und auf internationales Niveau ausgebildet hat, sind in die ganze Welt verkauft worden und unter anderem für die deutschen und schweizerischen Springequipen und für die italienische Vielseitigkeits-Olympiamannschaft ausgewählt worden. Sie ist selbst international und Vielseitigkeit geritten und hat mehrere Bücher zur Pferdeausbildung geschrieben, darunter auch »Breaking and Training Your Horse« (Pferde selbst einreiten und ausbilden).

Wenn man ein Pferd ausbildet, ist es unerlässlich, dass man die Latte immer auf dieselbe Höhe legt und erst zum nächsten Schritt weitergeht, wenn der vorherige Schritt wirklich verstanden wurde. Man muss bei allem, was man tut, logisch und konsequent und fair vorgehen. Es bringt nichts, sich zu denken »oh, naja, heute scheint die Sonne, da ist es nicht so wild, dass du das in der Ecke da nicht so gut gemacht hast«, und dann am nächsten Tag auf das Pferd loszugehen, wenn es genau dasselbe wieder tut.

Wenn man den Respekt des Pferdes erwerben will, ist es ungeheuer wichtig, fair zu bleiben. Und von Anfang an muss auf beiden Seiten Respekt da sein – da muss nicht nur das Pferd Respekt vor dem Menschen haben, sondern auch der Mensch vor dem Pferd. Dieser Respekt darf nie aus dem Versuch herrühren, über das Pferd zu dominieren. Das Pferd muss für den Menschen arbeiten, weil es den Menschen mag, und eine echte Freundschaft liegt dann vor, wenn jeder Teil den anderen respektiert. Egal ob man es mit einem jungen oder einem älteren Pferd zu tun hat, bei der ganzen Ausbildung geht es bis zu einem bestimmte Grad darum, dass man gut bluffen kann. Man kann das Pferd nur dadurch davon abhalten, seine Kraft und Größe gegen den Menschen einzusetzen, dass man es nie wissen lässt, dass es das könnte, und dass man ihm auch nie einen Grund dafür gibt. So bleibt alles unter Kontrolle. Ich glaube, dass man Pferde mehr oder weniger wie Kinder behandeln muss: man muss sie über den grünen Klee loben, wenn sie etwas richtig machen, und ihnen deutlich und sofort sagen, wenn das nicht der Fall ist. Man sollte von Pferden aber immer erwarten, dass sie sich auf eine bestimmte, disziplinierte Art verhalten, und in dieser Hin-sicht muss man sie wie Erwachsene behandeln. Wenn ein Pferd für seinen Reiter über ein großes Hindernis springt oder an etwas vorbeigeht, vor dem es Angst hat, so sollte man von dem Pferd zwar erwarten, dass es das tut, sich aber trotzdem mit einem Klopfen am Hals bei ihm bedanken – denn wenn es nicht getan hätte, was man von ihm wollte, hätte man ihm ganz sicher die Meinung gesagt. Es liegt auch beim Ausbilder, Probleme zu vermeiden, bevor sie überhaupt auftauchen. So sollte beispiels-weise das Training immer dort stattfinden, wo das Pferd den Vorteil hat, dass die Umstände ihm wirklich erlauben, die Lektion richtig zu machen. Zwar wird es immer Zeiten geben, zu denen man unter Umständen arbeiten muss, die nicht ideal sind, aber wenn ich einem Pferd eine wichtige grundlegende Lektion beibringen will oder auf ein Problem stoße, gehe ich immer in eine geschlossene Reithalle, um das Problem mit ihm durchzuarbeiten. Man muss sich fair verhalten und logisch vorge-hen, so dass das Pferd die Möglichkeit hat, zu wissen, ob es die Regeln richtig verstanden hat.

Ein Pferd wird seinem Ausbilder sehr bald sagen, ob es eine Anforderung schwierig findet oder vielleicht nicht versteht, was man von ihm will, und es liegt in der Verantwortung des Reiters, sich dessen bewusst zu sein. Es wird immer Zeiten geben, zu denen man mit reiterlichen Schwierigkeiten zu kämpfen hat, aber niemals darf man das Pferd in eine Position bringen, aus der es wirk-lich versuchen wird, sich dem Menschen zu widersetzen, oder in der es Angst bekommt und sich deswegen verspannt. Verspannung kann sich auf verschie-dene Art und Weise äußern, sei es, dass das Pferd einfach auseinander fällt oder dass es anfängt, sich auf den Zügel zu legen, aber im allgemeinen liegt der

Grund darin, dass das Pferd sich auf irgendeine Art überfordert fühlt. Wenn das Pferd sich verspannt, sobald man etwas Bestimmtes von ihm zu verlangen versucht, dann muss man nicht völlig damit aufhören. Man kann dann beispielsweise mit den Seitengängen aufhören und einfache Zirkel gehen, bis es sich wieder entspannt hat und wieder vorwärts geht, und dann kann man die Sache mit dem Schulterherein noch einmal versuchen.

Wenn man mit einer neuen Lektion anfängt, muss man sich jede Menge Zeit lassen und ganz deutliche Hilfen geben. Es gibt bestimmte Bewegungen des Reiters, beispielsweise die Hilfen zum Galopp und die Hilfen für stärkere Biegung um den inneren Schenkel, die sich sehr ähnlich sind, so dass man peinlich genau auf Lage und Druck des Schenkels achten muss, damit dem Pferd ganz klar ist, was man meint. Diese kleinen Dinge sind es, die die Gründe dafür liefern, warum man einen Reitanfänger nicht mit einem jungen Pferd zusammen tun soll – es hilft dem Pferd einfach überhaupt nichts, wenn es verschwommene Hilfen bekommt. Jedes Signal muss sehr deutlich gegeben werden, und wenn das Pferd auf die richtige Weise reagiert, muss es belohnt werden, indem man es am Hals klopft oder lobend mit ihm spricht. Verspannung wird sich einstellen, sobald man versucht, etwas zu Schwieriges zu tun oder zu lange zu arbeiten, weil dann das Pferd müde wird und ihm alles wehtut. Also muss man aufhören, sobald das Pferd das gemacht hat, was man sich vorgenommen hatte, und man muss immer dann zurück in den Stall gehen, wenn das Pferd entspannt und zufrieden ist. Es darf niemals aufgeregt in die Box zurück.

Wenn Sie bei der Ausbildung auf ein echtes Problem stoßen, muss das Pferd körperlich überprüft werden. Erst wenn Sie sagen können, dass mit ihm alles in Ordnung ist, können Sie in Betracht ziehen, dass es sich absichtlich dumm stellt. So weit wie möglich muss das gesamte Leben des Pferdes eine positive Erfahrung sein. Es gibt immer Möglichkeiten, freundlich zu einem Pferd zu sein, ohne es deswegen zu verwöhnen – ich vermeide es, Leckerbissen einzusetzen. Als Ausbilder braucht man endlose Geduld und außerdem eine gewisse Erfahrung, denn damit man es genießen kann, ein Pferd auszubilden, muss man in der Lage sein, die Signale zu verstehen, die vom Pferd zurückkommen. Wenn ein Reiter selbst nicht weit genug gefördert ist, bemerkt er vielleicht all die kleinen Dinge nicht, die einem so unheimlich Spaß machen, wenn sie klappen. Ich kann auf einem Zirkel traben und mich fühlen, als wäre ich gerade einen Grand Prix geritten, wenn das Pferd in guter Haltung und ohne jeden Widerstand mitgearbeitet hat. Wenn ich aber einen unerfahrenen Reiter auffordern würde, auf einem Zirkel zu traben, würde er wahrscheinlich denken »ist das alles, was wir heute machen?«. Er würde vielleicht vom Pferd genau dasselbe Gefühl vermittelt bekommen wie ich, aber er wäre sich dessen nicht bewusst.

Das Gefühl für ein Pferd ist in gewissem Maße eine Begabung, aber es gibt auch Methoden, mit denen ein Reitlehrer dieses Gefühl verbessern kann. Wichtig ist, dass der Reiter entspannt ist, denn wenn man nicht entspannt ist, kann man ganz sicher nichts fühlen – das gilt für Pferd und Reiter. Bis es soweit ist, dass der Reiter Gefühl und Bewusstheit entwickelt hat, wird er nicht in der Lage sein, eine Ausbildungssituation selbst zu durchdenken. Man kann nicht per Fernbedienung arbeiten, wenn man ein Pferd ausbildet – man muss voll und ganz dabei sein. Ein Ausbilder muss auch Mut besitzen und niemals halbherzig an die Dinge herangehen, denn das Pferd würde das bald merken. Die geistige Einstellung kann durchaus einen sehr starken und positiven Einfluss ausüben. Als Reiter darf man nie vergessen, dass man ja versucht, mit einem anderen lebenden Tier eine Partnerschaft aufzubauen.

Es ist unbedingt nötig, dass Reiter und Pferd zusammenpassen, und das ist auch der Punkt, an dem so viele Menschen Fehler machen. Man würde ja auch nicht jemanden heiraten, wenn man nicht auf derselben Wellenlänge liegt. Wenn man ein Pferd ausbildet, ist das eine Art von Ehe – eine Ehe der Persönlichkeiten. Sowohl körperlich als auch geistig muss ein Reiter in der Lage sein, das Pferd, das er reitet, zu verstehen und Freude an ihm zu haben – und das richtige Pferd für die geforderte Aufgabe zu finden.

Arten des Lernens

Wenn ein Tier sich ausschließlich auf angeborene und auf Reflexreaktionen verlassen müsste, würde es nicht lange überleben. Ein Jungtier muss lernen – seine Reflexe müssen dadurch angepasst werden, dass es gewissen Erfahrungen ausgesetzt ist. Ein gutes Beispiel für eine sehr einfache Art des Lernens – durch Versuch und Irrtum – ist der angeborene Drang eines jeden Jungtieres, die Zitze zu finden, die ihm Befriedigung gibt, so dass es die Handlung wiederholt, bis es sie perfekt beherrscht. Eine Handlung ruft ein Ergebnis hervor, das Befriedigung verschafft, und deswegen wird die Handlung wiederholt. Eine Handlung, die nicht von Befriedigung gefolgt wird oder sogar Unbehagen hervorruft, wird wahrscheinlich nicht wiederholt. Es gibt allerdings mehrere Arten des Lernens,

und bei den meisten Lernvorgängen geht es um viel mehr. Lernen wird durch Flexibilität charakterisiert. Was gelernt wird, kann für einzelne Tiere unterschiedlich sein, und auch das daraus entstehende Verhalten kann sich unterscheiden. Die Bereiche überschneiden sich stark, aber grundsätzlich kann man das Lernen in fünf Kategorien einteilen: Habituation (Gewöhnung), bedingter Reflex (Verknüpfungslernen), latentes Lernen oder Erkundungslernen, Prägung, und Lernen aus Einsicht (problemlösendes Verhalten).

Habituation (Gewöhnungslernen)
Wir haben gesehen, dass die Anpassungsfähigkeit ein lebensnotwendiger Bestandteil des Überlebensrezeptes ist. Wenn eine Verhaltensreaktion, egal wie automatisch sie auch abläuft, überhaupt nicht in einen neuen Kontext gestellt oder verändert werden kann, egal wie sehr die Umstände sich auch verändert haben, dann würde das Tier bald einen Fehler machen, der sich als tödlich erweisen könnte. Manchmal werden Situationen, die früher keine Gefahr dargestellt haben, plötzlich lebensbedrohlich, und andere Situationen, die früher ein deutliches Risiko dargestellt und ständige Alarmbereitschaft gefordert haben, existieren einfach nicht mehr. Im zweiteren Falle würde das Leben unerträglich werden, wenn das Tier in einem Zustand der ständigen Überreizung verharren und angespannt auf die Aktion warten würde, die wahrscheinlich niemals gebraucht wird.

Ein Pferd, das es dem Menschen erlaubt, hinter ihm herumzugehen, es überall zu berühren, seine Hufe auszukratzen und auf seinen Rücken zu steigen, ist an diese Handlungen habituiert, weil es bei korrekter Ausbildung und Behandlung gelernt hat, dass sie keine Gefahr darstellen. Habituation tritt dann auf, wenn ein Tier allmählich aufhört, auf wiederholte Stimulation zu reagieren. Wenn die Reize sich als harmlos erweisen, lernt das Tier, seine natürliche Reaktion zu überlagern. Die meisten Pferde lernen, knatternde Fahrzeuge zu ignorieren, die sich von hinten nähern und nur eine Handbreit an ihrem Körper vorbeifahren. Wenn man ein Pferd ohne entsprechende vorherige Erfahrungen in diese Situation brächte, würde eine dramatische Abwehrreaktion ablaufen: Flucht ohne Nachdenken. Die allmähliche Einführung der Situation und die Erfahrung, dass schon viele Fahrzeuge vorbeigekommen sind und nichts passiert ist, habituieren das Pferd an den Verkehr. Im Grunde kann man sagen, dass das Pferd sich daran gewöhnt und deswegen auf den Reiz, der sonst die Flucht auslöst, nicht mehr reagiert.

Viele natürliche Reaktionen werden auf diese Art verwässert – und es ist nur gut, dass diese Anpassung stattfindet, denn ohne diesen Vorgang wären Pferde viel schlechter auszubilden. Verhaltensanpassungen sind ein Vorgang, der sich durch das ganze Leben eines Pferdes zieht und der bemerkenswert schnell ablaufen kann. Eine solche Verhaltensanpassung kann aber ebenso schnell auch wieder abgelegt werden – eigentlich handelt es sich dabei nur um eine vorübergehende Form des Lernens. Schon in der Minute, in der man glaubt, nun hätte man eine Furcht des Pferdes bewältigt, kann das Gelernte schon wieder »vergessen« werden, so dass die ursprünglichen, primitiveren Verhaltensmuster wieder auftauchen können, wenn das Pferd unter Stress steht oder wenn sich an der Gesamtsituation auch nur eine Kleinigkeit ändert. Ein Pferd, das sich im motori-

›Eine Übung, die man in mehrere kleine Lektionen aufteilt, wird besser verinnerlicht‹

sierten Verkehr normalerweise zuverlässig verhält, könnte leicht vom Fahrgeräusch eines Fahrrades in Panik versetzt werden. Ein Pferd, das all die Verkehrszeichen entlang seines normalen Ausreitweges gewöhnt ist, kann über das plötzliche Auftauchen eines neuen Schildes in Entsetzen geraten. Ein Jungpferd, das gelernt hat, sich zu Hause führen und in aller Ruhe vortraben zu lassen, könnte jegliche Zusammenarbeit verweigern, wenn man auf seiner ersten Schau dasselbe von ihm erwartet.

Pferde sind nicht sonderlich gut darin, Erfahrungen zu generalisieren, sie also auf andere Situationen zu übertragen. Diese Art von Gelerntem wird also erst dann wirklich gefestigt, wenn das Pferd sich in so vielen Testsituationen wie möglich habituieren kann. Ein Nachwuchsspringpferd, das verständlichermaßen Angst vor Gräben hat (eine natürliche Reaktion), muss man nicht nur über offene Wassergräben schulen, sondern auch über das Pulvermannsgrab, den Trakehner Graben und jede andere Art von Hindernis, die etwas mit einer Öffnung im Boden zu tun hat und die man nur finden kann. Habituation wird umso dauerhafter, je öfter man die »neue« Situation wiederholt; die eigentliche Wirksamkeit hängt aber, wie immer, davon ab, wie gründlich die Lektion im Gedächtnis verankert wurde und wie gut die Zeiteinteilung war. Die ursprüngliche, angeborene Reaktion wird mit der Zeit immer weniger dramatisch ausfallen, bis schließlich der Auslöser völlig ignoriert wird – wenn aber der Auslöser eine Zeitlang völlig fehlt und dann erst wiederholt wird, wird die ursprüngliche Reaktion wieder auftreten, wenn auch normalerweise weniger intensiv als zuvor. Sie wird dann auch schneller abgeschwächt als bei der vorherigen Trainingsstunde. Forschungen haben ergeben, dass Habituation dann am gründlichsten ist, wenn sie dadurch zustandekommt, dass das Pferd einem Reiz wiederholt für kurze Zeit ausgesetzt ist, anstatt es einmal lange damit zu konfrontieren. Deswegen gilt auch, dass eine Übung, die man in mehrere kleine Lektionen aufteilt, besser verinnerlicht wird, als wenn man in einer einzigen Reitstunde zu lange auf dem selben Thema herumreitet.

Verknüpfungslernen (bedingter Reflex)
Es gibt zwei Arten des Lernens mit dem Resultat eines bedingten Reflexes: die »klassische Konditionierung«, die auch »Pawlowsches Lernen« genannt wird, und die »instrumentelle« oder »operante« Konditionierung, also das Lernen durch Versuch und Irrtum.

Klassische Konditionierung: Diese Art des Lernens wurde von dem russischen Physiologen Iwan Pawlow mit seinen berühmten Hunden dargestellt. Wenn jedes Mal kurz vor dem Füttern eine Glocke ertönte, begannen die Hunde bereits dann in Erwartung des Futters Speichel zu bilden, wenn nur der Klang der Glocke zu hören war, selbst wenn kein Futter zu sehen war. Die Hunde hatten den Glockenton mit dem Futter verknüpft – der Speichelreflex war an den Glockenreiz konditioniert worden, weil beide vorher im engen Zusammenhang gestanden hatten. Auf diese Art wurde ein Reiz, der vorher keine Reaktion auslöste, zu einem bedingten Reiz, der im Zusammenhang mit einer normalen Reaktion steht, mit der er vorher keine Verbindung hatte – in Zukunft wird er aber dieses Verhalten auslösen, das nun einen bedingten Reflex darstellt. Ebenso wie Habituation ist auch Kondi-

tionierung für jeden von uns ein unbedingter Teil unserer täglichen Existenz. Verknüpfungen bilden die Basis für einen Großteil des menschlichen und des tierischen Verhaltens, so auch für Vorlieben und Abneigungen, Angewohnheiten, Sorgen und Motivationen. In der Wildnis lernen Pferde, bestimmte ungenießbare Pflanzen mit bestimmten Färbungen, Wuchsformen und so weiter zu assoziieren, so dass sie in Zukunft vermeiden, solche Pflanzen zu fressen. Sie erkennen die Stimme eines Löwen und ergreifen die Flucht, um nicht gefressen zu werden. Allgemein gesprochen erlaubt die Konditionierung einem Tier, sein Verhalten so abzuändern, dass es die größtmögliche Befriedigung erfährt und unangenehme Erfahrungen vermeidet. Konditionierung beruht auf Verstärkung: das Tier muss einen auslösenden Reiz mit einer Belohnung, einem Mangel an Belohnung oder einer Bestrafung assoziieren, also verknüpfen. Das Tier erinnert sich an seine früheren Erfahrungen und ändert sein Verhalten entsprechend ab. Diese Verhaltensänderung findet meist auf dem unterbewussten Niveau statt.
Solches Verknüpfungslernen kann nicht stattfinden, wenn das auslösende Signal erst nach der Reaktion gegeben wird, weil dann zwischen den beiden keine Verbindung hergestellt wird. Es muss direkt vor der Reaktion oder auch gleichzeitig damit gegeben werden. Wiederholung hilft dabei ebenso wie bei anderen Arten des Lernens, die Konditionierung zu fixieren, und dasselbe gilt für Belohnung. Wenn der Reiter genau in dem Augenblick mit der Zunge schnalzt, in dem er sein junges Pferd angaloppieren spürt, und wenn er dieses Schnalzen bei jedem Angaloppieren wiederholt, wird das Pferd bald das Schnalzen mit dem Übergang zum Galopp in Verbindung bringen und diesen Übergang auf

das Schnalz-Signal hin zeigen. Wenn der Reiter jedes Mal, wenn er das Pferd anhält, »Whoa« sagt, nimmt dieses Wort für das Pferd die Bedeutung »Vorwärtsbewegung einstellen« an. Später sollte dieses Wort dann jedes Mal, wenn es benutzt wird, das Pferd dazu bringen, dass es langsamer vorwärts geht oder anhält. Bestimmte Verhaltenstheorien gehen davon aus, dass ein Reiz oder eine Gruppe von Reizen, die eine Verknüpfung mit einer Reaktion erfahren haben, mit öfterer Wiederholung mit großer Wahrscheinlichkeit diese Reaktion hervorrufen werden. Anders ausgedrückt wird diese Reaktion zu einer Angewohnheit, die immer stärker und immer schwieriger zu verändern ist – egal, ob das nun eine gute oder eine schlechte Angewohnheit ist.

Instrumentelle Konditionierung: Dabei handelt es sich um die grundlegende Lernmethode des Lernens durch Versuch und Irrtum. Eine hungrige Katze läuft ziellos durch einen Raum und springt schließlich auf einen Stuhl. Sie wird sofort mit Futter belohnt. Sie wird sehr schnell lernen, dass das Hinaufspringen auf den Stuhl Futter bedeutet, und wird nun sofort auf den Stuhl springen, sobald sie den Raum betreten hat. Sie hat gelernt, die Belohnung nicht mit einem bestimmten Reiz zu verknüpfen (wie das bei der Pawlowschen Konditionierung der Fall wäre), sondern mit ihrem eigenen Verhalten, das sie mehr zufällig entdeckt hat. Instrumentelle Konditionierung findet sich weit verbreitet bei allen Lebensformen vom Menschen bis zum Regenwurm. Bei den ersten Untersuchungen dazu benutzte man Käfige mit Hebeln, in denen man zeigen konnte, wie Ratten und Vögel lernten, dass sie auf das Drücken eines Hebels eine Futterbelohnung erwarten konnten. Später kam dann nur eine

Belohnung, wenn noch ein weiteres Signal dazukam, beispielsweise ein Licht aufleuchtete – das Tier lernte also die Gleichung »Licht + Hebel = Futter«. Das Tier konnte auch lernen, so zu reagieren, dass es eine Bestrafung vermeiden konnte. Auch wenn die Gleichung lautete »Licht + Hebel = kein Stromschlag«, konnte das Tier durch Versuch und Irrtum lernen, wie es wohl am besten reagieren sollte.

Alle Experimente, die diese Art des Lernens überprüfen wollen, sind so aufgebaut, dass das Tier vor eine Wahl gestellt wird: wenn es die »richtige« Wahl trifft, wird es belohnt, und wenn es sich »falsch« entscheidet, wird es bestraft – entweder direkt oder durch das Fehlen einer Belohnung. Neue Reaktionen auf bestimmte Signalreize werden ebenfalls gelernt – je nachdem, ob auf einen bestimmten auslösenden Reiz eine Belohnung, das Fehlen einer Belohnung oder eine Bestrafung folgt. Mit der instrumentellen Konditionierung kann man über eine ganze Reihe von Zwischenschritten eine sehr genau definierte Reaktion aufbauen.

Dabei wird zunächst auch die kleinste korrekte Reaktion belohnt. Sobald diese Reaktion gut ausgeführt wird, gibt es erst dann eine Belohnung, wenn das Tier eine weitere Anstrengung gemacht hat. Später kann die Reaktion, die zur erwünschten Belohnung führt, ziemlich komplex und speziell sein. Als Beispiel dafür kann man ein junges Pferd nehmen, dem man einen bestimmten Seitengang beibringen will. Zunächst empfindet es diese Aufgabe als ziemlich schwierig, so dass bereits nach einem einzigen Seitwärtsschritt die Belohnung in Form eines Klopfens am Hals oder des Aufhörens der Hilfen folgt, und das reicht aus, um es dazu ermuntern, dass es auf eine erneute Aufforderung diese Reaktion wieder zeigt. Wenn diese Reaktion fest etabliert ist, hätte eine weitere Belohnung für die Ausführung dieses einzelnen Schrittes keine große Bedeutung mehr für das Pferd. Also fordert der Reiter nun mehrere Schritte, bevor dem Pferd bedeutet wird, dass es eine gute Leistung gezeigt hat. So wird die Lektion allmählich bis zu dem Punkt hin aufgebaut, an dem das Pferd erst belohnt wird, wenn es die gesamte Bewegung ohne Fehler ausgeführt hat. Die Reaktion ist nun in ihrer Gesamtheit abgespeichert.

Wenn Wissenschaftler versuchen, die Fähigkeit eines Tieres zum Lernen durch Versuch und Irrtum einzuschätzen, betrachten sie die Geschwindigkeit, mit der es aufhört, Fehler zu machen, die Zeitspanne, für die es sich die »Lektion« auch ohne ständige Wiederholungen merken kann, und die Komplexität der »Lektion«, auf die es reagiert. Konditionierung der einen oder anderen Art bildet das Grundgerüst der üblichen Ausbildung. So wird beispielsweise die natürliche Reaktion des Pferdes, sich von der Gerte weg zu bewegen, manchmal dazu genutzt, ihm die Anfangsgründe der Schenkelhilfen beizubringen. Bei der Berührung mit der Gerte geht es vorwärts. Nun benutzt der Reiter im selben Augenblick wie die Gerte auch den Schenkel. Das Pferd stellt allmählich eine Verbindung zwischen Gerte und Schenkeln her. Wenn diese Verbindung gefestigt ist, reicht der alleinige Gebrauch der Schenkel aus, um das Pferd freiwillig vorwärts gehen zu lassen – solange sie sofort nicht mehr eingesetzt werden, sobald die Reaktion der Vorwärtsbewegung einsetzt, denn so wird das Pferd für seine Reaktion belohnt. Sobald dieser grundlegende bedingte Reflex durch diese Art von Verstärkung gefestigt ist, kann man unter Verwendung genau des gleichen Prinzips auf ihm aufbauen und immer komplexere Reaktionen hervor-

rufen. Unterschiedliche Schenkellagen haben auch unterschiedliche Bedeutung, und so weiter – so wird die Reaktion des Pferdes geformt. Die Zügelhilfen werden ganz ähnlich entwickelt, und nun können diese beiden Hilfen kombiniert und damit immer feinere Reaktionen hervorgerufen werden. Ein großer Teil der weiterführenden Ausbildung beruht auf dieser Verbindung von unbedingten und bedingten Reizen.

Latentes Lernen oder Erkundungslernen
Dieses Lernen ist von Belohnung und ständiger Wiederholung unabhängig. Man versteht darunter die Fähigkeit des Gedächtnisses, eine Erfahrung unbewusst zu speichern, ohne dass dafür eine sofortige oder dringende Notwendigkeit besteht. Pferde sind darin besonders gut: ihre Fähigkeit, sich bestimmte Orte, Routen und Stellen wieder ins Gedächtnis zu rufen, ist ein gutes Beispiel für latentes Lernen. Man hat diese Technik an Ratten in Labyrinthen getestet und dabei herausgefunden, dass eine hungrige Ratte ihren Weg durch das Labyrinth und zu einer Futterquelle schneller fand, wenn sie vorher bereits einige Zeit im Labyrinth verbracht hatte, auch ohne Belohnungen oder Reize. Die Sache stellte sich also so dar, als ob die Ratte durch ihre früheren Erfahrungen bereits Informationen gesammelt hatte, für die sie später eine Verwendung fand. Diese Art des Erkundungslernens ist für wilde Tiere lebenswichtig, die sich in ihrem Revier problemlos zurechtfinden müssen.

Prägung
Unter Prägung versteht man ein dauerhaftes, nicht beabsichtigtes Lernen, das nicht im geringsten von der Wiederholung bestimmter Verknüpfungen abhängt. Bei der Prägung wird eine frühe Sinneswahrnehmung unauslöschlich im

Gehirn des Tieres verankert. Sie hinterlässt so, ganz buchstäblich, einen bleibenden Eindruck. Die deutlichsten Beispiele für Prägung hat man bei Vögeln und bei Tierarten untersucht, die als Neugeborene besonders gefährdet oder verletzlich sind, so dass die Jungen sehr schnell lernen müssen. Die Natur scheint die Neugeborenen so zu programmieren, dass sie ihre Eltern – ihre Beschützer – sehr bald identifizieren können. Die Eltern sind die Vorbilder, die das Jungtier nachahmen muss, von denen es lernen muss und von denen es erwarten kann, dass sie sich um das Jungtier kümmern. Von seinen Eltern lernt ein Wesen seine eigene Identität. Ein Spatz weiß, dass er zum Spatzen geboren ist, eine Elster denkt in den Bahnen einer Elster, und ein Fohlen denkt in Pferdebahnen. Das gilt und ist auch gut so, wenn die frühesten Erfahrungen normal waren – aber weniger glücklich ist es, wenn ein Fohlen später denkt, es wäre ein Mensch, so dass es versucht, in seiner Natur verankerte pferdespezifische Verhaltensweisen gegenüber anderen Menschen anzuwenden! Prägung scheint bis zu einem gewissen Grad auch über das erste Zusammentreffen mit den Eltern hinaus stattzufinden. Der Prägung wird auch in immer stärkerem Maße eine Rolle zugeschrieben, wenn es darum geht, wie ein Jungpferd sich im späteren Leben verhalten wird. Man glaubt, dass viele frühe Erfahrungen eine »prägende« Wirkung haben. So muss beispielsweise ein Fohlen, das in eine Wildpferdeherde hineingeboren wird, vom ersten Tag an lernen, über unebenes Gelände zu laufen und vor Gefahren auf der Hut zu sein. Es wird dadurch immer besser anpassungsfähig und ideenreicher sein als ein Hauspferdefohlen, dem die Sorge um alle seine Bedürfnisse vollständig abgenommen wird. Ein weiterer Aspekt des Prägungsvorganges ist die Tatsache, dass es im Leben eines Tieres optimale Zeitpunkte zu geben scheint, zu denen bestimmte Erfahrungen am besten verinnerlicht werden und den stärksten Eindruck hinterlassen. Es scheint so, dass die Gelegenheit, auf diese besonders dauerhafte und durchschlagende Weise zu lernen, nach Überschreitung der »Altersgrenze« unwiderruflich verloren geht. Ein junges Pferd, dem in seinen ersten Lebensjahren die Gesellschaft anderer Pferde vorenthalten wird, wird damit auch die Chance verlieren, mit normalen Verhaltensweisen einer Pferdegesellschaft geprägt zu werden. Wenn es in dieser Zeit nur die Gesellschaft des Menschen gekannt hat, wird es sich selbst als dieselbe Tierart wie den Menschen einstufen – und Menschen als dieselbe Tierart wie es selbst – und wird den Menschen auch entsprechend behandeln. Man kann das an Fohlen sehen, die von Menschenhand aufgezogen wurden und nun sozial ungeschickt und zu zutraulich und aufdringlich sind.

In letzter Zeit ist man darauf gekommen, Prägung auch als Ausbildungsinstrument einzusetzen. Die Befürworter dieser Methode glauben, dass man früh genug die Grundlagen für alles legen muss, was das Jungpferd in seinem Leben so brauchen wird, weil dieses Fohlen in seiner Beziehung mit der menschlichen Rasse dann einen gewissen Vorsprung hat. Es wird dann immer eine gehorsame und gefügige Persönlichkeit zeigen, die die Menschen und alles, was diese tun, ohne große Fragerei und ohne Trauma akzeptiert. Ausbilder in den USA, die nach der »Imprinting«-Methode vorgehen, beginnen innerhalb einer Stunde nach der Geburt eines Fohlens mit ihm zu arbeiten. Das Ziel ist dabei, es gegenüber Wahrnehmungen und Geräuschen zu desensibilisieren, die es in Schrecken versetzen könnten, und ein Band des Vertrauens mit dem Menschen aufzubauen – und ein Gefühl der Abhängigkeit. So wird ein Fohlen beispielsweise mit einer Plastiktüte abgerieben und eng umarmt, während es am Boden liegt, so dass es »lernt«, dass es sich dem Menschen unterordnen muss, weil dieser es ihm verweigern kann, seiner angeborenen Fluchtneigung nachzugeben. Das Fohlen soll dabei sowohl mit der Stute als auch mit dem Menschen eine Bindung eingehen, wobei der Mensch über dem Fohlen steht und es abreibt und streichelt, während die Stute es ableckt. Viele Menschen würden das als unzumutbare Einmischung betrachten, die einfach mit der normalen Stute-Fohlen-Bindung in Konflikt geraten muss. Die Verfechter der Methode entgegnen dazu, dass der Ausbilder niemals zwischen Mutter und Fohlen steht, sondern immer nur daneben. In weiteren Lektionen, die alle am ersten Tag stattfinden, hebt der Ausbilder die Beine des Fohlens an, berührt die Bereiche, wo einmal Sattel und Gurt liegen werden, und bringt das Fohlen dazu, sich führen zu lassen und als Reaktion auf einen Druck vorwärts und rückwärts zu gehen. Die Ausbildung geht damit weiter, dass das Fohlen mit all den täglichen Aktivitäten konfrontiert wird, mit denen es in seinem Leben als Reitpferd auch in Berührung kommen wird. Der Pionier der Imprinting-Ausbildung, Dr. Robert Miller, stellt sogar Hindernisstrecken auf, die die Fohlen mit ihren Pflegern absolvieren sollen – und das alles innerhalb der ersten Lebenswochen.

Lernen aus Einsicht (problemlösendes Verhalten)
Lernen aus Einsicht ist das Gebiet, auf dem der Mensch sehr stark ist, während das Pferd sich da nicht gerade hervortut. Das ist vielleicht einer der Gründe, warum der Mensch aus seiner Perspektive das Pferd oft als geistig ziemlich minderbemittelt einstuft. Lernen durch Einsicht kann man definieren als das sofortige Verständnis für und die unmittelbare Reaktion auf eine neue Situation ohne die Notwendigkeit für Versuch und Irrtum. Dafür muss man eine gewisse Fähigkeit zur Überlegung – oder zur Intelligenz – voraussetzen.
Pferde neigen einfach nicht zu blitzartigen Eingebungen. Das liegt vielleicht daran, dass die Schwierigkeiten, mit denen sie sich im Verlauf der Evolution konfrontiert sahen, im allgemeinen nicht von der Art waren, die man am wirkungsvollsten dadurch löst, dass man auf verschiedene Ideen für mögliche Lösungen kommt. Bei Wildpferden besteht wirklich nicht viel Bedarf an kreativem Denken oder Überlegungsfähigkeit. Die natürlichen Reaktionen des Wildpferdes decken alle Notwendigkeiten ab, und es gibt nur wenige Situationen, in denen es darauf ankommt, verschiedene Möglichkeiten zu analysieren und unterschiedliche Methoden auszuprobieren, um einen Ausweg aus einer Schwierigkeit zu finden. Pferde haben es nicht nötig, sich über Ursache und Wirkung Gedanken zu machen – ihre Prioritäten sehen so aus, dass sie erst handeln und später darüber nachdenken.
Wenn also ein Pferd durch einen Zaun von seinen Freunden getrennt ist, wird es wie wild an dieser Stelle auf und ab galoppieren, ohne sich klar zu werden, dass es am einen Ende der Weide ein Tor gibt, das die beiden Weiden miteinander verbindet. Irgendwann wird es diese Lücke wahrscheinlich finden, aber wahrscheinlich eher zufällig beim Herumgaloppieren als dadurch, dass es sich einmal beruhigen und über die Möglichkeiten nachdenken würde und dann gezielt auf die Suche danach geht. Wenn Pferde nicht so stark Opfer ihrer eigenen Emotionen und in stärkerem Maße zur

Einsicht fähig wären, wären sie wahrscheinlich nicht so anfällig für Stresssituationen, in denen sie zwischen widerstreitenden Impulsen hin- und hergerissen sind oder in eine ungewohnte Umgebung verbracht werden.

Einsicht ist auch beim Menschen äußerst schwierig zu beurteilen, weil es so schwierig ist, zu sagen, wie spontan ein »Geistesblitz« ist oder ob er eher auf früheren Erfahrungen, auf Versuch und Irrtum oder auf einer der anderen Arten des Lernens beruht, die wir schon erwähnt haben. Wenn allerdings Pferde überhaupt keine Fähigkeit zum Nachdenken besäßen, ist es höchst unwahrscheinlich, dass sie sich zu den überragenden Überlebenskünstlern entwickelt hätten, die sie sind. Es gibt jede Menge Beispiele dafür, dass Pferde in ihrem Verhalten Logik einsetzen und frühere Erfahrungen auf eine derzeitige Situation anwenden, um ein altes Problem in einem neuen Zusammenhang zu lösen.

Damit ein Pferd problemlösendes Verhalten zeigen kann, muss sein Umfeld stimmen und man muss dem Tier erlauben, sich selbst gedanklich mit dem Problem zu befassen, oder man muss es dazu ermuntern, zwei und zwei zusammenzuzählen. Ganz wichtig ist dabei, dass das Pferd die richtige Geisteshaltung dafür hat – es muss also ruhig sein und darf nicht unter Druck stehen – und dass es dazu motiviert ist, diese Art von Problem zu lösen.

Das »Balance Team« meint dazu:

Wenn es ein einziges Wort gäbe, in dem alles enthalten ist, das Maureen Bartlett, Lesley Ann Taylor und Carol Brett dazu getrieben hat, das »Balance Team« zu gründen, dann wäre das »Verspannung« – die Verspannung, die sie bei

Pferden aller Leistungsklassen sahen, die sich oft verzweifelt bemühten, die geforderte Leistung zu bringen, daran aber durch unpassende Ausrüstung und uneinsichtiges Reiten gehindert wurden, bei denen auf die natürliche Fortbewegungsweise des Pferdes kaum geachtet wurde. Und doch drückte man diesen Pferden nur zu bereitwillig den Stempel »ungeschickt« oder »unwillig« auf, wenn sie ihr Unbehagen durch irgendeine Art von Widerstand zeigten. Es war an der Zeit, die Bedürfnisse des Pferdes an die erste Stelle zu setzen und in unsere Beziehung mit dem Pferd wieder etwas Gefühl hineinzubringen. Das »Balance Team« wurde gegründet, um ein Netzwerk von Fachleuten aus den vielen Sparten der Pferdepflege und Pferdeausbildung zu schaffen, die bereit waren, sich zusammen zum Besten des Pferdes einzusetzen.

Maureen Bartlett:

Wenn man in der Geschichte der Reiterei zurückgeht, ist es mit dem Reiten wie mit den meisten anderen Dingen: es gibt unterschiedliche Modeströmungen. Für mich sieht es so aus, dass wir im Umgang mit Pferden derzeit einen ungeheuren Trend in Richtung Einsatz von Gewalt mitmachen. Ständig setzen wir das Pferd unter Druck, dass es sich unseren Bedürfnissen anpassen muss und tun muss, was für uns bequem ist, anstatt einen Blick auf seine Bedürfnisse zu werfen und es als unabhängiges Lebewesen zu respektieren, das sich uns gegenüber unglaublich ehrlich und willig verhält.

Es gibt so viele Leute, die meinen, sie müssten an ihrem Reitstil hart arbeiten. Wenn diese Leute nur erkennen würden, wie sensibel ein Pferd ist, wie schnell es sich Dinge aneignet und wie viel empfindlicher seine Sinne verglichen mit

*Das »Balance Team«
von links nach rechts:
Carol Brett,
Lesley Ann Taylor und
Maureen Bartlett.*

»Balance Team«

denen des Menschen sind. Dann bräuchte es keine ungeschickten oder starken Hilfen mehr zu geben. Das Problem liegt darin, dass wir die Arroganz des Menschen überwinden müssen, der sich dem Pferd aufdrängt.

Die Hauptvorstellung, die wir zu übermitteln versuchen, ist die, dass Reiten etwas »ganzheitliches« ist. Alles steht mit allem in Verbindung, man kann nicht einzelne Faktoren isoliert betrachten. Man muss alle Aspekte im Auge behalten und darf darüber hinaus nie mit Scheuklappen durch die Gegend laufen.

Lesley Ann Taylor:

Die meisten Leute beschäftigen sich intensiver mit Pferden, weil sie Pferde lieben, und irgendwie geraten sie dann auf den Weg, auf dem ihnen gesagt wird, dass sie dieses Gefühl für das Tier selbst verlieren müssen, wenn sie irgend etwas erreichen wollen. Nicht jeder will sich aber unter Druck setzen lassen und Turniere reiten. Man sollte in der Lage sein, einfach nur die Gesellschaft des Pferdes genießen zu können. Unser vordringlichstes Ziel beim »Balance Team« ist, uns zunächst um das Pferd zu kümmern. Heutzutage reiten die Menschen wirklich rein zur Freizeitgestaltung, und so glauben wir, dass der Mensch für dieses Vergnügen etwas bezahlen muss – und der Preis sollte sein, dass er als oberste Priorität das Wohlergehen des Pferdes im Auge hat. Dabei gehen wir zum großen Teil so vor, dass wir die Psychologie des Menschen verändern, der mit dem Pferd umgeht und der lernen muss, auf dem Niveau des Pferdes mit ihm zu kommunizieren, herauszufinden, was es gut akzeptieren kann, und nicht mehr von ihm zu verlangen, als es geben kann. Wir müssen alle lernen zu respektieren, dass ein Pferd auf seine eigene Art ein sehr weit entwickeltes Wesen ist, dessen Evolution schon viel länger dauert als die des Menschen. Pferde haben schon vor langer Zeit gelernt, wie sie im Gleichgewicht bleiben und ihre Muskeln einsetzen müssen, so dass sie sich mit hohem Wirkungsgrad bewegen können. Man sollte als Mensch nicht erwarten, diese Grundeinstellung verbessern zu können – allerdings muss man sich bewusst sein, wie leicht man sie zerstören kann.

Das Pferd kann uns am besten mitteilen, was es braucht. In einer echten Partnerschaft zwischen Pferd und Reiter wird akzeptiert, dass auch das Pferd ein Anrecht auf eine »Meinung« hat und dass wir uns nicht zu schade dazu sein sollten, auf das Pferd zu hören und seine Empfindsamkeit zu respektieren, anstatt ihm einfach vorzuschreiben, was es zu tun hat. Der Schlüssel zu dieser viel befriedigenderen Art, an ein Pferd heranzugehen, liegt darin, dass der Reiter seine Aufmerksamkeit auf denselben Punkt richtet wie das Pferd – und dass er das zusammen mit dem Pferd tut – anstatt nur einzeln an die Position seiner Hände oder Beine zu denken oder daran, in welche Richtung das Pferd sich vorwärtsbewegt. Das Pferd ist unser bester Lehrer. Eine ganze Menge guten Reitens ist einfach nur Zuhören, dynamische Kommunikation mit dem Pferd. Die Reiter müssen sich entspannen und anfangen, zu spüren, was da unter ihnen ist.

Wir bringen unsere Reiter gerne dazu, auch einmal ohne Sattel zu reiten, weil sie so wunderbar ein Gefühl für die Bindung bekommen, die sie mit ihrem Pferd eingegangen sind. Als Ausbilder kann man sehen, wie dann Verschiebungen auftreten und wie diese winzigen, kaum sichtbaren Veränderungen am Körper des Reiters sich auf das Pferd auswirken. Das gibt den Reitern auch ein Gefühl für die Verantwortung, die sie für ihren Teil der Beziehung tragen.

Für meinen Teil bin ich der Meinung, dass Reiter, die sich mit schlechter Laune aufs Pferd setzen, oder wenn sie müde sind und eigentlich gar nicht reiten wollen, auch nicht reiten sollten. Ein Reiter sollte entweder aufsitzen und sich dann auch wirklich auf sein Pferd konzentrieren und mit ihm als Partner zusammenarbeiten, oder er sollte gar nicht erst aufsitzen.

Im Verlauf unserer Erfahrungen mit dem Anpassen von Sätteln haben wir gemerkt, dass es durchaus möglich ist, ein Pferd am Boden sehr freundlich zu behandeln, gleichzeitig und unwissenderweise aber ungeheuer grausam zu ihm zu sein, wenn man auf seinem Rücken sitzt bzw. wenn man das Ganze vom psychologischen Standpunkt aus betrachtet. Wie oft begegnen uns Pferdebesitzer, die eine enge emotionale Bindung an ihr Pferd haben und deren Pferd überhaupt nicht verstehen kann, warum es jedes Mal wehtut, wenn diese Person auf seinen Rücken steigt. Vom Standpunkt des Pferdes aus ist diese tägliche widersprüchliche Erfahrung ziemlich schädlich. Wir versuchen, die Reiter dazu zu bringen, dass sie sich mindestens einen Monat als Erholungsperiode nehmen, in der sie das Pferd ohne Sattel arbeiten, so dass es nicht im geringsten eingeschränkt wird und wiederentdecken kann, wie es sich bewegen kann. Außerdem kann es dann bestimmte psychische Blockaden aufgeben – und dem Reiter die Chance geben, auch so einiges loszulassen.

Viele Pferde sind verwirrt und demoralisiert, weil sie es oft mit einer Situation zu tun haben, in der sie in einer unnatürlichen Umgebung leben, praktisch völlig alleine leben müssen, keine Gelegenheit zur Gesellschaft mit anderen Vertretern ihrer Art haben und oft noch eine unnatürliche Fütterung hinnehmen müssen. Dann legt man ihnen wahrscheinlich noch einen Sattel auf, der unangenehm ist, und obenauf klettert dann auch noch ein Reiter, der dem Pferd die meiste Zeit inkonsequente Informationen gibt.

Unsere Botschaft lautet, dass man die besten Fortschritte macht, wenn man jederzeit im Komfortbereich des Pferdes bleibt. Dieser Komfortbereich umfasst den körperlichen, den psychischen und den gefühlsmäßigen Bereich. Wir müssen innerhalb dieser Grenzen bleiben – aber nur zu viele Ausbilder tun genau das Gegenteil. Jeder Reiter muss lernen, die Verantwortung für das Wohlergehen seines eigenen Pferdes auf sich zu nehmen und es, wenn nötig, auch zu wagen, das Vorgehen seines Ausbilders in Frage zu stellen, wenn das Pferd einen unglücklichen Eindruck macht. Es wird Zeit, dass die Betonung viel mehr in Richtung Respekt für das Pferd geht.

Carol Brett:

Je stärker wir uns unseres eigenen Körpers und der Wechselbeziehungen innerhalb dieses Körpers bewusst werden, desto besser können wir verstehen, was ein Pferd grundlegend tun kann und was nicht. Wenn die zwei Bewegungen, die des Reiters und die des Pferdes, zu einer verschmelzen anstatt dass die eine der anderen aufgezwungen wird, dann entsteht daraus die schönste Arbeit. So frage ich mich beispielsweise oft, welche Höhe ein Pferd wirklich überspringen könnte, wenn sein Reiter es wirklich nicht behindern würde und es seinen Körper richtig einsetzen könnte – vor allem dann, wenn man sich ansieht, über welche Hindernisse sie es schaffen, obwohl sie allen möglichen Beschränkungen ausgeliefert sind und damit springen müssen. Für den Reiter ist es am schwierigsten, zu lernen, wie man loslässt. Eine der ersten Übungen, die ich mit den meisten Reitern mache, besteht darin, dass ich ihnen bewusst mache, bei welcher Geschwindigkeit ihr Pferd am wirkungsvollsten arbeiten kann – und damit meine ich Geschwindigkeit in Kilometern pro Stunde, also eine Einheit, in der Pferdeleute kaum denken. Wenn ein Pferd in diese Geschwindigkeit hineinrutschen kann, kann es seinen eigenen natürlichen Rhythmus gehen und wird anfangen, all die Verspannungen in seinem Körper loszulassen.

Ich bitte die Reiter, mir zu sagen, welche Geschwindigkeit ihr Pferd im Trab gerade erreicht, und ich sage dazu, dass es egal ist, ob die Zahl, die sie mir angeben, richtig oder falsch ist. Es kommt darauf an, wie dieser Trab sich für den Reiter anfühlt und bei welcher Geschwindigkeit das Pferd sich am besten fühlt. Wenn der Reiter dann »15 km/h« sagt, bitte ich ihn, einmal einen Trab zu versuchen, den er als 13 km/h oder als

Reiter, die sich mit schlechter Laune oder wenn sie müde sind aufs Pferd setzen, sollten nicht reiten.

17 km/h bezeichnen würde, und auszuprobieren, wie sich das anfühlt. Sobald ein Reiter das Gefühl dafür hat, braucht er mich nicht mehr; er kann morgen ganz für sich reiten und weiß dabei genau, wie der optimale Trab seines Pferdes sich anfühlen muss.

Ein Pferd reagiert auf jegliche Veränderung, die der Reiter an seinem eigenen Körper vornimmt, mit totaler Ehrlichkeit. Was man also als Reiter auf dem Pferd fühlt, ist ein Spiegelbild des eigenen Reitens, das man auf diese Weise ständig vorgehalten bekommt. Viele Reiter fühlen sich damit gar nicht wohl, vor allem im Spitzensport, wo die Menschen nur zu oft eigentlich einen Roboter zum Reiten suchen. Wenn der Reiter auf diese Art blockiert ist, ist das Pferd es auch.

Diese »harte« Haltung zum Pferd ist eskaliert, seit der Trend zum Turnierreiten geht, denn jetzt hat jeder Reiter das Gefühl, dass er versuchen müsse, sein Pferd »an den Zügel zu stellen«. Aus den verschiedensten Gründen können viele Pferde aber gar nicht am Zügel gehen, oft aus dem Grunde, weil sie einen schlecht angepassten Sattel haben, der die Reflexe anregt, die ein Pferd dazu bringen, den Rücken wegzudrücken, so dass die Hinterbeine gar nicht untertreten können, egal, wie sehr das Pferd sich anstrengt. Widerstand und Verspannung sind die einzigen Möglichkeiten, mit denen ein Pferd »Hör auf!« sagen kann. Als Mensch muss man hinterfragen, warum das

Pferd sich wehrt, und nicht nur einfach sagen »Jedes Pferd wehrt sich« oder »Das ist eine Fuchsstute, was erwarten Sie da eigentlich?«. Unsere Arbeit mit dem Anpassen von Sätteln hat sich aus unseren Ausbildungsmethoden entwickelt.

Ein Pferd ist sowohl körperlich als auch geistig perfekt dafür ausgelegt, Pferd zu sein. Wir Menschen können die Natur nicht verbessern, und sobald wir anfangen, irgendwelche Ausrüstung auf dem Pferd zu verteilen, haben wir lediglich das Potential dazu, das Pferd zu behindern. Keine einzige Trainingshilfe und kein Hilfszügel kann das Pferd dazu bringen, sich besser zu bewegen, als es das von Natur aus tut, weil das Pferd dazu geschaffen ist, sich frei zu bewegen. Um also aus unseren Pferden das Beste herauszuholen, müssen wir nach Möglichkeiten suchen, sie so wenig wie möglich zu behindern. So sind die Sättel, die wir als »Balance Saddles« verkaufen, entwickelt worden: weil uns so viele Pferde unterkamen, deren Bewegungen sofort eckig wurden, sobald ein Sattel aufgelegt wurde und noch bevor der Reiter überhaupt mit ins Spiel kam. Manche Leute können eine ganze Reitkarriere durchlaufen und dabei mit einem Pferd arbeiten, das seinen Körper nicht richtig bewegen kann, und dann von diesem Pferd erwarten, dass es sich versammeln und die Hinterhand einsetzen soll – und jeglicher Widerstand wird dann mit »schlechtem Charakter« begründet!

5
Wie intelligent sind Pferde?

Es gibt eine Lehrmeinung, die die Auffassung vertritt, Pferde könnten nicht sonderlich helle sein, denn wenn sie es wären, würden sie den Menschen nicht auf zehn Meter an sich heranlassen, geschweige denn ihn auch noch auf ihrem Rücken dulden, von wo sie sich von ihm zwingen lassen, alle möglichen unnatürlichen und äußerst gefährlichen Übungen zu vollführen.

Die bemerkenswerte Bereitschaft des Pferdes, dem Menschen zuliebe alle möglichen Dinge zu tun, hat ihm schon allen möglichen Ärger eingebracht – das kann man aber nicht als Zeichen für mangelnde Intelligenz werten, weil es aus dem natürlichen Sozialverhalten des Pferdes heraus völlig verständlich ist. Das Pferd ist ein Herdentier, das die Gesellschaft liebt und auf deutliche Verhaltensregeln und festgelegte Spielregeln positiv reagiert. An der Art, wie ein Pferd dann diese Loyalität problemlos auf einen zweibeinigen Freund und Anführer überträgt und die von ihm aufgestellten Regeln akzeptiert, ist nichts weiter Erstaunliches. Jedes Mitglied irgendeiner Gemeinschaft wird so konditioniert, dass es sich an bestimmte Regeln der Gesellschaft hält, und niemand würde es deswegen für unintelligent halten.

Tatsächlich ist es so, dass die Anpassungsfähigkeit und Ausbildungsfähigkeit des Pferdes eher in Richtung große Intelligenz deuten. Schließlich gibt es keinen Zweifel, dass es dem Pferd wesentlich besser gelingt, die Sprache des Menschen zu lernen, als das umgekehrt der Fall ist. Wir erwarten von den Pferden, dass sie in einer größtenteils völlig unnatürlichen Umgebung leben und Leistung erbringen. Um als Fremder in einem fremden Land klarzukommen, muss das Pferd nicht nur herausfinden, was wir von ihm wollen, sondern dann auch noch lernen, wie es das machen soll. Wenn das nicht problemlösendes Verhalten ist! Wahrscheinlich gehört zu »Intelligenz« noch viel mehr als nur Lernen durch Einsicht. Mit großer Wahrscheinlichkeit umfasst Intelligenz all die verschiedenen Arten des Lernens, und in einigen davon sind Pferde ja sehr gut.

David Broome meint dazu:

David Broome ist ein weltbekannter Springreiter, der seit fast vierzig Jahren in seinem Sport ganz oben mitgemischt hat. Seine Liste internationaler Ehrungen beinhaltet zwei olympische Bronzemedaillen, die Weltmeisterschaft von

*1970, drei Europäische Meisterschafts-
titel, sechs nationale Meisterschaften
und fünf King George V Gold Cups.
1994, bei seinem Rückzug aus den internationalen Mannschaften, hatte er
den Rekord von 106 Teilnahmen am
Nationencup aufgestellt, wovon er ein
Drittel gewonnen hatte. Heute konzentriert er sich auf die Ausbildung von
jungen Pferden und Reitanfängern und
auf seine Arbeit als Vorsitzender der
Britischen Springreitervereinigung
British Show Jumping Association.
1995 erhielt er den Orden »Companion
of the British Empire« für seine Ver-
dienste um das Springreiten.*

Wenn ich an einige meiner groß-
artigsten Pferde zurückdenke,
dann war die charakteristische Eigenschaft, die sie alle gemeinsam hatten,
ein wirkliches Bestreben, es dem Menschen recht zu machen und ihr Bestes zu
geben. Wenn sie diese Eigenschaft nicht
gehabt hätten, wären sie links liegen
geblieben. Wenn ein Pferd in einen Parcours einläuft, muss es selbst etwas
erreichen wollen; wenn das nicht der
Fall ist, hat man von Anfang an nur
Probleme. Außerdem braucht man ein
Pferd, das wirklich fähig ist. Ein gutes
Pferd weiß, dass ein wirklich großes
Ereignis ansteht, und setzt sich entsprechend ein. Ein solches Pferd ist ein
großspuriger Macho und weiß, dass es
gut ist. Ich erinnere mich an die Aufstel-
lung auf einem großen Turnier in Lan-
cashire, bei der ich als Hauptpferd
»Sportsman« dabeihatte und dazu noch
»Red Rum«. Diese zwei Pferde haben
sich hingestellt und sich gegenseitig mit
Blicken gemessen, und keiner wollte
dem anderen ausweichen. Das war ein
Fall von: »Was zum Teufel denkt der,
wer er ist? Ich bin hier der Größte!«
Das war wirklich schön zu sehen.
Ich würde sagen, dass Springreiten für

ein Pferd geistig weniger anstrengend ist
als Dressurreiten, aber ein Springpferd
muss in einer bestimmten Richtung
mehr Talent haben als ein Vielseitigkeitspferd. Springpferde müssen zwar
mutig sein, aber sie müssen auch mit
voller Aufmerksamkeit bei der Sache
sein. Das ist bemerkenswert, es gibt
Pferde, die ein Hindernis drei Mal
springen und dann vor ihm scheuen,
wenn man im Schritt durch den Parcours reitet, um seinen Preis in Empfang
zu nehmen – »Mr. Softee« war eines
von diesen Pferden. Es gibt auch Pferde,
die sehr gut über alles springen, was
nach Stangen aussieht, aber keine Was-
sersprünge mögen – kein Pferd ist wie
das andere. Normalerweise ist ein Pferd
mit guter Veranlagung auch mutig.
Aber trotzdem sind Pferde, die über
eine berüchtigte wuchtige Mauer springen können, oft ein bisschen »daneben«
und machen sich in einem normalen
Parcours gar nicht so außergewöhnlich
gut. Es gibt immer Ausnahmen, aber im
allgemeinen sind das Pferde, die jede
Menge Fähigkeit mitbringen und jede
Menge können, aber vielleicht bei der
Gehirnmasse etwas zu kurz gekommen
sind!
Bei einem Pferd, das zu Widersetzlichkeiten neigt, läuft immer eine negative
Welle durchs Gehirn. So ein Pferd wird
nie versuchen, es seinem Reiter recht zu
machen, weil es immer darüber nachdenkt, wie es seinem Reiter zeigen
kann, wo die Harke hängt. Wenn es
darum geht, für ein Springpferd die Priorität auf Schlauheit oder auf Gehorsam
zu legen, hängt eine Menge davon ab,
wie das Pferd gezogen ist. Bei den deutschen Warmblütern muss man das
Handbuch immer auf Seite 1 aufschla-
gen und streng nach Plan vorgehen. Das
sind meistens Produkte vom Fließband,
die niemals die Initiative ergreifen konnten, und sie gehen gut, solange es für

Jedes Tier, Menschen und Pferde mit eingeschlossen, muss lernen, wie man lernt. Es gehört viel Übung dazu, bedingte Reflexe so zu perfektionieren und miteinander in Verbindung zu bringen, dass komplizierte Reaktionen geschaffen werden.

David Broome

alles, was man von ihnen will, einen Knopf gibt, auf den man drücken kann. Im Vergleich dazu sind in Irland gezogene Pferde draußen auf der Weide geboren, haben rasselnde Eggen, rostende Ölfässer und den überall vorhandenen Stacheldraht überlebt und haben das alles drei oder vier Jahre lang gemacht und sich selbst versorgen müssen, deswegen ist das in so einem Pferd drin. Die verschiedenen Pferdetypen spiegeln irgendwie auch die Mentalitäten ihrer Besitzer wieder – da gibt es die Deutschen, die Briten und die Iren, und dann gibt es auch noch die in Amerika gezogenen, das sind wieder ganz andere Tiere. Ich denke, wir reiten sie alle so, wie wir es tun, weil das die beste Art ist, sie zu reiten. Ein irisches Pferd hat eine Menge Überlebenssinn und kann deswegen selbst auf sich aufpassen. Gute Reiter können sich schnell anpassen und so aus jedem Pferd das Beste herausreiten, aber in Europa ist die Zucht inzwischen so gut geworden, dass die Warmblüter den Sport heute dominieren. Ich persönlich reite lieber ein Pferd mit etwas Intelligenz, das sich auf sich selbst verlässt, als eines, das ein bisschen langsam ist und das man ständig anschieben muss.

Die besten Pferde können nicht einfach nur machen, was man ihnen sagt. Ich denke, wenn ein Pferd nur tut, was man ihm sagt, dann ist es ihm ziemlich egal, was es macht. Gute Pferde müssen Spaß an ihrer Arbeit haben, sonst könnten sie die Arbeit nicht machen – und sie würden sich auch nicht so anstrengen. Gute Pferde gleichen die Fehler des Reiters aus, während schlechte Pferde sie erst richtig deutlich machen. Aber grundsätzlich wird ein gutes und vorsichtiges Pferd genauso sehr springen wollen wie sein Reiter. Ein gutes Pferd hilft einem dabei wirklich. Ich bin ein großer Anhänger der These, dass man ein Pferd immer besser ausbilden muss, damit es immer gehorsamer wird, damit es immer zufriedener ist. Der Schlüssel für diese großartige Partnerschaft liegt in der Ausbildung des Pferdes. Wenn das Pferd gut vorbereitet ist, ist es auch dafür ausgerüstet, sich der Herausforderung zu stellen, fühlt sich bei seiner Aufgabe sicher und hat Vertrauen in seinen Reiter.

Kommunikation ist der Faktor, von dem alles abhängt. Das Pferd muss so »weich« sein, wie man es nur hinbekommt. Jede »Kupplung« in seinem Körper muss in der Lage sein, zu reagieren. Es darf keine »Hier nicht«-Bereiche geben, in denen das Pferd eine Aufgabe, die man ihm stellt, verweigert. Es muss völlig gehorsam sein, so dass ihm und dem Reiter alle Hilfen zur Verfügung stehen – dem Reiter, so dass er sie benutzen kann, und dem Pferd, das in der Lage sein muss, sie zu verstehen. Schließlich kann ein Pferd eigentlich von Natur aus alles, was der Mensch ihm beibringt. Es dreht sich nur alles um die Kommunikation. Der Reiter muss kommunizieren, was er will. Was bei einem bestimmten Reiter und einem bestimmten Pferd klappt, klappt für einen anderen vielleicht nicht. Das ist das alte Partnerschaftsspiel – Verstehen. Zwei Lebewesen, die wie eines denken. Man muss sich an die geistigen Gegebenheiten des Pferdes anpassen. Mein alter »Sunsalve« liebte es, mit etwas Flair zu gehen und sich ein bisschen aufzuspielen, und glücklicherweise war ich damals 20 und konnte da mithalten,

> *›Ich spreche immer gerne mit meinen Pferden, weil sie den Tonfall der Stimme wirklich verstehen‹*

aber heute könnte ich das nicht! »Philco« war ein arroganter Kerl – wir haben ihn immer den »arroganten Yankee« genannt, weil er immer so hochnäsig tat, aber gleichzeitig war er ein ungeheuer großherziges Pferd. Man musste ihn immer dazu bringen, dass er seine Begeisterung zügelte, und dann erst brachte man es fertig, dass er machte, was man wollte – er konnte unglaublich springen, aber man musste ihm klarmachen, dass er das einfach nicht mit 140 Sachen machen konnte, weil er als Ex-Rennpferd natürlich dachte, das würde schon gehen. Er musste sich etwas zurücknehmen und seinem Reiter zuhören. Aber im Verlauf der Jahre durfte er es immer mehr auf seine Art machen, muss ich zugeben!

»Sportsman« lief auf den Platz ein und schaute sich den Parcours erst einmal selber an, so intelligent war er. »Mr. Softee« versuche immer, es einem recht zu machen, während »Manhattan« alles Vermögen und Können der Welt hatte, aber es war fast unmöglich, ihn dazu zu bringen, dass er sich konzentrierte und nicht irgendeinen dummen Fehler machte. Bei den Pferden, die ich in letzter Zeit geritten habe, war »Countryman« ein wunderbares Pferd, aber auf ihm getraute man sich überhaupt nicht, sich zu bewegen, weil er sich dann irgendwie verspannte. »Lannegan« zog sich immer auf. Aus ihm konnte man immer noch etwas herausholen, und ich konnte mit ihm wunderbar gegen die Uhr reiten, aber eines Tages ist irgend etwas bei ihm ausgerastet, und danach war er nie wieder derselbe. Ich hätte mit ihm klarkommen können, wenn er im Kopf etwas klarer gewesen wäre, aber er hörte nicht mehr auf mit seinem Ehrgeiz – vor allem nach dem sechsten oder siebten Sprung, da wurde er dann immer heißer.

»Wildfire«, mein allererstes gutes Pferd, blieb immer stehen, bevor ich ihn hatte. Ich erinnere mich, ich habe ihn damals aus dem Hof geritten auf den nächsten Acker. Ich war 17 und es war Oktober, und ich habe ihm einfach schnell hintereinander auf jeder Seite drei übergezogen, und im Grunde hat er es dann nie wieder gemacht. Er war ein witziger Kerl, er gab einem eine einzige Chance, ihm die Trense anzulegen, und wenn man es dabei nicht geschafft hat, ihm das Teil über die Ohren zu ziehen, dann war es das. Es war ganz in Ordnung für ihn, den Kopf runter zu tun und es einen ein Mal versuchen zu lassen, aber öfter nicht. Er sah immer bösartig und schlecht gelaunt aus und hat mit dem Schweif geschlagen, aber er war ein fähiges Pferd und gab immer sein Bestes. Ich fand, er war ein richtig nettes Pferd, und wir haben wirklich gut abgesahnt.

Ich spreche immer gerne mit meinen Pferden, weil sie den Tonfall der Stimme wirklich verstehen. Ich bin anscheinend ganz gut in der Lage, eine Beziehung zu einem Pferd aufzubauen. Das soll nicht heißen, dass ich ein Pferd dazu bringen kann, etwas zu springen, das es nicht springen kann oder will, aber mit den meisten Pferden kommt man wirklich gut zurecht. Sie wollen einfach zufrieden leben und sind nicht sehr nachtragend, was so auch ganz gut ist.

Ich denke, eine großartige Partnerschaft findet man dann, wenn Pferd und Reiter als eine Einheit denken; wenn alles, was man machen will, sich sofort und ganz einfach in die entsprechende Aktion umsetzt – wie Wasser in einem Wasserfall, es passiert einfach. Wenn beide auf einer Wellenlänge denken, besteht zwischen Pferd und Reiter eine Art telepathischer Verbindung, eine Sympathie, ein Gleichdenken. Der Reiter macht die richtige Bewegung und das Pferd ist schnell genug und gehorsam genug, dass es sofort tut, was da angedeutet wird. Wenn alles gut läuft, ist das eine wunderbare Beziehung, die da mit dem Pferd abläuft. Da hat man dieses Tier unter sich, das vielleicht zehn Mal so schwer ist wie man selbst, und auf die Berührung mit einem Finger hin tut es alles, was man von ihm verlangt. Das ist etwas ganz Besonderes. Die meisten Probleme kommen daher, dass der Reiter nicht in der Lage ist, alle seine Möglichkeiten auszuspielen, und dass er die Arbeit nicht angenehm genug für das Pferd macht. Man muss eine Situation schaffen, in der der Reiter hoffentlich weiß, was er machen muss, und in der das Pferd auf diese Anforderung reagiert. Die Aufgabe des Reiters ist es, die richtige Geschwindigkeit und den Takt vorzugeben, das Pferd richtig zu versammeln und es zur richtigen Zeit an den richtigen Punkt zu bringen, so dass das Pferd dann über das Hindernis springen kann – so dass also das Pferd die Sache mit dem Springen erledigen kann. Je unrittiger das Pferd ist, desto

Wenn beide auf einer Wellenlänge denken, besteht zwischen Pferd und Reiter eine Art telepathischer Verbindung.

schwieriger ist es, diesen richtigen Punkt anzureiten und desto größer ist die Wahrscheinlichkeit, dass man ihn nicht erwischt. Dann wird es schwierig für das Pferd und es regt sich auf, und dadurch wird alles noch schwieriger, weil es immer mehr Angst bekommt. Das ganze ist eine ganz schön rutschige Angelegenheit. Deswegen: je besser ein Pferd ausgebildet ist, desto leichter ist es, es korrekt an ein Hindernis heranzureiten, und desto wohler fühlt sich das Pferd.

Die Herausforderung liegt darin, dass man sein Pferd kennen muss. Beim Springen braucht man wirklich von Anfang an ein freundliches Pferd mit Talent, weil man nun mal aus dem Holz eines Schweinetroges keine Violine machen kann. Was man ganz leicht fertig bringt, ist, eine Violine zu ruinieren – dazu muss man sich nicht besonders anstrengen. Die Kunst liegt darin, wenn man etwas hat, etwas noch besseres daraus zu machen.

Es gibt ein paar Leute, die mit fast jedem Pferd zurechtkommen – zum Beispiel Michael Whitaker, der kann fast alles reiten, aber es gibt immer noch einige Pferde, die unter ihm besser gehen als andere. Wenn ein Pferd nicht zu seinem Reiter passt, bringt es nicht viel, wenn man mit diesem Tier weiterarbeiten will. Wenn man ein zurückhaltender Reiter ist, braucht man auch ein ruhigeres Pferd. Wenn man ein starker Reiter ist, kann man mit einem Pferd mit starkem Willen besser umgehen als andere Leute. Ein Reiter mit einer eisenharten Hand auf einem feinfühligen Pferd wird niemals richtig gut damit zurechtkommen – also ist es wichtig, dass man zusammenpasst.

Ich finde, Pferde sind eine wundervolle Sache – ganz egal, was einem im Leben gerade passiert ist, man kann rausgehen in den Stall und dann hat man diese ganz neue Sache, mit der man wieder anfangen kann: das Pferd und man selbst. Man kann durch den Wald reiten, und die ganze Welt kann um einen herum zusammenbrechen – aber da ist dieses Pferd da unter einem, das versucht, es einem recht zu machen. Mit diesem Tier kann man eine Beziehung aufbauen. Es hebt einen hoch, es rettet einem den Tag. Wir bemühen uns, zu verstehen, wie ein Pferd denkt, und wir hoffen, dass wir mit ihm kommunizieren können und auch etwas tun können, damit es ein besseres Leben hat. Man muss gut zurechtkommen, Pferd und Reiter zusammen, und dann kann man sich gegenseitig das Leben leichter machen.

Was ist Intelligenz?

Schwierig wird es beim Messen von Intelligenz dann, wenn man versucht, Gleiches mit Gleichem zu vergleichen. Ein Pferd scheut furchtbar, wenn ein Vogel aus der Hecke auffliegt, und dann ist es schwer, der Versuchung zu widerstehen, es als »dumm« zu bezeichnen – vor allem dann, wenn es nur eine Minute zuvor nicht die leiseste Notiz von einem Düsenflugzeug genommen hat, das über seinen Kopf hinweggedonnert ist. Vom Standpunkt des Pferdes aus war sein Verhalten völlig logisch: wenn sich im seitlichen Gesichtsfeld etwas rasch bewegt, schnell weg! Ein Angriff von oben ist dagegen eher unwahrscheinlich.

Alle heute lebenden Arten haben bis heute überlebt, weil sie ungeheuer gut darin sind, zu sein, was sie sind – solange sie sich in ihrer angestammten Umgebung befinden und nach ihren eigenen Kriterien beurteilt werden, und nicht als Fische auf dem Trockenen zurechtkommen müssen. In der Natur wimmelt es nur so von Beispielen für atemberaubend gut angepasstes Verhalten von Lebewesen, die wahre Genies darin geworden sind, »sie selbst« zu sein, und die uns ständig zeigen, wie klug sie auf ihre eigene Art sind. Jedes dieser Wesen hat mit seinen eigenen Problemen zu tun, die im eigenen Lebensraum auftauchen und etwas mit den Anforderungen dieses Lebensraums zu tun haben. Es ist für eine andere (Tier-)Art unmöglich, über die Weisheit oder Dummheit der Handlungen einer anderen Art zu urteilen, weil sie nicht vergleichbar sind. Der Jäger und der Gejagte beispielsweise sehen die Welt mit höchst unterschiedlichen Augen. Ein Beutetier kann es sich nicht leisten, einen Fehler zu machen. Deswegen sind seine Reaktionen meist sehr schnell und drastisch, oft auch sehr heftig, und solche Tiere sind besonders empfindlich gegenüber Erfahrungen, die mit Schmerz und Angst zu tun haben. Solche Erfahrungen können später zu anscheinend seltsamem Verhalten führen, wenn das Tier sich wieder mit ähnlichen Umständen konfrontiert sieht. Die Nervosität und vorsichtige Natur des Pferdes sind keineswegs Anzeichen für seine Dummheit – sie sind Beispiele für die Intelligenz eines Beutetieres. Im Gegensatz dazu ist für ein Raubtier noch nicht alles vorbei, wenn einmal ein Angriff nicht klappt. Es speichert die Erfahrung und das, was es daraus gelernt hat, einfach ab und wendet dann seine Aufmerksamkeit der Suche nach einer weiteren potenziellen Mahlzeit zu. Ein Raubtier muss eine gewisse Schläue entwickeln, ein Beutetier dagegen nicht. Wenn es um problemlösendes Verhalten geht, muss man sich einmal fragen, wie viel von der legendären Überlegenheit des Homo sapiens auf der einfachen Tatsache beruht, dass wir Hände haben, während Pferde mit ihren Hufen klarkommen müssen? Pferde sind einfach nicht dafür gebaut, konstruktiv und kreativ zu sein. Wir Menschen sind in der Lage, das Lernen durch Einsicht viel wirkungsvoller einzusetzen, weil wir bei der Arbeit an der Lösung eines bestimmten Problems ein ganzes riesiges Sortiment an Optionen einsetzen können, bei denen wir Dinge mit unseren Händen verändern. Das Pferd hat niemals Bedarf für die Fähigkeit gehabt, Objekte in den »Händen« drehen und wenden zu können – für alles, was in dieser Hinsicht von ihm verlangt wird, kann es höchst wirkungsvoll die Lippen einsetzen. Das Ergebnis dieser Tatsache ist, dass einem Pferd in einer Situation, in der es weiterdenken müsste, nur ziemlich wenige praktische Möglichkeiten offen stehen. Mein Welsh Mountain Pony ist wirklich ein Houdini, der ganz genau weiß, wo im Bereich des Weidetores er stehen muss, um mit hinauszuschlüpfen zu können, wenn ein anderes Pferd von der Weide geführt wird. Es wählt seinen Standpunkt sorgfältig so, dass man kaum eine Chance hat, es aufzuhalten. Anders ausgedrückt benutzt es die Fähigkeiten, die es hat – schnelle Bewegung – zur Lösung des Problems »wie komme ich auf die andere Seite des Zauns«. Ähnlich springt es aus einer Box, wenn es körperlich dazu in der Lage ist. Wenn es seine Beine nicht einsetzen kann, improvisiert es und setzt die Fähigkeit, mit Objekten umzugehen, so gut ein, wie es geht: es kann praktisch jeden Anbindeknoten innerhalb von Minuten lösen,

Die vorsichtige Natur des Pferdes ist ein Beispiel für die Intelligenz eines Beutetieres.

weil es konsequent daran herumknabbert. Wer will da sagen, dass dieses Pony, wenn es nur Finger hätte, nicht ständig das Tor aufschließen oder den Knoten aufknüpfen würde? Es ist eindeutig in der Lage, das Problem zu erkennen: es wäre gerne woanders. Es kennt die Lösung: »ich muss durch dieses Weidetor; ich muss diesen Knoten aufmachen«. Aber um diese Lösung zu verwirklichen, stehen ihm einfach nicht die optimalen körperlichen Möglichkeiten zur Verfügung. So gibt es eben im Rahmen seiner Möglichkeiten sein Bestes und hat oft Erfolg damit!

Stärken und Schwächen

Wenn also eine Intelligenzart, die bei einer Tierart gut entwickelt ist, bei einer anderen vielleicht nicht so gefragt ist, weil diese Art andere Stärken hat, die besser zu seiner natürlichen Umgebung passen, dann erhebt sich die Frage, worin Pferde denn nun gut sind?

Mit ihrem gutentwickelten Gedächtnis für Einzelheiten und ihrer Empfindsamkeit für differenzierte Reize können Pferde ungeheuer gut unterscheiden – wenn die Objekte oder Signale, zwischen denen sie unterscheiden sollen, für sie eine Bedeutung haben. Ihr Überleben hängt von Wissen ab, das darauf beruht, dass sie winzigste Unterschiede bemerken können – Unterschiede zwischen Pferden, im Geläuf, bei Pflanzen und so weiter. Zwischen den Dingen, die für ein Pferd wichtig sind, kann es auch sehr fein unterscheiden und sieht solche Dinge nicht in allgemeinen Kategorien, denn Verallgemeinerungen könnten risikoreich sein. Wenn es in ähnlichen Situationen blind genauso reagiert, ohne Veränderungen in den Details zu bemerken und zu analysieren, könnte das für das Pferd ziemlich gefährlich sein und wäre tatsächlich ziemlich dumm. Ein vernünf-

tiges Pferd nimmt jede Situation so, wie sie kommt.

Viele gesellig lebende Tiere können ungeheuer gut Unterscheidungen treffen. Eine Silbermöwe muss in einer Kolonie mit Tausenden von Tieren ihr eigenes Junges finden können. Ein Mutterschaf kann den Ruf seines eigenen Lammes unter dem Blöken Dutzender von neugeborenen Lämmern heraushören. Ein Pferd, das den künstlichen Geruch eines Medikaments in seinem Futter nicht mag, kann jedes einzelne Pellet aus dem Eimer fischen und nur ein Häufchen Granulat am Boden zurücklassen, ganz egal, wie sorgfältig sein Besitzer das Medikament mit dem Futter vermischt hatte.

Unterscheidungsfähigkeit

Die erstaunliche Fähigkeit des Pferdes, kleinste Einzelheiten zu sehen und zu unterscheiden, wird durch das berühmte Beispiel des »Schlauen Hans« illustriert, eines Pferdes, das einem Deutschen namens von Osten gehörte. Der Mann glaubte, er hätte den Beweis dafür in der Hand, dass Pferde ebenso intelligent sind wie Menschen, denn sein Pferd konnte nicht nur zählen, sondern auch rechnen und logische Probleme lösen. Man konnte Hans eine Frage stellen, beispielsweise »wie viel ist 3 mal 4?«, die er dann beantwortete, indem er mit dem Huf 12mal auf den Boden klopfte. Ganze Menschenmengen bewunderten die erstaunlichen Fähigkeiten dieses Pferdes, und man stellte ihm immer schwierigere Fragen, die es weiterhin richtig beantwortete – selbst dann, als man Herrn von Osten gegen einen anderen Ausbilder austauschte, um so die Möglichkeit eines Betruges auszuschließen.

Schließlich entdeckte man aber das Geheimnis des Schlauen Hans. Wenn das Pferd seinen »Prüfer« sehen konnte, gab es immer korrekte Antworten. Als man es dagegen hinter einen Wandschirm stellte, versagte es. Mit einer erstaunlichen Fähigkeit, kleinste Veränderungen und Verspannungen des Körpers zu erkennen, hatte der Schlaue Hans gelernt, so lange mit dem Huf zu klopfen, bis der Körper seines Ausbilders ihn buchstäblich »informierte«, dass er die korrekte Zahl erreicht hatte und aufhören sollte, um nun seine Belohnung zu bekommen. Das Publikum hatte dieselbe Erwartungshaltung wie der Ausbilder, denn auch die Zuschauer wussten ja, wann das Pferd sich an die korrekte Antwort annäherte. Alle zusammen enthüllten das dann, wenn auch unbewusst, diesem Herdentier, das der Körpersprache gegenüber besonders empfänglich ist und daraus Stimmungen ablesen kann. Hans war motiviert, seine Unterscheidungsfähigkeiten einzusetzen, weil er damit belohnt wurde, dass sein Besitzer zufrieden mit ihm war. Leider war Herr von Osten sehr enttäuscht von ihm, als die Wahrheit herauskam, obwohl er eigentlich hätte erstaunt sein sollen, weil das Pferd so viel Findigkeit an den Tag gelegt und eine Möglichkeit gefunden hatte, die Belohnung zu bekommen, hinter der es her war.

Wenn ein sinnvoller Grund vorliegt, können Pferde ihre Fähigkeit zur Unterscheidung und zur Lösung einfacher Wahrnehmungsprobleme selbst in formelleren »Labor«-Tests unter Beweis stellen. Eine Studie fand heraus, dass Pferde lernten, eine bestimmte Paarung von geometrischen Formen (beispielsweise ein Quadrat und einen Kreis) aus bis zu 20 unterschiedlich kombinierten Paaren korrekt zu identifizieren, um eine Belohnung zu erhalten. Außerdem zeigte die Mehrzahl der Pferde praktisch keinen Gedächtnisverlust, was diese Übung anbetraf, und absolvierte sie fast genauso akkurat wie vorher, als sie ein Jahr später wiederholt wurde.

Pferde sind dagegen nicht so gut in Verallgemeinerungen – wenn sie Annahmen über die Beziehung zwischen zwei Objekten machen sollen, oder ganz besonders, wenn es um abstrakte Konzepte geht. Wenn man die Pferde aus dem vorher erwähnten Versuch als nächstes auffordern würde, aus einer Reihe aus zwei Quadraten und einem Kreis das Muster herauszusuchen, das aus dem Rahmen fällt, wäre das vielleicht möglich. Viel schwieriger wäre es, wenn man erwartet, dass das Pferd beispielsweise aus einer Reihe mit der Abfolge Sperling, Fisch, Elster das Bild des Fisches als das unpassende heraussucht. Würde man das Pferd vor eine Zahlenreihe stellen, hätte das Pferd keinen Anhaltspunkt dafür, dass es sich bei zwei davon um »ungerade« Zahlen und nur bei einer um eine »gerade« Zahl handeln würde – Pferde haben überhaupt keinen Begriff von Mathematik. Letzteres wäre also einfach keine faire Frage. Pferde versagen in Tests, die von Menschen für Menschen ausgearbeitet wurden oder von Menschen für Pferde, aber vom Standpunkt des Menschen aus. In solchen Tests hat die Frage für ein Pferd keine Bedeutung, oder das Pferd verspürt keinen Drang, dieses Puzzle zu lösen, oder es verfügt nicht über die Möglichkeiten, das zu tun. Oft wird das Puzzle trotzdem gelöst, aber oft so, dass es für den Betrachter zufällig und unbeabsichtigt erscheint und mehr auf die Gunst des

> *›Im allgemeinen besteht für ein Pferd die beste und wirkungsvollste Lösung eines Problems darin, wegzurennen‹*

Augenblicks zurückzuführen zu sein scheint als auf zweckgerichtete Denkarbeit.

Ein beliebter Intelligenztest besteht darin, dass man ein Tier in einen Kasten sperrt, von dem aus es eine Schüssel mit Futter sehen kann, die außerhalb des Kastens steht. Das Tier kann diese Schüssel erreichen, indem es einen Hebel betätigt. Affen beeindruckten die Wissenschaftler dadurch, dass sie sich den Hebel genau ansahen und sämtliche Möglichkeiten ausprobierten, bis sie schließlich auf die Lösung kamen. Im Gegensatz dazu liefen Hunde mit der Nase am Boden in dem Kasten auf und ab, bis sie den Hebel zufällig aktivierten. Dieser Versuch, der die Affen als anscheinend viel schlauer herausstellte, war für die Hunde alles andere als fair. Ein Affe neigt von Natur aus dazu, Dinge dadurch zu untersuchen, dass er sie in die Hände nimmt und daran herumspielt, und er muss öfter Hindernisse der Art überwinden, dass er beispielsweise herausfinden muss, wie er eine Nuss aus ihrer Schale knacken kann. Ein Hund zieht durch die Gegend, um sein Futter zu finden. Er ist vielleicht nicht so gut im Lernen durch Einsicht, aber durch Versuch und Irrtum kam er letztendlich und trotz aller Schwierigkeiten doch zum Ziel. Viele Tiere, darunter auch Pferde, neigen dazu, an Problemlösungen auf dieselbe Art heranzugehen wie dieser Hund in dem Kasten. Wenn sie festgelegt haben, worin das Problem besteht, spielen sie die verschiedenen Optionen durch, zu denen sie neigen, und verwenden dabei zuerst diejenigen, von denen sie durch Erfahrung oder Gedächtnis wissen, dass sie in dieser Art von Situation früher schon einmal erfolgreich waren.

Wie wir bereits gesehen haben, scheinen Pferde ziemlich schlecht darin zu sein, Probleme zu lösen, bei denen sie einen »Umweg« einschlagen müssen – sie können in blinder Panik herumgaloppieren, wenn sie von ihren Freunden getrennt sind, und dabei das offene Tor völlig ignorieren. Aber auch hier gilt wieder, dass diese Reaktion für ein Pferd völlig natürlich ist. Im allgemeinen besteht für ein Pferd die beste und wirkungsvollste Lösung für die meisten Probleme darin, wegzurennen. Wenn man also in einem »Umweg-Versuch« seine Intelligenz testen will, legt man ihm unfaire Hindernisse in den Weg. Der Instinkt, wegzulaufen, ist so stark, dass es für ein Pferd außerordentlich schwierig ist, aus diesem Denkmuster auszubrechen und die Situation aus einer anderen Perspektive zu betrachten, die dann weitere Lösungsansätze bieten könnte. Statt dessen wird es immer stärker frustriert, weil seine natürliche Lösung nicht zu klappen scheint – und seine Emotionen lassen sein Gehirn noch mehr ins »Tunneldenken« kommen.

Individuelle Begabungen

Wie steht es nun mit einem Intelligenzvergleich zwischen einzelnen Tieren innerhalb einer Art? Die Wörterbuchdefinition für Intelligenz lautet: »Intelligenz ist die Fähigkeit, frühere Erfahrungen anzuwenden, um neue Herausforderungen besser bewältigen zu können«, und so wird das Niveau der Intelligenz an der Geschwindigkeit gemessen, mit der das einzelne Tier das tun kann. Ganz sicher begreifen manche Pferde schneller als andere, womit sie sich vom Menschen nicht unterscheiden. Die menschliche Gesellschaft besteht aus miteinander verknüpften Einzelmenschen, die alle ihre eigenen Stärken und Schwächen aufweisen. Bei Pferden ist das unzweifelhaft genauso – Reiten wäre eine ziemlich langweilige Angelegenheit, wenn es nicht so wäre. Da gibt es die emotionsgeladenen Typen, bei denen nur zu leicht Gefühle den Intellekt völlig überlagern oder bei denen die Aufregung keinen Platz mehr für eine Einschätzung der Situation lässt. Die kaltblütigeren Rassen, die zu mehr Ausgeglichenheit und einer ruhigeren Mentalität neigen, können schneller lernen als die angeblich intelligenteren, aber ziemlich überemotionalen Vollbluttypen, die oft langsam an neue Dinge gewöhnt und dabei bei jedem Schritt beruhigt werden müssen. Ein Problem ist, dass die Typen, die alles ganz gelassen nehmen, auch leicht stumpf, gelangweilt und unmotiviert werden können, wenn man ihren Intellekt nie herausfordert. Wenn man einem solchen Pferd Grund gibt, dem Menschen etwas übel zu nehmen oder sich zu ärgern, macht es oft ganz zu, wo ein Vollblüter oder Araber vielleicht eher mit Panik oder Aggressivität reagiert. Selbst innerhalb der Rassen und der Temperamentsklassen gibt es immer einzelne Tiere, die schneller lernen, und andere, die langsamer sind. Manchen wird bereits nach einem Anschlagen klar, dass es ungemütlich ist, beim Springen eine Stange zu berühren, und dass man das deswegen lieber vermeiden sollte. Andere können ihr ganzes Leben lang dagegenkrachen, ohne dass es ihnen das geringste ausmacht! Erstklassigen Springpferden wird das Denken natürlich teilweise abgenommen. Dem Reiter ist es vielleicht gar nicht so recht, wenn er einen allzu unabhängigen Denker unter dem Sattel hat. Er erzieht das Pferd dazu, im körperlichen Gleichgewicht zu gehen und »zu tun, was man ihm sagt«. Das Pferd muss auf das Signal warten, das ihm in dem Augenblick »spring jetzt ab« sagt, den der Reiter für optimal hält – unabhängig davon, wie die Meinung des Pferdes zu diesem Punkt aussieht. Da haben wir dann kein blödes Pferd, sondern ein sehr gehorsames, das seine Lek-

tion gut gelernt hat. Allerdings ist es völlig von den Fähigkeiten seines Reiters abhängig. Seine Ausbildung hat nicht nur seine eigene Urteilsfähigkeit überlagert, sondern auch seine natürlichen Neigungen – die könnten so ausgesehen haben, dass das Pferd eher draufgängerisch oder eher vorsichtig war, eher reaktionsfreudig oder eher langsam in seinen Reaktionen. Viele Turnierreiter hört man sagen, sie wollten kein Pferd, das zu intelligent ist, weil die schlaueren ziemlich gut darin sind, immer bessere Möglichkeiten zu finden, wie sie es vermeiden können, Dinge zu tun, die sie nicht so toll finden. Selbst für das kleinste Pony ist es ziemlich einfach, sich den Forderungen seines Reiters zu entziehen. Wenn ein Pferd also eine Aufgabe besonders gut erledigt, ohne sich zu widersetzen, kann man daraus wohl schlussfolgern, dass es diese Aufgabe gerne macht.

Eine Tatsache, die in puncto Intelligenz für alle (Tier-)Arten gilt, ist die Aussage, dass das Tier »lernen muss, wie man lernt«. Es gehört viel Übung dazu, bedingte Reflexe so zu perfektionieren und miteinander in Verbindung zu bringen, dass komplexere Reaktionen geschaffen werden. In dem Maße, in dem das Tier mehr Erfahrung mit dem Lernen sammelt, lernt es auch immer schneller und kann immer mehr und immer feinere Konditionierungen aufnehmen. Ein Fohlen ist wirklich noch ein Neuling im Spiel des Lernens, aber es wird sehr schnell besser und ist bald in der Lage, immer schneller Erfahrungen mitzunehmen. Ebenso wie bei einem kleinen Kind ist dieses Alter die Phase, in der seine Fähigkeit zur Aufnahme von Erfahrungen am größten ist. Wenn ein Pferd beispielsweise bis in die höheren Klassen der Dressur geritten werden kann, muss man das so ansehen, dass dieses Pferd nach Pferdemaßstäben in die Gruppe der »Superhirne« einzustufen ist.

Die grundlegenden Strukturen und Abläufe beim Lernen zu verstehen, die Lernfähigkeit des einzelnen Pferdes einzuschätzen und sich zunutze zu machen, was das Pferd besonders gut kann, so dass man aus jedem Pferd, dem man begegnet, das Beste herausholen kann – das ist die Aufgabe eines Ausbilders.

Karen O'Connor meint dazu:

Karen O'Connor ist eine der führenden Vielseitigkeitsreiterinnen der USA und Kadermitglied der amerikanischen Equipe. Zu ihrer Karriere gehörten Erfolge in vielen der größten Vielseitigkeitsveranstaltungen der Welt – ein Tribut an eine Reiterin, die wegen ihres einfühlsamen Stils, ihrer Zähigkeit und ihres Mutes bei der Bewältigung von Rückschlägen respektiert wird. Frau O'Connor hat unter dem Olympiamedaillensieger Jimmy Wofford in den USA trainiert und ist vor kurzem nach einem vierjährigen Aufenthalt in England, wo sie mit Mark Phillips gearbeitet hat, nach Virginia zurückgekehrt. Mit ihrem derzeitigen Spitzenpferd »Biko« war sie in Badminton 1995 Dritte und im selben Jahr in den Offenen Europäischen Meisterschaften Achte.

Die ersten Eindrücke sind ungeheuer wichtig, wenn es darum geht, zu beurteilen, ob ein Pferd jemals ein gutes Vielseitigkeitspferd werden wird. Für mich ist das eine Sache der Chemie. Wenn ich nicht auf den ersten Blick etwas an einem Pferd finde, können mich hundert Leute nicht dazu überreden, dieses Pferd so gern zu haben, wie man es tun muss, um in diesem Sport erfolgreich zu sein. Wenn man mich nach dieser Aussage fragt, welcher Teil des Pferdes am wichtigsten ist, würde ich sagen, dass für mich das Auge der wichtigste Körperteil ist. Gute Pferde müssen diesen »Adlerblick« haben, diesen positiven und intelligenten Blick. Um Vielseitigkeiten zu gehen, müssen sie intelligent sein, und deswegen muss für mich das Auge stark sein – starken Willen ausdrücken – aber ebenso entspannt und selbstbewusst. Anhand des Blickes, den ein Pferd einem zuwirft, kann man eine ganze Menge über sein Temperament aussagen.

Ich will ein Pferd, das mir mit seinem Blick sagt »Was möchtest du von mir?«, und nicht »Ich will's gar nicht wissen«. Wenn man bei einem Pferd einen schlechten Charakter oder mangelnde Kooperation findet, ist das oft vom Menschen gemacht – das Pferd wurde erschreckt oder hat eine andere schlechte Erfahrung gemacht. Man braucht schon etwas Wissen dazu, um sich klar zu werden, ob dieser Charakter etwas ist, mit dem dieses Pferd geboren wurde, oder ob er erst so wurde. Charakter ist alles – man kann das körperlich talentierteste Pferd der Welt haben, aber wenn es geistig nicht entspannt ist und nicht den Willen dazu hat, eine bestimmte Aufgabe zu meistern, dann wird man immer mit ihm kämpfen müssen.

Ich hatte einmal ein Pferd, das einige böse Stürze hinter sich hatte, bevor ich es zum Reiten bekam. Es war ziemlich durcheinander deswegen. Als ich mit ihm zum ersten Mal ritt, war es wirklich so, dass wir eine am Boden liegende Stange erreichten, und dieses Pferd blieb stehen und zitterte. Dieses Pferd war bereits Vielseitigkeiten der mittleren Klasse gegangen. Es drückte sich in die hintere Ecke seiner Box, wollte mit niemandem Kontakt und hatte Angst vor allem. Wenn man mit einem solchen Pferd arbeitet, muss man sehr große Erfahrung haben, und außerdem

Karen O'Connor mit Biko
– »ein großartiger Freund
und es macht so
ungeheuren Spaß, mit
diesem Pferd zu
arbeiten, weil er so
intelligent ist.«

Karen O'Connor

braucht man die Zeit und die Geduld, um dem Pferd geben zu können, was es braucht. Dieses Pferd wurde sehr erfolgreich für mich – sehr mutig und sehr erfolgreich. Dabei ist aber wichtig, dass es bestimmte Regeln gab, an die wir uns beide hielten. Ich verlangte niemals etwas von ihm, wenn ich nicht völlig davon überzeugt war, dass er es konnte. Da gab es keine Vermutungen, denn damit hätten wir das Vertrauen missbraucht, das wir so mühsam aufgebaut hatten. Ich vertraute dem Pferd hundertprozentig, und das Pferd vertraute mir hundertprozentig.

Wir haben mit diesem Pferd eine Menge Zeit in seiner Box verbracht. Bei allen unseren Pferden verwenden wir Techniken, um über sie zu »dominieren«, aber wir machen das auf eine absolut unaggressive Art und Weise. Wir bringen das Pferd dazu, dass es den Kopf senkt, sobald man das Halfter berührt, und dann senkt es den Kopf zum Boden und man kann alles mit ihm machen. Wenn man ein Pferd hat, das den Kopf so weit senkt oder das vorwärts geht, dann hat man ein Pferd, das alles tut, was man will. Wenn beispielsweise ein Pferd nicht in einen Transporter gehen will, wie reagiert es dann? Es nimmt den Kopf hoch. Wenn es sich nicht auftrensen lassen will, stemmt es sich gegen den Menschen und wirft den Kopf hoch. In der Wildnis wirft es alles hoch, wenn es wegrennen oder kämpfen will – so dominiert es die Situation. Also bringt man dem Pferd bei, sich unter einen zu stellen, so dass man selbst in der dominanten Position ist, aber mit dem geringstmöglichen Maß an Aggression. Man zieht ihm den Kopf nicht nach unten, aber man kann ihm beibringen, wie es ihn nach unten nehmen soll.

Wir haben einen Round Pen und benutzen ihn, wenn wir mit Pferden egal welchen Alters zu arbeiten anfangen. Wenn man im Round Pen mit ihnen arbeitet, sind sie völlig frei, kein Sattel- oder Zaumzeug oder irgend etwas, und sie drehen sich so, dass sie den Menschen ansehen können. Wenn man sich an diesem Punkt herumdreht und weggeht, werden sie folgen. Das ist die Beziehung, die man haben muss. Die grundsätzlichen Prinzipien für die Arbeit im Round Pen lauten: wenn du mir einen bestimmten Blick zuwirfst, bekommst du eine Pause; wenn du dich von mir wegdrehst oder um mich herumläufst, musst du weiterlaufen. Man macht sich dem Pferd also durch eine Pause-Arbeit-Situation verständlich. Das Pferd lernt, dem Menschen völlig zu vertrauen, weil der Mensch über ihm steht. Wenn man es reitet, befindet man sich die ganze Zeit über ihm, also muss es diese Art von Beziehung mit dem Menschen haben.

›Als ich mit ihm zum ersten Mal ritt, war es wirklich so, dass wir eine am Boden liegende Stange erreichten, und dieses Pferd blieb stehen und zitterte‹

Wenn man sich in der Situation wie ich befindet, dass man viele Pferde zum Reiten hat, muss man berufsmäßige Pferdepfleger haben, die sich um die Pferde kümmern, und man muss diesen Pflegern beibringen, sie so zu behandeln, wie man das haben will. Diese Leute gehen jeden Tag mit den Pferden um, und deswegen haben sie jede Menge mit dem Erfolg eines bestimmten Pferdes zu tun. Wir investieren eine Menge Zeit und Anstrengung in die Beziehung zwischen Pfleger, Reiter und Pferd. Wenn der Pfleger ausreichend Erfahrung hat, muss man ihm mit dem Pferd einhundertzehnprozentig vertrauen können.

Ganz egal, in welcher Disziplin man turniermäßig startet, ist die Grundlage jeden Erfolgs Entspannung und Selbstvertrauen, wobei dieses Selbstvertrauen durch korrekte Ausbildung aufgebaut werden kann. Nun würde man für eine Dressurprüfung sein Pferd nicht ebenso entspannt sehen wollen wie für die Geländestrecke, denn für die Geländestrecke muss das Pferd aggressiv sein, allerdings kontrolliert aggressiv. Bei der Dressur will man keine aggressive Haltung des Pferdes, aber hier braucht man kontrollierte Kraft.

Das Pferd hat um Längen mehr Kraft als der Mensch, aber diese Kraft muss man regeln und auf ein Ziel ausrichten. Für die verschiedenen Disziplinen ist es also die Aufgabe des Reiters, den Druck richtig zu regeln. Wenn man sich in der Turniersituation befindet und das Pferd macht zum Beispiel vor der Dressurprüfung einen angespannten Eindruck, oder der Reiter macht sich wegen der Springprüfung Gedanken oder wegen eines bestimmten Hindernisses, dann geht es an diesem Punkt um die Regelung des Drucks – wie man sich selbst vorbereitet und wie man das seinem Pferd rüberbringt. Das Temperament des Pferdes kann dadurch, wie der Reiter sich selbst in der Hand hat, sehr stark beeinflusst werden. Für die Dressur muss es eine entspannte, aber kraftvolle Manier an den Tag legen, und es geht ganz stark um Konzentration und darum, dass Pferd und Reiter auf das Gleiche ausgerichtet sind – technisch ausgedrückt, muss das Pferd zwischen Schenkel und Hand des Reiters eingerahmt sein. Für die Springprüfungen geht es ebenso um die Selbsthaltung und das Gleichgewicht des Pferdes, aber diesmal muss die Kraft zwischen dem Reiterschenkel und dem Sprung stecken.

Wenn ich Sie jetzt bitten würde, mit den Handflächen Ihre Zehen zu berühren, könnten Sie das wahrscheinlich nicht, aber wenn ich Sie drei Wochen lang jeden Tag darum bitten würde, dann könnten Sie es wahrscheinlich. Das ist genau die Aufgabe des Reiters: man nimmt ein Pferd, das sein Bein eigentlich nur so weit bewegen will, und dann bringt man es dazu, dass es dieses Bein ein Stück weiter bewegt. Dann hat das Pferd eine bessere Koordination und mehr Kraft. Dann werden die Dinge leichter für das Pferd, weil es ein stärkeres Vertrauen in seine Arbeit hat. Das ist die Basis der Ausbildung – dazu kommt, dass man dafür sorgen muss, dass es dem Pferd weiterhin Spaß macht.

Man muss immer versuchen, das Pferd in eine Situation zu bringen, in der das Ganze ihm Spaß macht. Wenn das Pferd nicht in der Lage ist, bis zum höchsten Niveau vorzudringen, dann müssen Reiter oder Ausbilder sich über ihre eigenen Instinkte klar werden und sagen »Also gut, ab hier mache ich nicht mehr weiter, ich werde dieses Pferd in eine Situation bringen, die für es besser ist.« Vielleicht sollte es lieber Dressur gehen, oder einem jungen Reiter zur Verfügung gestellt werden, oder Jagden mitmachen. Das Pferd ist kein Fahrzeug, mit dem der Reiter zum Erfolg steuert, und

man sollte es nie zulassen, dass es so behandelt wird. Es kann aber eine Weile dauern, bis ein Reiter sich damit abfindet.

Ebenso dauert es eine Weile, um das Potential eines Pferdes richtig auszuschöpfen. Biko, der derzeit eines meiner erfolgreichsten Pferde ist, ist ein richtiger Clown. Er hat eine sehr sympathische Persönlichkeit. Er frisst einfach alles vom Pfefferminzbonbon bis zum Schinkenbrötchen und macht die unmöglichsten Sachen für den Menschen, um an Futter heranzukommen – jeder mag ihn. Aber als wir ihn als Fünfjährigen kauften, war er gerade erst eingeritten worden, und seine Größe, das späte Einreiten und sein »großes« Temperament kamen zusammen, so dass er etwas Angst vor allem Möglichen hatte. Zwei Jahre lang habe ich immer drei Helfer gebraucht, um nur auf ihn hinaufzukommen. Wir haben Monate damit verbracht, mit diesem Pferd alles zu machen, das uns nur irgendwie einfiel, um ihn so mehr in Einklang mit sich selbst zu bringen – wir sind ausgeritten, in Bäche gesprungen, auf einer Wiese über einen Heuballen getrabt – lauter kleine Dinge, aber so ungeheuer wichtig, weil dieses Pferd wirklich das Talent hatte, ganz groß rauszukommen, aber er war so unsicher und hatte so gar kein Selbstvertrauen. Es ging darum, dass man ihn so weit ausbilden musste, dass man damit sein Potential eröffnen konnte. Wir haben ihn die ersten zwei Jahre nicht auf Turnieren vorgestellt. Es hatte einfach kei-

Man muss immer versuchen, das Pferd in eine Situation zu bringen, in der das Ganze ihm Spaß macht.

nen Sinn, ihn als junges Pferd auf ein Turnier zu bringen und von ihm zu verlangen, sich unter Kontrolle zu halten, wenn er dazu einfach nicht fähig war – darum geht es bei der Regelung des Drucks.

Biko ist ein großartiger Freund und es macht so ungeheuren Spaß, mit diesem Pferd zu arbeiten, weil er so intelligent ist. Ich musste erst einmal herausfinden, wie ich ihn reiten muss, weil er eins achtzig groß ist und ich eigentlich nicht groß genug für ihn bin. Deswegen hat es viele Jahre gebraucht, das zu lernen und ihn auf ein Niveau zu bringen, auf dem wir kommunizieren können, vor allem wenn es darum geht, ihn auf der Geländestrecke im Gleichgewicht zu halten.

Er wählt sich seine Freunde sehr sorgfältig und lässt sich nicht einfach so von jedem pflegen. Deswegen ist der Pfleger so wichtig. Biko hat in seinem Leben nur drei Leute gehabt, die mit ihm gearbeitet haben, und alle haben sehr gerne mit ihm gearbeitet – das ist ungeheuer wichtig bei ihm. Wenn man versucht, ihn zu etwas zu bringen, oder wenn man etwas hart mit ihm umspringt, wird er richtig wütend und zieht sich in sich selbst zurück, richtig introvertiert, er macht die Türen zu, damit er den Menschen nicht mehr hören kann.

Bei einem Pferd von Bikos Intelligenz gibt es irgendwo eine Grenze, ab der es zu intelligent ist, um überhaupt geritten zu werden. Wenn man ein Pferd hat, das so clever ist, so frühreif und so unabhängig, dann ist das wie mit einem Künstler – Künstler sind schwierig, sie können das, was sie tun, so gut, und

›Pferde können von ihren Reitern regelrecht inspiriert werden, aber genauso können sie frustriert werden, wenn sie missverstanden werden‹

deswegen sind sie schwierig zu halten. Für ein solches Spitzenpferd muss man selbst auch ziemlich am Ball bleiben. Ein solches Pferd hat eine Persönlichkeit, es ist manchmal frech oder aggressiv, manchmal ist es beleidigt, manchmal ist es einfach zu mutig, und dann tut es wieder etwas wirklich Dummes, scheut zum Beispiel vor irgend etwas, und weil es so gut durchtrainiert ist, wirft es einen natürlich fast ab, wenn es scheut. Es gibt Zeiten, da fragt man sich wirklich, wie das gehen kann, dass ein Pferd dermaßen Angst vor einem Blatt am Boden hat und im nächsten Augenblick hingeht und in Badminton in den Teich springt! Aber das ist wirklich ein Charakterzug eines Spitzen-Vielseitigkeitspferdes – es kann richtig schreckhaft sein, weil es eine Menge sieht, und wenn man diese Energie in eine bestimmte Aufgabe kanalisieren kann, dann läuft es erst richtig zu Hochform auf.

Wir wollen, dass unsere Pferde aufblühen – das ist sehr wichtig – und deswegen versuchen wir wirklich, die Persönlichkeit eines jeden Pferdes zu entwickeln.

»Prince Panache« ist ein sehr unsicheres Pferd, aber gleichzeitig ist er sehr einfühlsam und sehr intelligent. Diese beiden Pferde, Biko und Nache, sind sehr gut befreundet, fast schon so, als ob sie verheiratet wären! Sie sind eine Menge zusammen unterwegs. Auf der Koppel ist Biko ganz der starke Mann, und Nache bleibt immer ganz nahe bei ihm und sagt »was meinst du, Biko, sollen wir mal da rüber gehen?« Die zwei passen wirklich gut zusammen.

Panache ist ein Pferd, das ganz schnell

sein Selbstvertrauen verliert. Nie auf der Geländestrecke, da ist er so mutig, wie man nur sein kann, aber bei den Feinheiten seiner Arbeit. In der Dressur wäre es ganz leicht, sein Selbstvertrauen zu zerstören, und man würde das daran sehen, dass er an Raumgriff verliert. Er würde nervös werden, und anstatt dass er weite, entspannte und schwungvolle Tritte macht, würde sein Körper sich verspannen und seine Tritte würden ganz kurz werden. Man muss den Charakter und das Temperament seines Pferdes unterstützen, indem man die guten Eigenschaften stärker herausbringt. Man muss Teil der Lösung sein, nicht Teil des Problems. Als wir Panache bekamen, war er in der Dressur zuerst sehr nervös. Er war eine Menge Jagden gegangen, und seine Ergebnisse in der Dressur spiegelten seinen Mangel an Ausbildung deutlich wieder. Er hatte niemals gelernt, wie man sich bei der Dressur entspannt, aber gesprungen war er schon immer gerne und war dabei richtig entspannt, weil er dafür ausgebildet worden war und Springen ihm richtig Spaß machte. Für das Springen hat er einen geradezu unheimlichen Instinkt. Also arbeiten wir die meiste Zeit an der Dressur, weil er darin so viel schlechter ist, aber wir sind auf dem besten Wege.

In unserem Sport ist es eine ungeheuer wichtige Eigenschaft für ein Pferd, dass es selbst für sich denken kann. Zwar sind die Springpferde und -reiter unheimlich gut aufeinander eingestimmt

und wissen, was sie zu tun haben, aber auf der Geländestrecke haben wir einen absolut unbekannten Faktor: das Geläuf und das Wetter. Alles kann passieren. Und das ist genauso wie bei einem Auto: wenn man anfängt, schneller zu fahren, geht man mit dieser Geschwindigkeit auch ein höheres Risiko ein. In unserem Sport werden mehr Fehler gemacht, weil die Geschwindigkeit so hoch ist, also ist es wichtig, dass das Pferd bei dieser Geschwindigkeit mit sich zurechtkommt.

Es ist wichtig, nicht zu viel für das Pferd zu machen. Das Pferd muss lernen, wie es selbst zurechtkommt, aber man darf es auch niemals vernachlässigen. Man kann es selber machen lassen und es muss seine Beine selbst sortieren, aber man darf es nicht in eine Situation bringen, in der das Pferd sich vor eine unfaire Entscheidung gestellt sieht, in der es also entweder stehen bleiben muss oder, weil es mutig ist, versuchen wird, zu springen, und dabei vielleicht stürzt. Man sagt einem solchen Pferd nicht ständig, was es zu tun hat oder macht ihm Vorschriften, aber man lügt es auch nicht an. Es ist eine dermaßen große Verantwortung, aber auch eine genauso große Herausforderung. Im Leben eines einzigen Menschen wird nie genug Zeit sein, um alles über Pferde zu lernen. Partnerschaften sind etwas, was jeder will, und deswegen gehe ich noch einmal zu den Eigenschaften zurück, die man bei einem Pferd haben will. Man muss ein Pferd mögen, um sein Poten-

Der größte Muskel im Körper eines Pferdes ist sein Gehirn. Wenn man es schafft, dass das Gehirn für den Reiter arbeitet, dann macht der Körper das ebenso.

tial herausbringen zu können. Biko und ich haben eine großartige Freundschaft entwickelt. Zwar habe ich ihn als junges Pferd als schwierig empfunden, weil er so groß ist, aber ich habe ihn immer gemocht und hatte immer Respekt vor seinen Fähigkeiten. »The Optimist« und ich sind nie richtig miteinander klargekommen. Er war sehr stark und dominant und es ging mal wieder nur um Kraft. Ich hatte das Gefühl, ich wäre nicht wirklich in der Lage, mit ihm zurechtzukommen, und er war zwar sehr erfolgreich für mich, aber ich hatte nie diese geistige Beziehung zu diesem Pferd, die mir heute – zehn Jahre später – so wichtig ist.

Pferde können von ihren Reitern regelrecht inspiriert werden, aber genauso können sie frustriert werden, wenn sie missverstanden werden. Da war dieser unglaubliche Ritt von Andrew Nicholson auf Cartoon II in Burghley, 1995 war das – das Pferd gewann ständig an Selbstvertrauen, obwohl man vom Reiter niemals eine Bewegung sah. Er befand sich einfach wunderbar in einem Takt mit seinem Pferd. Das Pferd hat ein paar Fehler gemacht und ist auch durchaus schlecht aufgekommen, und dann hat Andrew einfach gesagt »na los, weiter, du bist doch in Ordnung«, und weiter ging's. Das war ein herausragendes Beispiel für einen Pferdemann, der ein Gefühl dafür hat, was sein Pferd in einem bestimmten Augenblick braucht. Am Schluss hätte Andrew das Pferd überzeugen können, dass es in der Lage ist, himmelhoch zu springen. Das ist die Eigenschaft, die man in einem Pferd herausbringen will – dass es für seinen Reiter über den Grand Canyon springen würde. Aber mit diesem Vertrauen geht auch eine ungeheure Verantwortung einher, dass man das Pferd niemals auf irgendeine Art im Stich lassen darf.

Ganz egal, für welche Disziplin das Pferd vorgesehen ist, hat der Ausbilder grundsätzlich zwei Aufgaben. Die erste besteht darin, eine Kommunikation mit dem Pferd aufzubauen. Diese Kommunikation verändert sich im Verlauf der Ausbildung, so dass man schließlich immer mehr Worte im Vokabular hat. Die zweite ist, einen besseren Sportler aus ihm zu machen, und auch diese Aufgabe verändert sich in dem Maße, in dem das Pferd besser ausgebildet ist. Für mich lauten die vier Grundprinzipien für jede Art von Reitsport: geradegerichtet, vorwärts gehend, entspannt und gehorsam. Geradegerichtet, vorwärts gehend und entspannt sind ziemlich selbsterklärende Begriffe, aber »gehorsam« ist ein Ausdruck, der einiger Erklärung bedarf, weil viele Reiter unter Gehorsam jeweils etwas anderes verstehen, und oft richtet sich das danach, welche Art von Disziplin im Leben jedes einzelnen Reiters herrscht – was ein Reiter also toleriert und was er nicht toleriert. Wenn man allmählich mehr Erfahrung bekommt, merkt man, dass man eine ganze Reihe von Pferden hernehmen kann, und mit allen erreicht man dasselbe Maß an Gehorsam, und für alle gelten exakt dieselben Regeln – das ist die Konsequenz, die bei der Ausbildung von Pferden so wichtig ist.

Um als Ausbilder erfolgreich zu sein, muss man konsequent sein und sich klar ausdrücken. Man kann jede Situation hernehmen, ob es nun darum geht, anständig auf ein Pferd aufzusteigen oder eine Traversale durch die Bahn zu reiten – wenn die Ausführung nicht ganz richtig war, macht man nicht einfach mit dem nächsten Tagesordnungspunkt weiter, sondern man wiederholt die Übung. Ich kann Ihnen gar nicht sagen, wie oft ich schon von einem Pferd wieder abgestiegen bin, nur um noch einmal und diesmal besser aufzusteigen, so dass es ruhig stehen bleibt. Das ist nur eine Kleinigkeit, aber wenn man bei den Olympischen Spielen die Mittellinie entlanggaloppiert, dann will man, dass das Pferd hält und stillsteht.

Man kann also nicht nur einmal von zehn Mal darauf bestehen und sich dann darauf verlassen, dass es das dieses eine Mal zufällig schon richtig machen wird.

Für die Ausbildung gibt es keine Geheimrezepte, sie beruht völlig auf gesundem Menschenverstand. Man bringt dem Pferd die Grundlagen bei: geradegerichtet, vorwärts gehend, entspannt, gehorsam. Im Rahmen dieser Grundlagen macht man dann aus dem Pferd einen besseren Sportler, indem man Koordinationsübungen mit ihm macht. Dann wählt man die Karriere für dieses Pferd aus, seinen Lebensberuf – es kann ein Vielseitigkeitspferd oder ein Rennpferd werden, ein Kinderreitpferd oder ein Jagdpferd – das ist völlig egal. Erst wenn man bis ganz vorne vordringt und man denkt, dass man dieses Pferd bis zur Spitze seines Potentials gebracht hat, kommt der Punkt, an dem es auf dem Turnier mit dem Pferd eines anderen Reiters verglichen wird. Und nun lautet die Frage: »Kannst du diese Traversale durch die ganze Bahn geradegerichtet, vorwärts gehend, entspannt und gehorsam reiten?« Mehr ist es nicht. »Kann ich die »Treppe« auf der Geländestrecke von Beaufort geradegerichtet, vorwärts gehend, entspannt und gehorsam reiten?« Es ist wirklich so einfach, und gleichzeitig so kompliziert. Dem Ganzen liegen sicher Fähigkeiten zugrunde, die ein Pferd sich ganz sicher erst einmal aneignen muss, und deswegen ist die Erfahrung auch so wichtig. Man muss seinem Pferd gegenüber sehr positiv eingestellt sein, und man muss sehr direkt sein. Halten Sie alles ganz einfach – schwarz und weiß. Sagen Sie

Ihrem Pferd, was Sie von ihm wollen, und das Pferd wird versuchen, genau das zu tun. Wenn es das nicht versucht, dann suche ich den Grund immer bei mir selbst und sage zu mir: »Jetzt warte mal, es versteht einfach nicht, was ich ihm sagen will«. Bei unterschiedlichen Pferden muss man vielleicht die Techniken, mit denen man zu diesen Grundlagen kommt, anpassen, aber die Grundlagen bleiben immer dieselben. Man muss in seinen Methoden wirklich flexibel sein – aber niemals darf man sagen »mein Pferd will das halt nicht machen, also bestehe ich nicht darauf, ich lasse es sein.«

Wenn es darum geht, an den schwachen Seiten zu arbeiten, ist das Wichtige wieder, das Ganze zum Vergnügen zu machen. Bei »Prince Panache« war es einfach nicht der richtige Weg, ihn in ein 60×20 Dressurviereck zu stellen und mit ihm Dressurlektionen zu üben. Wir mussten bei ihm mit etwas anfangen, was er wirklich gerne machte. Bei ihm war das Ausreiten, und so nutzten wir das und haben ihm dabei beigebracht, den Schenkel und die Hand zu akzeptieren, einfach da draußen im Gelände. Wenn wir beim Springen sind, fragen wir ihn zum Beispiel »Kannst du diese Trabstangen auch im Schulterherein gehen?« oder »Meinst du, du könntest deinen Körper mal auf diese Art bewegen?« Dann sagt er wahrscheinlich »Nein, das glaube ich nicht«. Also sagt man zu ihm »Na los, versuch's doch einfach mal ... Na siehst du, du kannst es!« Das ganze Programm muss sehr positiv sein, so dass das Pferd dann sagt »Oh Mann, ich hab' gar nicht gewusst, dass ich das kann. Ich könnte das glatt nochmal machen. Hättest du gerne, dass ich das nochmal mache?« Auf diese Art fördert man die Fähigkeiten eines Pferdes. Dann fängt es an, mit seinem Reiter zu sprechen, dann kommt der Charakter allmählich heraus, dann beginnt eine beiderseitige Kommunikation. Die Pferde schirmen sich dann nicht ab, wie sie es tun, wenn sie Angst davor haben, sich gehen zu lassen. Um ein Pferd dazu zu bringen, dass es dem Menschen wirklich vertraut, muss man ihm beibringen, wie es sich gehen lassen kann. Man darf Pferde nicht vor den Dingen schützen, vor denen sie Angst haben, sei es geistig oder körperlich. Die häufigsten Widersetzlichkeiten treten auf, weil das Pferd missverstanden wird. Das ist eine Reaktion. Für mich ist der größte Muskel im Körper eines Pferdes sein Gehirn. Wenn man es schafft, dass das Gehirn für den Reiter arbeitet, dann macht der Körper das ebenso. Wenn der Reiter vom Pferd nicht verstanden wird und es Widerstand gibt, dann würde ich sagen, dass da ein körperliches Problem vorliegt, das man ansprechen muss – irgend etwas hindert das Pferd körperlich daran, zu tun, was der Reiter von ihm will. Wenn ich das Gefühl habe, dass ein Pferd mich versteht, trotzdem aber beispielsweise nicht am Zügel geht oder sich immer auf den rechten Zügel legt, dann würde ich meine Mannschaft auf den Plan rufen – den Pfleger, den Ausbilder, den Tierarzt, einfach jeden, der für die Fortschritte dieses Pferdes eine größere Rolle gespielt hat. Wir würden dann gemeinsam über das Problem nachdenken und auf eine Antwort kommen. Pferde sind von Natur aus so versöhnliche Tiere, dass Widerstand in vielen Fällen ein vom Menschen gemachtes Problem ist. Ein Pferd geht immer dorthin, wo es den wenigsten Widerstand verspürt. Warum denn kämpfen? Pferde können Kämpfer sein, aber in den meisten Fällen gehen sie einem Kampf aus dem Wege. Viele Reiter durchlaufen in ihrer Karriere ein Stadium, in dem sie bei einem widersetzlichen Pferd vielleicht sagen, man müsse sich »durchsetzen«, oder man hört von ihnen diesen Dominanzkram »Ich hab's diesem Pferd gesagt!«. Und dann findet man heraus, dass Dominanz eine Sache des Respekts ist. Wenn man mit dem Pferd kämpfen muss, hat es seinen Respekt für den Reiter verloren. Das ist der Grund, warum wir unseren Pferden gegenüber ganz konsequent eine nicht-aggressive Haltung einnehmen. Das soll nicht heißen, dass wir nicht eine Menge von ihnen verlangen, aber wir tun das unaufdringlich. Ich reite fast nie mit Gerte. Widerstand kann auch etwas Gutes haben. Wenn ein Pferd in einer Lektion nicht ganz durchlässig ist, kann das beispielsweise bedeuten, dass man es zwar einen Schritt weitergebracht hat, dass es dafür aber noch nicht gehorsam genug ist. Dann muss man mit einer grundlegenderen Lektion weiterüben, um zu mehr Gehorsam zu kommen, und dann kann man wieder die Lektion mit dem höheren Niveau anpacken und stößt dabei auf weniger Widerstand. In einer bestimmten Situation rührt Widerstand daher, dass man immer mehr vom Pferd verlangt, ohne dass es versteht, was man von ihm will – also ein Warnzeichen. An diesem Punkt kann es nun sein, dass das Pferd nicht versteht, was man will, oder vielleicht nicht in der Lage dazu ist, zu geben, was man will, oder vielleicht ist es einfach faul. Es gibt da all diese Möglichkeiten, und es ist die Aufgabe des Reiters, herauszufinden, welche zutrifft.

Ein Turnierpferd braucht ein Fitnessprogramm, aber geistige Vorbereitung ist genauso wichtig. Da geht es auch wieder um die Regelung des Drucks. Man kann ein Pferd nicht einfach, so aus heiterem Himmel, in eine wettbewerbsgeladene Turniersituation bringen – vor allem kein Vollblut, es würde sich unheimlich aufregen. Man muss seinen geistigen Zustand so regeln, dass es in der Lage ist, die Aufgabe zu erfüllen, die man ihm gerade vorgesetzt hat. Das trifft vor allem auf die Dressur zu, wo das Pferd sich genau im richtigen Zustand befinden muss – es muss völlig entspannt und selbstsicher sein, sonst ist auch sein Reiter nicht in der Lage, auf Sieg zu reiten. Wenn das Pferd ein Nervenbündel ist, wird man bei jeder Lektion Punkte verschenken.

Ein glückliches Pferd ist ein Pferd, das sich nützlich fühlt. Ich glaube, dass Pferde Arbeitstiere sind und ein produktives Leben führen wollen. Sie wollen, dass man sich um sie kümmert und dass sie geliebt werden, genauso wie Menschen, und sie brauchen Stabilität im Leben und in dem, was sie erreicht haben. Also muss man versuchen, einem Pferd diese Dinge zu geben, und darauf reagieren Pferde auch wirklich. Es ist offensichtlich, dass man sich um sie kümmern und sie lieben muss, und ebenso

brauchen sie eine Routine. Es muss konsequente Regeln für ihr Leben geben, weil sie sich mit der Zeit darauf verlassen.

Letztlich geht es darum, dass man die Persönlichkeit des Pferdes entwickelt, dass man mit ihm Spaß hat und dass man Freude an ihm hat. Unsere Pferde machen eine Menge Kunststückchen, an denen sie Spaß haben und die ihnen das Gefühl geben, dass sie etwas Besonderes sind. Pferde leben wesentlich kürzer als Menschen, also muss man jetzt Freude an ihnen haben, denn sie werden nicht immer da sein. Man wechselt nicht einfach von einem großartigen Pferd zum anderen – man muss den Augenblick genießen. Man bringt jedes Pferd als Individuum heraus, so gut man dazu fähig ist. Wenn diese Fähigkeiten es diesem Pferd ermöglichen, sein Potential auszuschöpfen, ist das doch toll! Der Rest liegt dann nicht mehr in Ihren Händen.

6
Ausbildung von Körper und Geist

Frühes Lernen

Jede Einzelheit im Verhalten eines Einzeltieres sagt etwas darüber aus, was dieses Tier im Laufe seines Lebens gelernt hat, und wie es das gelernt hat. Pferde haben eine unglaublich hohe Lernkapazität, sie lernen schnell und gut. Gepaart mit ihren natürlichem Bestreben, es dem Menschen, mit dem sie umgehen, recht zu machen, hat das sie ungeheuer nützlich für den Menschen gemacht. Um aber wirkungsvoll zu sein und dem Pferd eine faire Chance zu geben, unsere Erwartungen zu erfüllen, dreht der ganze Vorgang des Lernens sich um die Fähigkeit des Lehrers, seinen Schüler und dessen Lernweise zu verstehen und klare Kommunikationsbahnen aufzustellen und zu unterhalten. Man muss nur einmal überlegen, wie schnell ein Pferd in der Natur neue Informationen aufnimmt, wo Instinkt und Überlebenszwänge für die absolute Motivation sorgen. Der Geruch seiner Mutter, wo die Zitzen sitzen, wo es in der Gemeinschaft steht, wie man aufrecht bleibt, wie man sich bewegt – die Lektionen setzen lawinenartig immer mehr in Bewegung, bis alle Lernvorgänge beteiligt sind, wie alle Instrumente eines Orchesters, so dass das Einzeltier »erzogen« und sein Verhalten geformt wird.

Die grundlegenden »pferdischen« Strategien, die Verhaltensmuster, sind zwar angeboren, aber ein junges Pferd wird nicht als Experte in diesen ererbten Programmen geboren. Es muss fast jede lebenserhaltende Fertigkeit erst üben und perfektionieren. Seine ersten und wirkungsvollsten Ausbilder sind dabei seine Mutter und der Rest der Herde, die alle zusammenarbeiten, um ihm beizubringen, wie man Pferd ist – und wie man als Pferd überlebt.

Herdeninstinkt

Das Nachahmen nimmt im Lehrplan eines jungen Pferdes eine Zentralstellung ein. Wie alle geselligen und in Herden lebenden Tiere neigen Pferde dazu, als Gruppe zu handeln und sich unterbewusst von Verhaltensänderungen anderer Pferde »anstecken« zu lassen. Diese Neigung, dass bestimmte Handlungen auf alle übergreifen, nennt man Herdeninstinkt, und man kann sie leicht in jeder Pferdegruppe beobachten, weil diese Tierart besonders dazu neigt. Von Anfang an wird ein junges Pferd eher dann fressen, wenn auch die anderen Pferde der Gruppe fressen, es wird sich ausruhen, wenn die anderen ausruhen, es wird fliehen, wenn die anderen erschrecken, und so weiter. Diese Gruppenhandlungen schaffen die Bindung innerhalb der Herde und bieten Sicherheit und Stabilität. Sie üben einen mächtigen Einfluss auf jedes einzelne Herdenmitglied aus. Diese Neigung bedeutet auch, dass Verhaltensmuster eines Einzeltieres ebenso leicht gelernt werden. Ein Jungpferd lernt durch die Beobachtung anderer Pferde, vor allem seiner Mutter, schnell. Man kann ein altes, zuverlässiges Pferd dazu einsetzen, um in bestimmten Situationen beim Umgang mit dem Pferd oder beim Reiten ein gutes Beispiel zu geben – aber man tut gut daran, daran zu denken, dass das Jungpferd genauso schnell die unerwünschten Gewohnheiten annehmen kann wie die erwünschten!

Lebenslektionen

Verglichen mit einem menschlichen Kleinkind entwickelt ein Fohlen sich auf der Schnellspur. Innerhalb von 24 Stunden nach der Geburt kann ein Fohlen nicht nur an den Zitzen saugen, sondern auch an dem grünen Zeugs unter seinen Hufen knabbern. Es kann sich mit großer Geschwindigkeit bewegen, zwar noch ungeschickt, aber durchaus ausreichend. Es kann sich hinlegen und wieder aufstehen, wann es will; es kann seine Mutter wiederfinden, indem es nach ihr ruft und sie darauf antwortet. Es kann Fliegen verscheuchen und hat sogar schon ein paar vorsichtige Spiele ausprobiert. Wie bei jedem jungen Tier, nimmt der Schlaf den größten Teil der Zeit eines solchen Fohlens ein und ist unter den beschützenden Blicken der Frau Mama auch eine wesentlich entspanntere Sache als die kurzen Perioden »echten« Schlafes, die man bei erwachsenen Pferden findet. Fohlen schlafen viel öfter lang auf

der Seite ausgestreckt als ältere Pferde. Wenn sie älter werden, finden sie andere Prioritäten, beispielsweise sind sie dran, den verantwortungsvollen Posten des »Ausgucks« zu übernehmen, und so verbringen sie weniger Zeit mit dem Ruhen, vor allem in dieser verletzlichen Position. Dann wird die Schlafenszeit hauptsächlich mit Schlafen in der Bauchlage verbracht, oder mit dem Dösen mit aufgestelltem Hinterbein, also dem »Schildern«, bei dem Ellbogen und Knie eingerastet werden können.

Durch Beobachtung seiner Mutter und der anderen Pferde um es herum experimentiert ein Fohlen mit dem Wasser trinken und dem Gras fressen. Allmählich perfektioniert es seine Techniken. Geschwindigkeit und Präzision des Sortiervorganges beim Gras fressen verbessern sich, und das junge Pferd lernt, diese Dinge praktisch ohne Nachdenken zu tun, so dass es jeweils mit halbem Auge und Ohr andere Aspekte seiner Umgebung unter Beobachtung halten kann, beispielsweise, wie nahe es bei der Stute und dem Rest der Herde ist, oder ob eine Gefahr besteht. Was das gesellschaftliche Leben betrifft, ist ein ganz jungen Fohlen vor allem ein »Nachläufer«. Sobald es auf seine eigene Mutter geprägt ist, klebt es an ihr, ganz egal, wo sie hingeht. Es säugt oft und festigt so eine ohnehin schon starke Bindung, die in der Herdensituation bis weit ins Erwachsenenalter hineinreicht. Allerdings setzt sich mit zunehmendem Alter der Entdeckerdrang durch. Auch dieser Drang ist bis zu einem gewissen Maße Teil des Charakters eines erwachsenen Pferdes – die Neugier eines Pferdes ist fast so groß wie die der Katzen, die dafür berüchtigt sind! Unbekannte Objekte werden unter Verwendung von Maul und Nase untersucht oder mit den Hufen bescharrt. Ein kleines Fohlen kennt praktisch keine Furcht, so dass Mama seine entdeckerischen

Aktivitäten gut im Auge behalten muss. Erst wenn ihm langsam die ersten Erfahrungen dämmern, lernt es, die Welt nicht mit allumfassendem Vertrauen zu betrachten – dann entsteht oft ein Konflikt zwischen dieser sich entwickelnden natürlichen Vorsicht und der Faszination des Entdeckertums.

Hengstfohlen sind im allgemeinen etwas kühner als Stutfohlen, aber alle jungen Pferde werden immer mutiger und drängen danach, sich immer weiter von der Stute zu entfernen und ihren Horizont zu erweitern, wenn sie älter werden. So bereiten sie sich darauf vor, später Rollen zu übernehmen, in denen sie unabhängig sein müssen. Dieser Drang ist eine Eigenschaft, die man sich in der Entwicklung eines jungen Hauspferdes zunutze machen muss. Wenn man einem jungen Pferd jede Menge Gelegenheit gibt, seinen Entdeckerdrang zu befriedigen, so dass es die Welt um sich herum auf ganz natürliche und einfache Weise so im Vorbeigehen kennen lernt, vermeidet man das Trauma, das man einem zu stark behüteten Dreijährigen zufügt, wenn man ihn dann beim Einreiten »ins kalte Wasser wirft«.

Wie alle wachsenden Säugetiere lieben junge Pferde es, zu spielen, und sie brauchen das Spiel nicht nur zum Einüben der allgemeinen Bewegungskoordination, sondern auch der gesellschaftlichen Beziehungen und der Überlebensfähigkeiten, die für ihre Art wichtig sind. Bei Kätzchen beinhalten die Spiele das Zuspringen auf eine eingebildete Maus und das Herumspielen damit. Fohlen spielen »Wegrennen« und zeigen dabei Scheuen, aufgeregtes Stehen bleiben, plötzliche Wendungen, Buckeln und raschen Rückzug. Neben dem Schlafen und Fressen wird die meiste Zeit mit Spielen der einen oder anderen Art verbracht. Offensichtliche Funktionen dieser Kleinkinderspiele sind die Verbesserung der Koordination, die Schärfung der Sinneswahrnehmung, das Eintrainieren von Reaktionen und allgemein der Aufbau der Vertrautheit mit dem eigenen Körper. Aber Spielen erfüllt auch noch andere Aufgaben. Die wichtigste davon ist die Vermittlung gesellschaftlicher Fertigkeiten und der Regeln des Zusammenlebens in der Herde. Jedes Zusammentreffen mit einem anderen Pferd ist für das Jungpferd eine Gelegenheit, sich nicht nur im Sprechen der »Körpersprache« zu üben, aus der die Sprache der Pferde hauptsächlich besteht, sondern auch zu lernen, wie es die Antworten zu interpretieren hat. Gesichtsausdrücke, Haltungen, Lautäußerungen, Bewegungen – da gibt es eine ganze Menge an Vokabeln und Grammatik zu lernen.

Der Status eines jungen Pferdes ändert sich im Lauf der Zeit allmählich. Zuerst wird das Fohlen als eine Art Erweiterung seiner Mutter betrachtet. Solange es sich damit zufrieden gibt, innerhalb ihres persönlichen Freiraums zu bleiben, bleibt dieser Status Quo bestehen. In dem Maße, in dem sie abenteuerlustiger werden, müssen Fohlen allerdings ein Bewusstsein für den persönlichen Freiraum anderer Pferde entwickeln und Respekt vor älteren Pferden lernen. Die halbwüchsigen Zwei- und Dreijährigen, die sich gerne wichtig vorkommen, übernehmen dabei oft den führenden Part darin, Babyverhalten zu strafen, das über das erlaubte Maß hinausgeht. So wird dem Jungpferd klar, dass es selbst dann, wenn es sich nicht in Mutterns Nähe aufhält, nicht alles machen kann. In der allgemeinen Rangordnung wird ihm bald unmissverständlich klargemacht, wo es sich befindet, aber ebenso muss es sich innerhalb seiner eigenen Altersgenossen seinen Platz suchen, denn dort beginnen die aufmüpfigeren Charaktere sehr bald, sich als Chefs über die vorsichtigeren aufzuspielen. Außerdem beginnen sich Freundschaften und Abneigungen zu entwickeln, sowohl zwischen den Neuzugängen als auch zwischen den Einzeltieren verschiedenen Alters. So wird das komplexe und ständig in Veränderungen begriffene Netzwerk an Beziehungen geschaffen, aus dem die Herde besteht.

Vorliegende Erkenntnisse sagen aus, dass Jungpferde, die an Herdendisziplin in einer Gruppe mit gemischtem Alter gewöhnt sind, meist entspannter sind und sich besser ausbilden lassen als Tiere, die in Gruppen mit absolut gleichem Alter oder zu zweit aufgezogen wurden (wie es in den meisten westeuropäischen Zuchtstätten der Fall ist). Pferde, die »auf natürliche Art« aufwachsen, sind psychisch meist ausgeglichener – das sind Tiere, die in sich ruhen, die schnell lernen, die schon mehr Ahnung von der Welt haben, aber Respekt vor einer fair ausgeübten Autorität kennen, die nicht schmollen, wenn sie für unakzeptierbares Verhalten gemaßregelt werden.

In der Wildnis findet das Absetzen ungefähr neun Monate vor der Geburt des nächsten Fohlens statt. Ab diesem Zeitpunkt muss das Jungpferd im Grunde auf eigenen Füßen stehen, auch wenn starke Familienbande bestehen bleiben. Innerhalb der Sicherheit der Gruppe ist das Absetzen allerdings mit relativ wenig Leid verbunden – verglichen mit dem Trauma, das einem Fohlen durch die künstliche aber weit verbreitete Praxis des Absetzens beim Züchter zugefügt wird, wo Stute und Fohlen nach ungefähr sechs Monaten ganz plötzlich getrennt werden und das Fohlen völlig isoliert wird.

In der Herde sind junge Pferde im Jährlingsalter wie alle anderen Teenager sehr damit beschäftigt, ihre eigene Identität aufzubauen. Als Jährlinge und Zweijährige beginnen sie, die unterwürfige Kaubewegung gegenüber erwachsenen

Pferden aufzugeben, aber trotzdem sind sie noch diejenigen, die in der Gruppe ganz unten stehen. Die erwachsenen Pferde betrachten die Jungpferde nicht eher als »volljährig«, als bis sie ungefähr drei sind. Zu diesem Zeitpunkt haben viele Stutfohlen sich bereits gepaart, manche von ihnen sind in andere Gruppen abgewandert. Die meisten Hengstfohlen sind dann gerade dabei, die Herde zu verlassen und Junggesellengruppen zu gründen. Die jüngere Generation muss fünf oder sechs werden, bevor die Tiere ihren Platz gefunden haben, in Erwachsenenrollen hineingewachsen sind und die Verhaltensmuster erwachsener Pferde verinnerlicht haben.

Die Haltungsänderungen, die mit der Veränderung des sozialen Status eines Jungpferdes einhergehen, werden ausgesprochen wichtig, wenn es um unsere Ausbildungs- und Gewöhnungspläne für dieses Pferd geht. Bis zum Alter von ungefähr drei Jahren ist ein Jungpferd mehr oder weniger im »unterwürfigen Modus«. Dann probt es vielleicht einmal den Aufstand, vor allem dann, wenn es sich um einen mutigen und aufsässigen Charakter handelt, aber im Grunde akzeptiert es nur zu bereitwillig die Führungsansprüche des Menschen, wenn diese überzeugend und deutlich genug angemeldet werden. Ab einem Alter von drei Jahren wird allerdings ein Pferd, mit dem nicht umgegangen wird, immer schwieriger zu beeinflussen sein, es wird selbstbewusster und entwickelt seine eigenen Ansichten darüber, welchen Status es hat und was es will.

Der richtige Anfang

Ein neugeborenes Fohlen steht dem Leben noch fast wie ein leeres Blatt Papier gegenüber, das darauf wartet, beschrieben zu werden. Aber ein junges Pferd lernt schnell, und im allgemeinen gilt, dass es von einer Erfahrung um so stärker beeinflusst wird, je jünger es dabei ist. Wenn dieses Fohlen dazu ausersehen ist, den Rest seines Lebens in der Gesellschaft des Menschen zu verbringen und sich an dessen Erwartungen anzupassen, dann ist es nur fair und sinnvoll, uns Menschen und unsere »Spielregeln« so bald wie möglich bei ihm einzuführen. Imprinting-Ausbilder nutzen den überwältigenden Trieb des Neugeborenen, sich mit anderen zusammenzutun, zu lernen und sich von anderen führen zu lassen, indem sie sofort ihren Eindruck im Bewusstsein des Fohlens hinterlassen. So schaffen sie eine Art *ménage a trois*, ein Feld für drei, in dem das Fohlen sich sowohl an seine Mutter als auch an den Menschen wendet, wenn es Sicherheit braucht und wissen will, wo es langgeht. Die Gewöhnung an die freundliche aber bestimmte Gegenwart des Menschen muss allerdings nicht so stark auf das Fohlen einwirken und ist trotzdem noch wirkungsvoll. Sanfter aber bestimmter Umgang mit dem Tier während der ersten Lebenstage wird einen wichtigen bleibenden Eindruck hinterlassen, denn zu dieser Zeit trifft das Fohlen seine anfänglichen Entscheidungen darüber, mit welcher Tierart es sich identifiziert und wer die »wichtigen Leute« in seinem Umfeld sind. Man kann sich über das neugeborene Fohlen beugen, mit den Händen am gesamten Körper entlangfahren, Hals und Hinterhand mit den Fingern so kraulen, wie seine Mutter es tun würde – das Neugeborene wird all das bereitwillig akzeptieren, weil es eine vertrauensselige Natur ist. In seinen Augen ist man unschuldig, bis das Gegenteil bewiesen ist.

Mitfließen

Wie jede Ausbildung ist diese frühe Anwesenheit des Menschen eine Art Gehirnwäsche – der Geist überlagert die Materie. Selbst ein neugeborenes Pferd ist wesentlich stärker als ein Mensch. Wenn man ihm die Gelegenheit gibt, sich dessen bewusst zu werden, hat damit der Mensch sofort einen Nachteil, der schwierig wieder auszugleichen ist. Das Wissen seiner Art wird sehr bald an dem Fohlen arbeiten und ihm sagen: »aufrechte Haltung, Augen vorne am Kopf = Fremdling, Raubtier« – das kann nur vermieden werden, wenn das Fohlen von Anfang an dazu konditioniert werden kann, menschliche Wesen als harmlose, aber trotzdem dominante Herdenmitglieder anzusehen. Bei freundlicher, aber bestimmter Behandlung und mit dem Beispiel des kooperativen Verhaltens seiner Mutter vor Augen lernt es rasch, dass Widerstand gegen den Menschen nicht nötig und dass es auch nicht sinnvoll ist, sich gegen sinnvolle Wünsche des Menschen zur Wehr zu setzen. Ebenso fügt nachgiebige oder schlechte Behandlung in diesem ungeheuer wichtigen frühen Stadium der noch wackeligen Beziehung Schäden zu, die nicht wieder zu beheben sind – einfach deswegen, weil man damit die Befürchtungen seines Instinkts bestärkt und es geradezu eingeladen hat, doch einmal zu merken, wie

Ein neugeborenes Fohlen steht dem Leben noch wie ein leeres Blatt Papier gegenüber, das darauf wartet, beschrieben zu werden.

einfach es ist, zu tun, was man will. Nach einer solchen Erfahrung wird es schwierig sein, ein Fohlen davon zu überzeugen, dass Widerstand nicht immer einen Versuch wert ist.

Man kann den richtigen Anfang noch wirkungsvoller auf den Weg bringen, wenn man sich als Pfleger bewusst ist, in welchen Wachstumsstadien ein junges Pferd besonders leicht zu beeinflussen ist, weil seine natürlichen Neigungen es in eine bestimmte Richtung führen. Wenn man sich an der Psyche des Pferdes orientiert, kann man das Lernen viel leichter machen und dabei gleichzeitig unnötige Konflikte vermeiden. So sind beispielsweise Berührungen und Gerüche in den ersten Lebensstunden besonders wichtig, und gleichzeitig sucht das Fohlen in dieser Zeit Sicherheit bei jedem großen und sich bewegenden Wesen – also ist das doch die perfekte Gelegenheit, sich bei einem Fohlen einzuführen.

›Ein Zweijähriger tritt ins Halbstarkenalter ein und ist dann immer weniger bereit, sich unterzuordnen‹

Während der ersten Lebenswochen hat das Fohlen den starken Trieb, anderen hinterher zu laufen, und es steht der Welt noch recht kühn gegenüber. Also ist das eine ideale Zeit, um es mit dem Halfter bekannt zu machen und ihm erste Lektionen darin zu geben, sich neben der Stute führen zu lassen.

Wenn das Fohlen älter wird, dehnt es seine Erkundungen aus, so dass es normalerweise kein Problem damit hat, sich immer weiter von seiner Mutter weg führen zu lassen – solange man ihm die Gelegenheit gibt, sich neue Gegenstände in Ruhe anzusehen und neue Erfahrungen in seinem eigenen Tempo zu machen, denn nun wird es allem Neuen gegenüber immer vorsichtiger. Wenn man ein

Fohlen nicht schon vorher an das Halfter gewöhnt hat, ist das Absetzen der richtige Zeitpunkt dafür, weil der Drang, anderen nachzulaufen, immer noch sehr stark ist und außerdem das Fohlen, das sich jetzt allein und unsicher fühlt, bereit ist, mit jedem mitzugehen, der ihm beruhigende Führung geben kann. Das Leben eines Jährlings konzentriert sich auf Spielen und Entdecken, also wird er gerne Spaziergänge machen und sich einige einfache Lektionen am langen Führstrick gefallen lassen. An diesem Punkt kann es nötig werden, die Gewöhnung an ein Gebiss mit einfließen zu lassen, aber normalerweise kann man einen Jährling mit Halfter und Strick führen. Druck auf sein Maul auszuüben, sollte für den Notfall reserviert bleiben.

In diesem Stadium sucht das junge Pferd zwar noch von Natur aus nach einer Leitfigur, aber es beginnt bereits, die Grenzen dieser Beziehung auszutesten und bekommt sehr schnell mit, wenn es gerade die Oberhand hat. Wenn sein Verhalten die Grenze des Akzeptierbaren überschreitet, muss der Verweis ebenso so rasch und entschieden kommen wie in der Herde, wenn ein aufmüpfiges Jungpferd zurechtgewiesen wird. So besteht für das Jungpferd kein Zweifel daran, dass es sein eigenes Verhalten war, das aus seinem freundlichen Anführer innerhalb eines Augenblicks einen wütenden »Chef« gemacht hat. Wenn Pferde sich selbst überlassen sind, fängt die junge Generation von dem Augenblick, in dem sie sich auf die Füße gekämpft hat, an, Manieren zu lernen – wer auf die falsche Mutter zuwackelt, wird für seine Mühen mit einem nicht allzu freundlichen Wegschubsen belohnt. Zurechtweisungen sind ein positiver Einfluss und gehören zum Leben dazu, solange sie sofort stattfinden, konsequent gegeben werden und im Verhältnis zum Vergehen stehen.

Ein Zweijähriger tritt ins Halbstarkenalter ein und ist dann immer weniger bereit, sich unterzuordnen. Er wird also in immer stärkerem Maße versuchen, bei jeder Gelegenheit seinen Status auszutesten. Nun sind faire und konsequente Zurechtweisungen wichtiger als jemals zuvor. Das junge Pferd ist schlau und neugierig, es will unabhängig sein und die Welt sehen. Also führen Sie es am langen Zügel, zeigen Sie ihm den Betrieb, nehmen Sie es zum Turnier mit. Es kann neue Erfahrungen aufsaugen wie ein Schwamm, und nachdem jeder Erfolg ein neuer kleiner Triumph ist, wird es diesen mit der beruhigenden Anwesenheit seines Ausbilders in Verbindung bringen. Geben Sie dem jungen Pferd Gelegenheit, ständig neue Erfahrungen abzuspeichern und konstruieren Sie dabei so viele verschiedene Situationen wie nur möglich, ob sie nun für die Zukunft des Pferdes wichtig zu sein scheinen oder nicht. Je mehr Chancen es hat, zu lernen und das Lernen zu üben, und je unterschiedlicher diese Chancen sind, desto besser wird es darin.

Körperlich reife Jungpferde werden oft schon gegen Ende ihres zweiten Jahres mit Sattel, Trense und dem Aufsitzen vertraut gemacht, aber traditionsgemäß werden die meisten jungen Pferde, so sie nicht auf der Rennbahn gehen sollen, erst eingeritten, wenn sie dreijährig sind. Zu diesem Zeitpunkt wird einem Jungpferd in der Herde – auch wenn es das nicht gerne zugibt – klar, dass nicht alles nach seinem Kopf geht, auch wenn es von sich selbst noch so sehr überzeugt ist. Ein unter Menschen aufgewachsenes Pferd wird im Alter von zwei oder drei, wenn seine bisherigen Erfahrungen mit dem Umgang mit Menschen in Ordnung

waren, in die Anfangsstadien seiner Ausbildung hineinrutschen, ohne dass es dabei von irgend etwas sonderlich schockiert wäre. Es ist bereits daran gewöhnt, dass man ihm Fragen stellt und fair, aber bestimmt auf der richtigen Antwort besteht. Es lernt, zu denken, frühere Erfahrungen anzuwenden, um ihm bei der Bewältigung neuer Dinge zu helfen, und dabei weder ängstlich zu werden noch zu heftig zu reagieren.

Wenn unser jugendliches Pferd allmählich in das Alter von vier, fünf und schließlich sechs Jahren kommt, verwandelt es sich in ein reiferes Tier und bekommt gefestigte erwachsene Ansichten. Es lernt nun wirklich fachmännisch und ist bereit, größere Lektionen auf einmal zu bewältigen. Bei einem Dreijährigen haben wir es aber immer noch mit einer jungen Person zu tun, die im Kopf und im Bauch noch ein Teenager ist. Selbst in den bestgeregelten Haushalten wird es Konfrontationen geben, in denen gegen die Autorität des Menschen mit einem aufsässigen »Sag mir einen einzigen guten Grund dafür!« vorgegangen wird. Der frühe Umgang mit dem Pferd und die Anfangsstadien der Reitausbildung sind die Zeiten, in denen der Mensch die Spielregeln in aller Deutlichkeit klarmachen muss, wobei man immer sowohl die angeborenen Reaktionen des Tieres als auch den Charakter des jeweiligen Einzeltieres bedenken muss. Handelt es sich zum Beispiel von Natur aus um einen »Nachläufer«, dem man Selbstvertrauen geben muss, oder ist es ein Führungstyp, den man mit besonderer Bestimmtheit behandeln muss? An diese Fragen kann man niemals starr oder unflexibel herangehen – jedes Pferd ist ein wenig anders, und die Ausbildungsmethoden müssen sich von Tier zu Tier unterscheiden.

Zwischen dem Pferd und dem Reiter, Ausbilder oder Pfleger findet ständig, die ganze Zeit und in jeder Situation, ein Dialog statt. Manchmal wird das ganz deutlich, manchmal ist es kaum wahrnehmbar. Hier treten die Fähigkeiten und die Geschicklichkeit des Ausbilders als Beobachter an den Tag – in der Fähigkeit, genau sagen zu können, wann er von einem bestimmten Tier mehr verlangen kann und wann er es gut sein lassen muss; wann er auf etwas bestehen muss und wann es am besten ist, die Dinge so zu lassen, wie sie gerade sind; wann das Pferd verwirrt ist und Angst hat und auf der Suche nach Hilfe und Bestätigung ist, und wann es wunderbar versteht, was man will, sich aber einfach dumm anstellt. Jungpferde, die gelangweilt oder besonders unabhängige Vertreter sind, machen manchmal von ihrer wachsenden geistigen Beweglichkeit Gebrauch, indem sie sich ziemlich gerissene Ausweichmanöver einfallen lassen – was natürlich ihr Bewusstsein genau dafür trainiert. Deswegen ist es so ungeheuer wichtig, die ersten Lektionen einfach, aber trotzdem anregend zu halten. Immer rund um die Bahn ist ja ganz schön und gut, aber selbst in den Händen eines ungeheuer einfühlsamen Ausbilders mit jeder Menge Vorstellungsvermögen kann daraus niemals dasselbe aus sich herausgehende Selbstvertrauen entstehen – man kann es auch als natürliches Gleichgewicht und vorwärtsfließende Energie bezeichnen – wie bei einem Jungpferd, das in die große weite Welt hinausgeritten wird und dort in alle möglichen stimulierenden Situationen gerät, in ständig wechselndem Geläuf, und das dabei lernt, dass Reiten Spaß machen kann. Geistige Beweglichkeit und Lernkapazität sind zwischen Einzeltieren sehr verschieden, aber bei den frühen Lernerfahrungen eines jungen Pferdes sieht man deutlich, dass ein junges Pferd sich bis zu einem gewissen Grade sehr wirkungsvoll selbst ausbilden kann, mit minimaler Einflussnahme des Menschen und ohne die Neigung zur Widersetzlichkeit, wenn der Ausbilder ihm drei Dinge bieten kann: das richtige Umfeld, die richtige Anleitung mit Hilfe einer wirkungsvollen Kommunikation, und die richtige Motivation durch die Förderung eines aufnahmefähigen Geistes.

> *›Ein junges Pferd kann sich bis zu einem gewissen Grade sehr wirkungsvoll selbst ausbilden‹*

Christopher Coldrey meint dazu:

Christopher Coldrey und seine Frau Victoria leiten das Herringswell Bloodstock Centre in der Nähe von Newmarket (einer für ihre Rennbahn berühmten Stadt in England). Das Zentrum ist einer der bekanntesten Ausbildungsställe in England. Seit 1981 sind Tausende von jungen Pferden auf ihrem Weg in eine Turnierkarriere durch die Hände der Coldreys gegangen, die meisten von ihnen für die Rennbahn.

Man muss einem Pferd nur zwei grundsätzliche Dinge beibringen. Erstens, dass es ganz einfach ist, und zweitens, dass es Spaß macht. Wenn man das in den Kopf eines Pferdes hineinbekommt, sollte man kaum noch Probleme haben. Erst heute Morgen hatten wir ein Pferd, das gestern zum ersten Mal geritten worden ist und sich dabei ziemlich danebenbenommen hat. Heute morgen ist es wunderbar gegangen, und nach sieben oder acht Minuten habe ich gesagt, okay, lassen

134

wir's dabei, sie hat es gut gemacht. Morgen wird sie sich daran erinnern, dass es einfach war und Spaß gemacht hat.

Ich denke nicht, dass das Einreiten auch nur das Geringste mit Dominanz zu tun hat, sondern es ist eine Frage der Kooperation. Pferden lieben es, etwas zu tun. Unglücklich ist ein Pferd dann, wenn man es die ganze Zeit nur auf die kalte Weide stellt und dort Gras fressen lässt. Ein glückliches Pferd ist eines, das liebevoll verwöhnt wird und jede Menge Bewegung hat, und das gerne macht, was auch immer es macht, sei das nun Springen oder Vielseitigkeitsreiten oder Spazierenreiten im Gelände. Die Leute, die auf den Mount Everest klettern, tun das deswegen, weil sie es tun wollen, und wenn wir von einem Pferd verlangen, dass es mit uns zusammen etwas Ähnliches tun soll wie den Mount Everest erklettern, dann wird es das nur tun, weil es das tun will – wir würden es nicht schaffen, es dazu zu zwingen. Ein Pferd ist größer als ein Mensch, also können wir es nicht zwingen. Der Mensch hat den Vorteil, dass er klüger ist, und das Pferd hat den Vorteil, dass es stärker ist. Die einzige Möglichkeit für den Menschen, bei einem Pferd durchzukommen, liegt also darin, sein Gehirn einzusetzen und über das Gehirn des Pferdes zu dessen Körper durchzudringen. Pferde müssen, zur Sicherheit des Menschen, Respekt lernen, aber sie müssen genauso lernen, den Menschen zu mögen. Das ist keine Frage der Kraft, sondern des »Gefühls«. Es ist einfach unnötig, sich mit einem Pferd auf einen Streit oder einen Kampf einzulassen.

Das System, das wir einsetzen, ist ein ganz klassisches System des Einreitens. Es ist völlig egal, ob es dabei um ein Rennpferd oder ein Dressurpferd oder ein Polopony oder ein Springpferd geht, wir fangen immer auf dieselbe Art an – die Rennpferde zweigen dann nur als erstes davon ab. Zuerst gehen wir mit den Jungpferden an der Doppellonge nach draußen, immer mit drei Pferden, die sich ständig an der Spitze abwechseln, so dass sie sich alle selbst dem Leben stellen müssen und lernen, geradeaus zu gehen. Durch das Fahren in der Doppellonge lernen sie eine ganze Menge: in der Hand des Menschen zu sein, auf die »Beine« am Bauch zu achten, etwas um die Sprunggelenke zu haben. Aber am wichtigsten ist, dass sie dadurch mutig werden und eine selbstbewusste Haltung zum Leben bekommen. Ich erzähle den Leuten ständig, dass es an diesem Punkt nur drei Dinge gibt, die wir dem Pferd beizubringen versuchen: vorwärts zu gehen, geradeaus zu gehen, und willig zu gehen. Sonst nichts.

Wenn ein Pferd niemals geplante, aufeinander aufbauende Arbeit getan hat, sind seine Rückenmuskeln schlaff, schwach und unbenutzt. Ich glaube, dass man die Kraft dieser Muskeln allmählich aufbauen muss, indem man zunächst einen Deckengurt und dann eine Decke auflegt, bevor man im Lauf der Zeit mit dem Sattel weitermacht. Außerdem hätte man, wenn man sofort aufsteigen würde, noch gar keine Steuerung, weil das Pferd ja noch keine Ahnung von den Signalen in seinem Maul hat! Nach der Arbeit an der Doppellonge hat man direkten Kontakt mit dem Pferdemaul, und die Reiterschenkel wurden durch die Longen an den Seiten des Pferdes dargestellt. Die Pferde sind dadurch bereits an die Hilfen zur Wendung gewöhnt – also an Hand, Schenkel und Stimme – aber ohne das Körpergewicht des Reiters. Während der Zeit, in der sie einige Wochen lang an der Doppellonge gefahren und longiert worden sind, haben sich die korrekten Muskeln aufgebaut und sind stark geworden, noch bevor jemand sich darauf gesetzt hat.

Die wichtigste Eigenschaft, die ein Ausbilder besitzen muss, hat Xenophon bereits vor 20 Jahrhunderten erwähnt. Er sagte, man dürfe sein Pferd niemals in Wut schlagen, und ich denke, dass das absolut die Regel Nummer 1 ist. Wenn das Pferd etwas falsch macht, liegt das daran, dass es nicht verstanden hat. Im allgemeinen sind Pferde enorm kooperativ. Wenn man zu viel mit ihnen macht – körperlich oder geistig – während sie noch zu jung sind, kann man sie für immer verderben. Man darf jeden Tag nur so viel machen, wie das Pferd machen kann oder wie viel es bereit ist zu tun. In jedem Stadium wird das Pferd dem Menschen mitteilen, wenn es bereit ist, einen Schritt weiter zu gehen. Man muss also Geduld haben, und man muss ein enormes Konzentrationsvermögen aufbringen. Konzentration ist vielleicht der wichtigste Einzelfaktor. Wenn man ein Pferd longiert und dabei an sein überzogenes Konto denkt, wird nie etwas Gescheites dabei herauskommen. Man muss sich die ganze Zeit über auf das konzentrieren, was man tut. Man arbeitet jeden Tag vielleicht nur eine Stunde oder so mit diesem Pferd, aber wenn man bei diesem Pferd ist, muss man sich für diese Zeit völlig dem Pferd widmen und versuchen zu verstehen, was es einem sagt. Es geht darum, dass man ein Team wird – und wenn man wirklich gut ist, wird man eine Einheit.

Wenn man das erreichen will, muss man das Pferd viel loben und sich Zeit nehmen, denn das kann man nicht in aller Eile machen. Man kann anderen Menschen eine ganze Menge beibringen, aber im Grunde hat man entweder ein »Gespür« für Pferde oder man hat es nicht, und man muss in der Lage sein,

zu »spüren«, wenn dieses Pferd genug hat. Das ist eigentlich ein Instinkt. Das »Gespür«, das man braucht, um ein Pferd auszubilden, kann man nicht lehren. Man kann nur immer wieder betonen, wie wichtig Konzentration ist, und es ist bestimmt keine Aufgabe für einen Reitanfänger.

Verständnis für den Lernvorgang

Viele begabte Pferdeleute haben viele begabte Pferde hervorgebracht, und das ohne die leiseste Ahnung von dem Unterschied zwischen einem bedingten und einem unbedingten Reflex, zwischen einer habituierten Reaktion und einer Angewohnheit. So ist also mit Gespür gearbeitet worden anstatt mit grauer Theorie, aber die Lernvorgänge, die hinter dem Erfolg stecken, waren genau die gleichen. Man vergisst leicht, dass der Großteil der Dinge, von denen wir erwarten, dass ein Pferd sie lernen sollte, für das Pferd dermaßen exotisch sind, dass es sich ohne Zweifel über diese Vorstellungen vor Lachen ausschütten würde, wenn es das könnte. Aus dem Blickwinkel eines Pferdes ist die Ausbildung zum Geritten-werden nicht nur einfach witzlos – sie widerspricht ganz direkt fast jedem Instinkt, den die Evolution ihm eingetrichtert hat. Ein Leben mit Menschen muss für ein Pferd völlig verwirrend sein – und für ein nicht ausgebildetes Pferd ist es das auch. Ausbildung – gelernte Erfahrungen – macht die Pferd-Mensch-Partnerschaft erst möglich, weil dadurch die natürlichen Einwände gegen all diese seltsamen Aktivitäten allmählich gedämpft und abgeschwächt werden und statt dessen neue, erlernte Reaktionen gestärkt werden, die diese Ängste überlagern. Auf der einen Seite wird dieser Vorgang dadurch möglich, dass das Pferd sich an die seltsamen Dinge gewöhnt, die die Menschen so machen, an die Situationen, in die Menschen es bringen, und an die Fragen, die Menschen stellen. Auf der anderen Seite gibt es ganz spezifische Fragestellungen – wann es seine Gangart beschleunigen soll, wann es langsamer werden soll, wann es nach links oder rechts abwenden soll – deren Verständnis durch Konditionierung erreicht wird.

In jedem Falle muss man daran denken, dass ein nicht ausgebildetes Pferd keine Gedanken lesen kann. Es gibt beim Geritten-werden keine natürlichen Vorteile, die ein Pferd dazu motivieren könnten, die Dinge so zu tun, wie der Mensch sie haben will. Es hat auch keine Ahnung davon, welche Vorstellungen der Mensch von richtigen oder falschen Reaktionen seines Pferdes hat, bis der Mensch ihm das deutlich und unmissverständlich anhand seiner eigenen Reaktionen mitteilt und dem Pferd die erwünschten Reaktionen gründlich ankonditioniert. Bis dahin muss das Pferd sich auf seine instinktiven Reaktionen verlassen – und die sehen oft ganz anders aus als das, was der Mensch so als gutes Benehmen betrachtet! Selbst wenn die Ausbildung dann auf dem fortgeschrittenen Niveau weitergeht, ist der Reiter immer noch die einzige Hälfte in der Partnerschaft, die weiß, in welcher Reihenfolge die Hindernisse zu springen sind oder welche Lektionen für die Dressurprüfung gefordert werden. Ohne eine gute Kommunikation ist das Streben nach Erfolg beim Reiten ungefähr so, als wolle man im Tennis-Doppel mit einem Partner gewinnen, der nicht weiß, worum es beim Tennis überhaupt geht, oder der die Regeln nicht kennt. Jeder Schritt in Richtung Verständnis entsteht durch den einen oder anderen Typ von Lernvorgang. Wenn man genau weiß, wie diese Bausteine funktionieren, so hilft das, zu vermeiden, dass unkorrekte Lektionen aufgenommen werden, und es

verankert die richtigen Lektionen mit größtmöglicher Wirksamkeit.

Bausteine der Ausbildung

Konditionierung: Im Ausbildungs-Rezept ist das die wichtigste Zutat. Wenn man Konditionierung einsetzt, gehört dazu, dass man sich über die Reaktion klar wird, die man damit erreichen will, dass man als nächstes eine Situation schafft, in der das Pferd diese Reaktion ohne Probleme und naturgemäß zeigt, und dass man schließlich vor das Ganze ein deutliches Signal setzt und damit im Gehirn des Pferdes eine gedankliche Verbindung zwischen Reiz und Reaktion schafft.

Wichtig ist dabei, dass solche Lektionen mit der einfachsten und offensichtlichsten Verbindung zwischen Reiz und Reaktion anfangen müssen. Erst wenn diese Assoziation völlig verstanden wurde, kann die Lektion auf einen anderen Reiz verlagert werden oder den früher verwendeten Reiz verfeinern. Wenn die vorige Lektion noch nicht völlig verinnerlicht ist, hat es keinen Sinn, einen Schritt weiter gehen zu wollen, weil das den Schüler nur immer mehr verwirrt. Zu einem bestimmten Zeitpunkt darf man nur eine Anforderung an das Pferd stellen, sonst werden die Erwartungen leicht völlig unrealistisch. Ein junges Pferd muss eine ganze Menge an Vokabeln und Grammatik lernen – man kann nicht von ihm erwarten, dass es ganze Sätze bildet, bevor es das Alphabet richtig kann. Wenn es lernt, zu halten, muss das eigentliche Halten richtig konditioniert sein, bevor man daran herumbasteln und darauf bestehen darf, dass es gleichmäßig auf allen vier Beinen stehen muss – sonst sieht das Pferd den Wald vor lauter Bäumen nicht mehr. Wenn man mit einem jungen Pferd am Galopp arbeitet, muss man die Situation so konstruieren, dass es mit großer Wahrscheinlichkeit richtig angaloppieren wird, und man muss sofort durchparieren, wenn es auf der falschen Hand anspringt, aber wenn das Pferd wirklich im falschen Galopp anspringt, darf man es dafür nicht bestrafen. Zum Lernen braucht man Zeit! Eine vollständige und abgerundete Ausbildung wird dadurch erzielt, dass man dem Pferd Gelegenheit gibt, kleine Reaktionen in die richtige Richtung ohne Eile und gründlich zu verinnerlichen.

Zeitplanung: Korrekte Konditionierung hängt sehr vom richtigen Timing ab. Jedes Signal muss sofort und konsequent gegeben werden. Selbst ein einziges Signal, das zeitlich nicht richtig gegeben wurde, kann im besten Falle dazu führen, dass eine Lektion falsch verstanden oder ignoriert wird; im schlechtesten Falle setzt sich eine falsche Erfahrung im Gehirn des Pferdes fest.

Belohnung: Eine Belohnung verstärkt bedingte (also konditionierte) Reaktionen, so dass sie besser verinnerlicht werden und das Pferd dazu ermuntert wird, auf dieselbe Art zu reagieren, wenn es dasselbe Signal das nächste Mal erhält. Ein Mangel an Belohnung oder auch eine Bestrafung macht es weniger wahrscheinlich, dass die Reaktion wiederholt wird. Sowohl Belohnung als auch Bestrafung verstärken die Beziehung zwischen einem Signal und der Handlung, die darauf direkt folgt.

Wiederholung: Wiederholung verankert die Lektion im Gedächtnis. Wenn eine gedankliche Verbindung nicht regelmäßig wieder benutzt wird, oder wenn sie nicht wiederholt wird, bevor sie vollständig im Langzeitgedächtnis verankert ist, dann wird die Reaktion gelöscht und vergessen. Bei Pferden werden diese Löschungen allerdings besonders selten vorgenommen – ein weiterer guter Grund für den Menschen, zu versuchen, in der Ausbildung von Anfang an alles richtig zu machen.

Habituation: Die Gewöhnung ist das Prinzip, das man im Umgang und bei der Ausbildung beim jungen Pferd am meisten anwendet, weil man so das Pferd an Dinge gewöhnen kann, vor denen es instinktiv Angst haben würde. Man lässt das Pferd regelmäßig Erfahrungen damit machen, die keine Angst einflößenden Folgen haben. Den Habituationsvorgang benutzt man auch, um das Selbstvertrauen zu stärken, indem man Lektionen in kleinen Schritten weiterführt und so dem Pferd genügend Zeit gibt, jeden Schritt in vielen Wiederholungen völlig zu akzeptieren, bevor man mehr von ihm verlangt. Wenn man von einer Situation ausgeht, die bereits als »sicher« eingestuft wurde und dem Pferd vertraut ist, so dass man diese Situation weiter ausbauen und so das Pferd dazu bringen kann, dass es auch weiterführende Anforderungen akzeptiert, habituiert das Pferd sich schneller an die neue Anforderung, als wenn es aus blauem Himmel

Wenn Angewohnheiten einmal eingeschliffen sind, sind sie sehr schwer wieder abzugewöhnen – selbst dann, wenn der ursprüngliche Grund nicht mehr vorliegt.

mit dieser neuen Herausforderung konfrontiert würde.

Gute Ausbilder manchen ständig von diesem Konzept Gebrauch, beispielsweise dann, wenn sie eine Springstunde damit beginnen, dass sie Stangen auf den Boden legen und Sprungreihen springen lassen. Bei einem ausgebildeten Pferd stößt man damit allerdings auf Grenzen. Wenn man jedes Mal wieder ganz von vorne anfängt oder einen zu großen Teil der Stunde mit den Grundlagen verbringt, neigen sehr intelligente Pferde dazu, einfach »abzuschalten«, weil das Leben zu einfach ist! Das Habituationsprinzip sollte jeden Ausbilder auch daran erinnern, dass er seine Signale deutlich und kurz halten muss, und dass Signal oder Verstärkung sofort aufhören müssen, sobald das Pferd die erwünschte Reaktion anbietet. Wiederholte zu intensive Konfrontation mit dem Reiz kann eine Reaktion völlig zum Erliegen bringen.

Ausgeprägte Angewohnheiten: Der Vorgang, sich etwas anzugewöhnen, läuft ständig ab und verstärkt sowohl habituierte als auch konditionierte Lektionen. Guthries Theorie, dass eine Reaktion, sobald sie einmal aufgetreten ist, in derselben Situation mit größerer Wahrscheinlichkeit auftritt als eine andere Reaktion, unterstreicht die Verstärkung einer Reaktion durch Wiederholung – sei die Reaktion positiv oder negativ. Wenn Angewohnheiten einmal eingeschliffen sind, sind sie sehr schwer wieder abzugewöhnen – selbst dann, wenn der ursprüngliche Grund oder die ursprüngliche Assoziation nicht mehr vorliegt. Das gilt vor allem dann, wenn die formende Erfahrung schon vor einiger Zeit fixiert wurde. Frischere Erfahrungen verblassen schneller, aber eine gute Basis überdauert und ist immer da, so dass man darauf aufbauen kann.

Gestalt: Das ist die Art und Weise, in der Pferde Situationen wahrnehmen, nämlich als Gesamtgestalt. Damit wird betont, wie wichtig es ist, die richtige Umgebung für den Lernprozess zu schaffen. Pferde (und andere Tiere) neigen dazu, nicht nur auf ein ganz bestimmtes Signal zu reagieren, sondern auf einen ganzen Satz von Bedingungen, aus denen die Situation in diesem Augenblick besteht. Je nach der Kombination anderer Reize, die ebenfalls beteiligt sind, erfolgt auf ein Signal vom Reiter oder vom Ausbilder eine Reaktion – oder auch nicht. Es kann vorkommen, dass eine Lektion zwar gelernt wurde, in einer anderen Situation aber anscheinend in »Vergessenheit geraten« ist, weil die Gesamtgestalt, der Gesamteindruck der Reaktion, dann anders ist.

Wenn man die Situation immer gleich gestaltet, so dass der Gesamteindruck für das Pferd gleich bleibt, hilft man damit dem Pferd, das Gelernte zu fixieren. Wenn man eine neue Lektion in einer bekannten Umgebung einführt, hat man die beste Chance, dass die Lektion gut verinnerlicht wird. Wenn man den Gesamteindruck verändert – vor allem, wenn man das ohne Vorwarnung tut – behindert man nicht nur den Lernprozess, sondern man kann damit sogar gut eingeschliffene bedingte Reflexe wieder zunichte machen. Diese Methode kann nützlich sein, um unerwünschte Angewohnheiten »auszutreiben«. Selbst wenn man in einer ganzen Situation nur einen einzigen Faktor verändert, kann man damit ein festes Lernmuster unterbrechen, zumindest zeitweise. Damit macht man den Geist aufnahmebereit für eine veränderte Perspektive. Ein harter Puller richtet seine Aufmerksamkeit vielleicht plötzlich wieder auf das Gebiss, wenn man ihm einmal ein anderes, milderes Gebiss einlegt. Ein Reitschul-Ausreitpferd, dessen Flanken durch jahrelanges

Dagegentreten völlig abgestumpft sind, reagiert vielleicht auf einen feinen Druck.

Latentes Lernen: Man weiß, dass das Lernen erleichtert wird, wenn die Lektionen in kurzen und einzelnen Stößen präsentiert werden, anstatt als lang gezogener Zermürbungskrieg einherzukommen. Das kommt daher, dass Ruheperioden Zeit für latentes Lernen lassen und so dem Gehirn erlauben, eine lehrreiche Erfahrung wesentlich wirkungsvoller zu verinnerlichen. Oft kann man Ausbilder erzählen hören, ein Pferd habe zum Zeitpunkt einer bestimmten Lektion offensichtlich überhaupt nicht begriffen, worum es ging, am nächsten Tag habe es aber sofort oder sehr schnell verstanden und mitgemacht. Man sollte also durchaus daran denken, dass man eine Lernerfahrung niemals mit der Einstellung »der Ausbilder muss gewinnen, sonst benimmt das Pferd sich das nächste Mal doppelt so schlecht« zu weit vorantreiben darf, weil das in den meisten Situationen einfach nicht zutrifft. Solange man dem Pferd keinen Grund zum Unwillen gegeben hat, die Anforderung sinnvoll und deutlich war und es nicht um eine Frage des »Status« ging, stehen die Chancen gut, dass die Lektion durch latentes Lernen fest verankert wird, wenn man nicht versucht, beschleunigend einzugreifen.

Reiz-Generalisierung: Zur Verallgemeinerung eines Reizes kommt es, wenn eine Reaktion, die mit einem bestimmten Reiz in Verbindung steht, allmählich auch auf einen anderen Reiz erfolgt, der dem ersten ähnlich, aber nicht identisch ist. Von diesem Konzept macht der Ausbilder Gebrauch, wenn er sich in die Position des respektierten Anführers und vertrauenswürdigen Freundes setzt und damit den Herdenchef oder einen Freund

des Pferdes ersetzt. Das Pferd lernt, ganz allgemein zu urteilen, dass der Mensch aufgrund der vorgelegten Beweise ein überzeugender Ersatz ist. Pferde sind im allgemeinen besser darin, Dinge in ihre Einzelheiten zu zerlegen als sie zu verallgemeinern. Sie können sich deswegen leicht aufregen, wenn sie wichtige verallgemeinernde Entscheidungen treffen sollen und darauf nicht gut vorbereitet sind. Deswegen wissen Pferde deutliche und konsequente Signale, wie verfeinert sie auch sein mögen, sehr zu schätzen. Unklarheiten und Verschwommenheiten egal welcher Art führen sehr schnell zu Verwirrung und Besorgnis beim Pferd, weil es für das Tier schwierig ist, zu entscheiden, welche Reaktion »wahrscheinlich« die richtige ist. Damit besteht jede Menge Raum für Irrtum – eine Situation, mit der sich kein Beutetier glücklich fühlen kann. Auf ähnliche Art kommt beispielsweise ein ausgebildetes Spring- oder Vielseitigkeitspferd mit der ganzen Latte verschieden gebauter und unterschiedlich hoher Hindernisse zurecht, die ja alle unterschiedliche Anforderungen stellen: hauptsächlich durch Erfahrung haben solche Pferde einen Ausbildungsstand erreicht, in dem sie verallgemeinern können und so beispielsweise zu dem Schluss kommen, dass alle Tiefsprünge normalerweise auf der anderen Seite eine sichere Landezone haben, auch wenn man sie beim Anreiten nicht sehen kann.

Gleichgewichtsreflexe und Körperbewusstsein: Ein geschickter Ausbilder weiß, wie er die Gleichgewichtsreflexe und das Körperbewusstsein des Pferdes so einsetzen kann, dass das Lernen leicht wird. Dazu konstruiert er die Situation so, dass sein Schüler es kaum schaffen kann, das Falsche zu tun, und führt das Pferd so zur Belohnung und Verstärkung hin. Er benutzt sein Wissen über die Bewegungsmanier und die Reaktionen des Pferdes dazu, diese besondere Sprache zwischen Pferd und Mensch aufzubauen, nämlich die Hilfen.

Das Lehren der Hilfen

Pferde sind wesentlich feinfühliger, als man ihnen im allgemeinen zugesteht. Ein Tier, das spüren kann, wenn eine Fliege auf seiner Haut landet, ist auch durchaus in der Lage, auf das kleinste Signal seines Reiters zu reagieren – auf eine winzige Körperbewegung, das Anspannen eines Muskels, die Berührung eines Zügels. Was liegt also beim Gebrauch der konventionellen Hilfen den Reaktionen des Pferdes zugrunde?

Das Kommunikationssystem zwischen Reiter und Pferd basiert auf Druck – wie das Pferd auf Druck reagiert und wie es sich instinktiv bewegt, um sein Gleichgewicht wieder herzustellen, wenn das Gewicht auf seinem Rücken sich verschiebt, und sei es um noch so wenig. Alle grundlegenden Hilfen machen Gebrauch davon, dass das Pferd ganz natürlich so reagiert, dass es am einfachsten wieder in seine Wohlfühlzone gerät und wieder im Gleichgewicht ist. In welche Richtung das Pferd sich bewegt, hängt davon ab, wo genau Druck eingesetzt wird. Häufig findet man die missverstandene Auffassung, der Einfluss der Hilfen basiere darauf, dass das Pferd sich immer *vom Druck weg* bewegt. Die Wahrheit ist bei weitem nicht so einfach! Zwar reagiert das Pferd auf den Druck, aber nicht immer nur einfach so, dass es ihm ausweicht. Die instinktive Priorität des Pferdes lautet, sein Gleichgewicht wieder zu erlangen und das Unbehagen zu lindern, das es verspürt, ohne sich dabei weiteren Risiken auszusetzen. Kreuz und Körpergewicht des Reiters wirken dabei als Hauptsignale, die das Pferd dazu veranlassen, sich wieder auszubalancieren und sich somit in eine

bestimmte Richtung zu bewegen. Wenn der Reiter beispielsweise den rechten Sitzknochen stärker belastet, bewegt das Pferd sich nach rechts, weil es das Reitergewicht wieder in seine Rückenmitte bringen will. Wenn mehr Druck auf die eine oder andere Rückenseite kommt, bewegt das Pferd sich instinktiv zur Seite, um sein Gleichgewicht wieder zu erlangen, indem es unter den verlagerten Schwerpunkt des Reiters tritt. Durch die Ausbildung wird diese natürliche Reaktion als bedingter Reflex verankert. Kein Wunder, dass es eine der schwierigsten Aufgaben beim Reiten ist, das Pferd wirklich gerade gehen zu lassen!

Auch die Schenkelhilfen, mit denen Vorwärtsschwung gefordert wird, machen von einer natürlichen Reaktion des Gleichgewichtsreflexes Gebrauch, die durch Konditionierung verstärkt wird. Direkt am Gurt, ungefähr auf halbem Wege zwischen dem unteren Rand des Sattelblattes und dem Ellbogen, liegt der Zwischenrippennerv dicht unter der Körperoberfläche, so dass er recht empfindlich ist. Jeglicher Druck auf diesen Nerv veranlasst ein spontanes Aufwölben der Lendenwirbel des Pferdes, so dass das Hinterbein auf dieser Seite weiter unter den Körper gezogen wird und eine Vorwärtsbewegung stattfindet. In den Frühstadien der Ausbildung wird die Anwendung der Schenkelhilfe für »vorwärts« oft davon begleitet, dass jemand das Pferd anführt oder dass man mit der Zunge schnalzt, so dass die Hilfen noch besser mit einer Vorwärtsbewegung in Verbindung gebracht werden. Sobald die Verbindung etabliert ist, wird das zusätzliche Hilfssignal weggelassen, so dass der Reiter sich nur noch auf die Schenkelhilfe verlässt. Nachdem Flucht die naturgemäße Verteidigung des Pferdes ist, neigt es ohnehin dazu, sich vorwärts zu bewegen, wenn es sich eingeengt fühlt, weil die Beine des Reiters sich um seinen

Brustkorb schließen. Der Vorwärtsschwung kommt zustande, indem man diese instinktiven Reaktionen stimuliert und sie dann als bedingten Reflex an die Hilfen koppelt.

Pferde sind eigentlich weit entfernt davon, einem anhaltenden Druck auszuweichen, und bewegen sich lieber in einen solchen Druck hinein, wenn er angewandt wird. Fast schon übertrieben wird diese Reaktion in jeder Situation, in der ein Pferd verspannt oder der Druck völlig unnachgiebig ist. Wenn man sich gegen ein Pferd lehnt, das den Huf nicht zum Auskratzen hergeben will, bekommt man normalerweise die Reaktion, dass das Pferd sich seinerseits gegen den Menschen lehnt – und den Ringkampf natürlich gewinnt. Ein Puller nimmt das Gebiss zwischen die Zähne und legt sich darauf. Das Schlimmste, was der Reiter dann tun kann, ist, seinerseits zu ziehen. Er muss mit beiden Zügeln weich annehmen und nachgeben, um so zu erreichen, dass das Pferd im Gleichgewicht bleibt und einen Übergang in die niedrigere Gangart zeigt. Wenn es nur um einen Zügel geht, weil man gerade eine Wendung reiten will, muss man ebenso annehmen und nachgeben, um zu erreichen, dass das Pferd im Hals nachgibt und sich biegt. Wenn der Zügel in der Wendung eisenhart versucht, den Kopf herumzuziehen, wird das Pferd sich nur gegen dieses unnachgiebige Gewicht an seinem Maul versteifen. Monty Roberts hat diese natürliche Neigung des Pferdes, sich in einen Druck hineinzubewegen, mit dem Drang des Menschen verglichen, bei anhaltenden Zahnschmerzen hart auf den Zahn zu beißen, um so den Schmerz zu lindern. Auch diese Reaktion wurde von der Evolution

›Pferde sind wesentlich feinfühliger, als man ihnen im allgemeinen zugesteht‹

einprogrammiert, um zu verhindern, dass jemand bei Zahnschmerzen verhungert. Er kommentiert das so: »Die Natur hat denselben Hang, in den Schmerz hineinzugehen, der beim Menschen im Mund auftritt, beim Pferd über den ganzen Körper verteilt. Wenn ein Pferd verletzt oder verspannt ist, wird es sich in den Schmerz hineinbewegen. Wenn es von einem Hund angefallen wird, der ihm in das Fleisch beißt, und das Pferd rennt einfach weg, dann reißt es ihm das Fleisch heraus, die Eingeweide quellen heraus, und der Hund muss sich nur hinsetzen und einfach darauf warten, dass das Pferd stirbt, damit er seine Mahlzeit hat. Am Leben bleibt das Pferd, das sich in den Schmerz hineinbewegt und auf den Bruchteil einer Sekunde wartet, in dem der Hund seine Kiefer lockert. Das Pferd, das dem Schmerz ausweicht, stirbt.« Mit diesen Worten hat er auch einen anderen Aspekt berührt, der für die Anwendung der Hilfen sehr wichtig ist. Wenn das Pferd so reagiert hat, wie man es von ihm erwartet, muss der Druck (die Hilfe, welcher Art auch immer) sofort weniger werden. Wenn das nicht passiert, hat das Pferd keine Möglichkeit, zu wissen, dass es richtig reagiert hat und mit der jeweiligen Reaktion aufhören kann. Einem entspannten Pferd, dem präzise Hilfen gegeben werden, fällt es ganz leicht, locker und richtig zu reagieren. Die richtige Betonung und das richtige Timing sind die Dinge, mit denen der fundamentalen Struktur der Sprache, die wir dem Pferd beibringen wollen, die Feinheiten hinzugefügt werden. Das Pferd ist bemerkenswert empfindsam gegenüber Druck- und Gewichtssignalen, und das bedeutet, dass die Position des Reiters im Sattel von größter Bedeutung ist: sein Körpergewicht wird in der »Neutralstellung« direkt über dem Schwerpunkt des Pferdes gehalten und wird dann, beim Geben einer Hilfe, korrekt eingesetzt. Die Fähigkeit, die Position des Körpergewichtes fein einzustellen, ist also wichtig, wenn die Signale deutlich sein sollen und das Pferd eine Chance haben soll, korrekt und genau darauf zu reagieren.

Sylvia Loch meint dazu:

Sylvia Loch ist eine weltweit anerkannte Autorität auf dem Gebiet der klassischen Reiterei und der historischen Rassen der iberischen Halbinsel. Sie hat zwei richtungweisende Bücher geschrieben: »The Royal Horse of Europe« (Das königliche Pferd Europas) und »Dressage: The Art of Classical Riding« (Dressur: die klassische Reitkunst). Während eines zehn Jahre dauernden Aufenthaltes in Portugal wurde sie vom Lusitanopferd und von der Eleganz und Präzision der portugiesischen Reitweise fasziniert. Bei ihrer Rückkehr nach England baute sie das »Lusitano Stud and Equitation Centre« (Zentrum für Lusitanozucht und Reiten auf Lusitanos) auf, das international den Ruf eines ausgezeichneten Stalles besitzt. 1995 gründete sie den »Classical Riding Club« (Vereinigung für klassisches Reiten), dessen Ziel es ist, Reiter auf jedem Niveau zu unterstützen, die sich für die Techniken und die Philosophie der klassischen Reitweise interessieren.

Als ich nach Portugal ging, entdeckte ich dort eine Reitweise, von der ich nicht einmal gewusst hatte, dass sie existiert. Vorher hatte ich einen typisch ländlichen Hintergrund, ich war inmitten von Tieren gewesen und hatte die natürliche Sensibilität entwickelt, die sich aus dieser Bewusstheit ergibt, aber meine Reiterei war so eine Sache mit wechselndem Erfolg – außer dem, was ich als Kind in den Reitstunden gelernt hatte, hatte ich keine Ahnung vom Dressurreiten.

Die portugiesischen Reiter kann ich nur so beschreiben, dass sie wohl diejenigen sind, die heute noch am nächsten an berittene Krieger herankommen. Was man im Xenophon lesen kann, das stammt aus dem Jahr 400 v.Chr., kann man völlig auf das anwenden, was ich in Portugal gesehen habe, denn dort werden die Reiter zwar nicht mehr für kriegerische Schlachten eingesetzt, aber sie kämpfen vom Pferderücken aus gegen Stiere. In der portugiesischen Stierkampfarena, die sich von der spanischen Arena stark unterscheidet, muss man die Pferde so vorbereiten, als ob die Reiter in die Schlacht ziehen wollten. Das Pferd muss dem Reiter unbedingt gehorchen. Der Reiter kann sich nicht darauf verlassen, dass er das Pferd zu etwas zwingen, überreden oder durch Strafe bringen kann, denn dann verliert das Pferd seine natürliche Bereitschaft, dem Menschen zu dienen, und wenn man sich in einer dermaßen gefährlichen Situation befindet, muss man ein Pferd haben, das ihm dienen will. Wenn es Angst vor dem Menschen hat, dann wird es noch mehr Angst vor der Gefahr haben, der es ausgesetzt wird. Es muss dem Menschen vertrauen, und der Mensch muss dem Pferd vertrauen.

In Portugal habe ich gelernt, ein Pferd mit Verständnis für Gewicht und Schwerkraft zu reiten, also mit etwas, über das ich vorher überhaupt nicht nachgedacht hatte. Ich hatte die Hilfen so gelernt, wie man das normalerweise tut – hier reintreten, hier ziehen, und so weiter – aber das ist der Art, die die Portugiesen lehren, genau entgegengesetzt. In Portugal lehrt man das Pferd,

Sylvia Loch

»Man kann dem Pferd erst dann beibringen, sich unter dem Reiter auszubalancieren, wenn der Reiter selbst extrem gut sitzt. Der Körper des Reiters balanciert das Pferd aus, und wenn man in diese Art von Gleichgewicht kommt, spürt das Pferd auch die kleinste Hilfe.« Im versammelten Trab konzentrieren sich Energie und Geist auf den Körper des Pferdes. Palomo arbeitet sich durch den schwingenden Rücken in die Hand des Reiters hinein.

nicht den Reiter. Vom ersten Tag an muss der Reiter lernen, dass das Pferd nicht im Gleichgewicht sein kann, wenn er selbst nicht perfekt im Gleichgewicht und aufrecht sitzt. Man kann dem Pferd erst dann beibringen, sich unter dem Reiter auszubalancieren, wenn der Reiter selbst extrem gut sitzt. Der Körper des Reiters balanciert das Pferd aus, und wenn man in diese Art von Gleichgewicht kommt, spürt das Pferd auch die kleinste Hilfe. Dabei geht es nicht um Hilfen in dem Sinne, dass das Pferd etwas Unangenehmes spürt, also »hier reintreten, und dann macht er das und das«. Es geht genau um das Gegenteil. Man lässt sein Gewicht in eine bestimmte Stelle hineinsacken, und dann macht das Pferd unwillkürlich eine Bewegung, um dorthin zu folgen, wohin das Gewicht des Reiters gegangen ist. Die gesamte Ausbildung beruht darauf,

dass der Reiter sein Gewicht richtig einsetzen kann – diese Art der reiterlichen Kontrolle ist völlig unsichtbar.
Natürlich hat das nicht über Nacht geklappt. Ich machte die Demütigung durch, dass ich dachte, ich könne reiten, und plötzlich merkte ich, dass ich im Sattel völlig unbrauchbar war. Man setzte mich auf ein Pferd, das sich wie ein Balletttänzer reiten ließ – aber ich selbst war kein Balletttänzer, sondern ein Mehlsack, der da oben hockte und nicht wusste, wie er sein Gewicht einsetzen musste. Ich fühlte mich ungeheuer dumm. In den ersten fünf Jahren musste ich erst einmal wieder Reiten lernen. Danach fängt man dann an, sich mit der Philosophie zu beschäftigen. Ich habe das Gefühl, dass ich damit selbst jetzt noch ganz am Anfang stehe, aber man hört ja nie auf, zu lernen. Ein wahrer Pferdemensch probiert ständig

Neues aus. Man kommt niemals ans Ende dieses Tunnels, weil jedes Pferd anders ist, und die Prinzipien sind zwar immer die gleichen, aber man muss an jedes Pferd anders herangehen. Zuallererst muss der Reiter lernen, wie er sich über seinen eigenen Füßen ins Gleichgewicht bringen kann, wenn er auf diesen Füßen steht. Wenn man auf dem Pferd sitzt und die Schwerkraft nicht so durch den Körper lässt, wie man es tun würde, wenn man auf dem Boden stünde, kann man keinen Einfluss auf das Pferd nehmen. Wenn irgend ein Körperteil nicht im Einklang mit dem übrigen Körper steht – der Kopf, die Arme, die Schultern, die Beine – klappt keine Hilfe. Die Hilfen sind erst der letzte Teil; zuerst muss der Reiter Verständnis für sein eigenes Gleichgewicht und seine eigene Anatomie bekommen und sein Gewicht korrekt einsetzen können.

Sobald der Reiter im Gleichgewicht sitzt, kann man ihn immer mehr darauf aufmerksam machen, wie seine Hilfen das Pferd beeinflussen. Unter Reitern besteht eine unglaubliche Unkenntnis über die Anatomie des Pferdes. Wenn ich meine Schüler darauf aufmerksam mache, dass die längste Rippe des Pferdes sich keineswegs unter der Sitzfläche des Sattels befindet, sondern unter der Satteltaille, dann fangen sie auch an, zu erkennen, warum sie die Hüften nach vorne schieben müssen. Der Reiter muss lernen, welcher Teil des Pferderückens am tragfähigsten ist, und dann muss er lernen, dort zu sitzen, und zwar im Gleichgewicht. Außerdem muss man sich mit dem Skelett, den Muskeln und dem Nervensystem befassen, um zu verstehen, dass bestimmte Körperteile des Pferdes empfindlicher sind als andere. So sieht man beispielsweise Leute, die mit den Schenkeln am Ende des Brustkorbes herumdrücken, wo kaum Nerven sitzen, anstatt ihre Hilfen über dem längsten Teil der Rippen anzusetzen.

Zum klassischen Reiten gehört, dass man lernt, das Pferd so zu reiten, wie es sich in der Natur bewegen würde, und nicht so, wie man denkt, dass es sich bewegen sollte. Es ist anfangs schwierig, Leuten, die auch Auto fahren, klassisches Reiten beizubringen, weil solche Leute dazu neigen, das Pferd so zu steuern, als ob sie hinter dem Lenkrad säßen – sie benutzen die Hände und erwarten, dass das Pferd nach vorne in die Hand hineingeht. Wenn das Pferd auf der Weide wäre und sich fluchtartig bewegen würde, würde es niemals zuerst die Schultern herumnehmen und dann die Hinterhand folgen lassen! Als Letztes geht es dann darum, sich in das Pferd hineinzuversetzen. Wenn man sich nicht in das Pferd hineinversetzen kann, wenn man ihm nicht ein gewisses Gefühl von Liebe und Respekt entgegenbringt und wenn das Pferd seinen Reiter nicht als Anführer der Herde anerkennt, wird es niemals versuchen, für den Menschen sein Bestes zu geben. Wenn es den Menschen als Feind betrachtet und ihn mit Schmerzen in Verbindung bringt, dann wird es keine liebevolle Zusammenarbeit und keine Partnerschaft geben, auch dann nicht, wenn der Mensch das Pferd füttert und reitet.

Wenn es um die Ausbildung des Pferdes geht, lautet das wichtigste Prinzip, dass nichts jemals ungetan bleiben sollte – der eine Schritt muss immer logisch zum nächsten hinführen. Wenn man mit der Ausbildung ganz am Ende angelangt ist, benutzt man immer noch all die Sachen, die man ganz an der Basis einmal gemacht hat – wie eine Balletttänzerin, die immer noch die fünf Grundpositionen und ihre gesamte Grundausbildung einsetzt. Ein Pferd wird entwickelt, indem man die ganzen richtigen Muskeln aufbaut, weil man die ganzen einzelnen Stufen durchläuft. Eine weitere grundlegende Sache ist die Belohnung. Ich bin kein Anhänger von Bestrafungen. Wenn meine Pferde etwas falsch machen, teile ich ihnen das mit, indem ich sage »Nein, das will ich nicht«, und dann werden sie auch nicht freundlich auf den Hals geklopft. Wenn sie etwas richtig machen, werden sie auf den Hals geklopft. Die »Bestrafung« ist also klar: sie werden nicht belohnt. Wenn ein Pferd nicht vorwärts geht, dann setzte ich durchaus einmal den Schenkel stärker ein, aber das ist eine Ermunterung, keine Abmahnung. Wenn man immer fair ist, sein Pferd gut belohnt und es niemals ungerecht bestraft, dann wird es einem auch dann noch zu Diensten sein und lernen, dem Menschen zu vertrauen, wenn man einmal einen Fehler macht. Selbst Pferde, die völlig »gehirntot« sind, reagieren plötzlich wieder, wenn sie mit einer gewissen Leichtigkeit geritten werden. Fast immer wird man das, was man will, dadurch erreichen, dass man etwas loslässt – anstatt durch noch mehr Zwang oder Druck. Das größte Kompliment, das ich jemals bekommen habe, kam von einer Dressurrichterin, die mir sagte, ich würde mein Pferd »niemals zum Widerstand auffordern«. Ich denke, sie wollte damit sagen, dass ich nichts tue, was ein Pferd wahrscheinlich zu einer gegen mich gerichteten Reaktion bringt. Vielleicht hatte sie nur zu viele Reiter gesehen, die ihre Pferde in Situationen gebracht hatten, in denen sie gar nicht anders konnten, als sich zu widersetzen.

Es gibt einen offensichtlichen Unterschied zwischen einer freudigen Kombination, in der das Pferd freudig unter dem Reiter geht und der Reiter freudig sein Pferd reitet, und einer verspannten und ängstlichen Kombination, auch wenn die vielleicht technisch »korrekter« ist. Das »Schau-mal-her-«-Pferd ist nicht unbedingt auch das Pferd, das durchlässig, rund und losgelassen geht. Es ist wirklich eine Freude, wenn man beide Eigenschaften bekommt, ein Pferd, das die Leute anzieht und das gleichzeitig harmonisch geht. Oft ist es aber gerade das Pferd mit der magnetischen Anziehungskraft, das ein wenig ängstlich ist, und Pferde, die die Aufmerksamkeit der Richter auf sich lenken, sind innerlich oft nicht die glücklichsten. Da sieht man viele Pferde, die Dressur gehen, aber da ist einfach nichts. Man muss als Richter schon erfahren sein, um sagen zu können, wann ein Pferd nicht einfach nur ruhig ist, sondern »weggetreten«.

Der Schub soll nicht nur nach vorne gerichtet sein. Der Schub muss aus dem Körper des Reiters kommen und das Pferd nach oben ziehen – ungefähr so, wie man sich einen Zentauren vorstellt. Der Reiter muss selbst so stark zentriert sein, dass das Pferd unter ihm bleiben will und deswegen zusammen mit dem Reiter nach oben gezogen wird, anstatt zu versuchen, ihm unter dem Hintern davonzurennen. Wenn das Pferd wirklich im klassischen Sinne zwischen Hand und Schenkel eingerahmt ist, sollte man in der Lage sein, innerhalb einer Sekunde vom Vorwärts gehen zum Rückwärts gehen und zum Seitwärtsgehen umzuschalten, gerade so, wie man es in der Schlacht vielleicht hätte tun müssen, um aus der Gefahrenzone zu kommen. Ein wirklich bewegliches Pferd kann das alles, und zwar nicht erst, nachdem der Reiter es darum gebeten hat, sondern sobald es dem Reiter auch nur eingefallen ist. So fein ausbalanciert kann ein Pferd sein.

7

Die Basis des Erfolgs

Damit das Pferd schnell und gut lernen kann, muss der Ausbilder ein Umfeld schaffen, in dem es immer mit größter Wahrscheinlichkeit korrekt reagieren kann, so dass der Konditionierungsvorgang ganz natürlich und leicht von der Hand geht. Schließlich haben Pferde am Anfang den eindeutigen Nachteil, dass sie keine Ahnung haben, worum es beim Geritten-Werden eigentlich geht. Deswegen ist es nur fair, wenn der Mensch versucht, ihnen das Lernen leichter zu machen.

Die Aufmerksamkeit auf sich lenken

Jede Reaktion muss vollständig verstanden und verankert sein, bevor man zum nächsten Stadium weitergehen kann, aber damit das passieren kann, muss das Pferd seine volle Aufmerksamkeit auf das richten, was der Reiter von ihm will. Idealerweise sollte die »Unterhaltung« mit dem Reiter das Pferd geistig völlig beschäftigen, so dass die Signale, die mit den Reiterhilfen gesetzt werden, in seinem Gehirn die erste Priorität haben. Wenn das Pferd mit anderen Reizen beschäftigt ist – seien das nun von innen kommende Gefühle wie zum Beispiel ein leichter Schmerz oder Angst, oder seien es von außen Geräusche oder Dinge, die es sieht – dann wird keine Lektion gut gelernt.

Es hat absolut keinen Sinn, darauf zu bestehen, einem Pferd etwas beibringen zu wollen, das mit seiner Aufmerksamkeit ganz woanders ist. Das kann nur zur Frustration auf der ganzen Linie führen und lädt zum Widerstand ein. Wichtige und genaue Lektionen, die von Pferd und Reiter gespannte Aufmerksamkeit erfordern, sollte man am besten dann in Angriff nehmen, wenn man ein ruhiges Plätzchen abseits der Geschäftigkeit des übrigen Stalles hat. Ebenso wie Kinder betrachten junge Pferde Konzentration als harte Arbeit und oft als nicht besonders anziehend. Manche sind da schlimmer als andere, und manche haben mehr »Sprachbegabung« als andere. Außerdem sind Jungpferde leichter in Aufregung zu versetzen, achten noch nicht so sehr auf ihren Ausbilder und sind noch nicht so stark darauf konditioniert, die Dinge zu tun, um die man sie bittet – keine sehr hilfreiche Kombination. Diese neue Sprache zu erlernen, erfordert beträchtliche geistige Anstrengung, und wenn man ihre Aufmerksamkeitsspanne maximal nutzen will, muss man so wenig Ablenkung wie möglich haben.

Habituation kann einem Pferd helfen, sich daran zu gewöhnen, dass es auch dann arbeiten muss, wenn in seinem Umkreis alles mögliche vor sich geht, wie es auf einem Turnier der Fall ist oder bei Lektionen, die man während eines Ausrittes mit einfügen will. Wenn ein Pferd aber sehr stark abgelenkt ist, ist es immer besser, so lange zu warten, bis das Pferd sich genügend eingewöhnt hat, um die Aufmerksamkeit wieder auf seinen Reiter zu richten, anstatt es auf einen Kampf mit immer deutlicher geäußerten Anforderungen ankommen zu lassen, die dann entweder ignoriert werden oder das Pferd ärgern, so dass jede Menge Verspannung in die Verhandlungen mit einfließt. Normalerweise kann man die Ursache für eine Ablenkung selbst erkennen, aber manchmal ist das nicht der Fall, so dass es gelegentlich so aussehen kann, als sei das Pferd absichtlich muffig oder unaufmerksam. Hier ist Geduld die höchste Gabe des Reiters – er muss der Versuchung widerstehen, zu viel Zwang einzusetzen und er muss versuchen, genau herauszufinden, was gerade die Aufmerksamkeit des Pferdes auf sich zieht. Vielleicht ist ihm etwas in weiter Entfernung ins Auge gefallen, so dass es ganz sinnvoll langsamer macht, um das Gefahrenpotential dieser Wahrnehmung einschätzen zu können. Eine solche Situation erfordert selbstbewusstes und beruhigendes Weitermachen, nicht Ausbauen des Alarms durch eine übermäßig dominierende Haltung oder dadurch, dass man die Besorgnis des Pferdes völlig ignoriert.

Jede Menge Energie

Nach einer Stunde Arbeit in der Bahn sind die meisten Reiter nur zu gerne bereit, einen Mangel an Schwung mit der Begründung zu entschuldigen, dass »er jetzt allmählich müde wird«. Manchmal mag das ja stimmen, aber meistens unterschätzen wir damit die Menge an Energie, die einem durchschnittlich fitten Hauspferd zur Verfügung steht. Vor vierzig Jahren, als die meisten Leute noch keinen Pferdehänger hatten, war es ziemlich normal, ein Jagdpferd dreißig Kilometer und weiter bis zum Stelldichein zu reiten, einen ganzen Tag lang hinter den Hunden zu gehen und dann wieder nach Hause zu reiten. Wanderreitpferde halten ihren steten Schritt Tag für Tag sechs bis acht Stunden lang durch. Selbst ganz normale Reitschulpferde müssen an Wochenenden oft zwei oder drei Stunden pro Tag aktiv mitarbeiten, ohne dass sie deswegen einen ganzen Eimer Hafer bräuchten, um nicht von den Hufen zu kippen. Pferde in der Wildnis müssen von schlechter Weide leben, sind oft von Parasiten geplagt, trächtig oder haben ein Fohlen bei Fuß und legen trotzdem viele Kilometer am Tag zurück, wobei immer kurze Galoppaden dabei sind. Im Vergleich dazu strotzen selbst Hauspferde, die nur mit geringwertigem Raufutter versorgt werden, geradezu vor Energie.

Ebenso wie kleine Kinder scheinen auch junge Pferde eine Art Energie-Generator zu haben, so dass sie erst einmal so lange springen, toben und herumlaufen müssen, bis das Energieniveau wieder handhabbar ist und es überhaupt einen Sinn hat, von ihnen zu erwarten, dass sie sich beruhigen und auf ihre »Hausaufgaben« konzentrieren. Man kann ein Pferd seine Lebensfreude auf der Weide, durch freilaufende Lektionen oder mit einigen Runden an der Longe abreagieren lasen. Ebenfalls wie bei Kindern haben einige Tiere und Typen von Natur aus mehr Energie als andere, und manche sind auch besonders empfänglich für energetisierende Faktoren wie beispielsweise die Wetterlage. Die Energie, die durch gutes Futter und die Stallhaltung angestaut wurde, wird sich nicht einfach auflösen, sondern sie muss ein Ventil erhalten – sei das überschäumendes Temperament, Unsinn aushecken oder Widersetzlichkeit. Keiner dieser Zustände ist für wirkungsvolles Lernen oder für die Schaffung einer aufmerksamen und vertrauensvollen Beziehung zum Reiter sonderlich zuträglich. Das übliche Endergebnis des überschäumenden Temperaments ist ein verspannter, frustrierter Reiter und ein Pferd, das bestraft wird, ohne zu begreifen, warum – nur, weil es sich gut fühlt und sich so bewegen will, wie die Natur es ihm vorschreibt. Ein Überschuss an Energie, ob nun durch Überfütterung oder durch Unterforderung verursacht, liegt mehr Verhaltensproblemen zugrunde als jeder andere Faktor bei der Haltung von Pferden.

Die Tatsache, dass ein Pferd halbwegs ruhig sein muss, um etwas lernen zu können, soll nun nicht bedeuten, dass es dastehen soll, als habe man ihm den Stecker aus der Steckdose gezogen. Um die ausgestrahlte Sendung zu empfangen, muss es »eingeschaltet« und auf die richtige Wellenlänge eingestellt sein. Der Trick liegt darin, dass man das Erregungsniveau finden muss, das für dieses jeweilige Pferd für optimale Lern- oder Leistungsfähigkeit sorgt. Ein Mangel an Interesse oder Energie blockiert das Lernen ebenso sicher wie zu viel davon.

Ruhig bleiben

Furcht, Konflikte, Aufregung – all diese Gefühle, wie auch immer sie entstanden sein mögen, verursachen Verspannung beim Pferd. Verspannung ist beim Lernen das größte Hindernis. Wenn irgendwelche Nervosität vorliegt, merkt das Pferd das so laut und deutlich, wie es eine Polizeisirene hören würde. Es lässt sich davon sofort anstecken und erwartet Ärger in irgendeiner Form. Nachdem

ein Pferd ja dazu neigt, auf die Gesamtsituation zu reagieren, in der es sich befindet, und weniger auf ein ganz bestimmtes Signal, muss in seiner Lernumgebung alles beruhigend sein. Es reicht nicht, wenn nur einzelne Komponenten wie der Reiter beruhigend sind. Ein Pferd, das für die Fahrt aufs Turnier vorbereitet wird, weiß, dass da etwas kommt, weil die allgemeine Aufregung in der Luft liegt, und deshalb wird es ebenfalls gereizt und aufgeregt. Genauso leicht kann schon das geringste Anzeichen von Nervosität oder ärgerlicher Verspannung bei einem Pfleger, Ausbilder oder einem anderen Pferd Furcht hervorrufen.

Wenn ein Pferd Angst hat oder aus irgendwelchen Gründen angespannt ist, verliert es seine Empfänglichkeit für andere Reize und damit auch die Fähigkeit, nachzudenken und die Dinge im richtigen Verhältnis zu sehen. Tatsächlich reagiert es damit ebenso, wie der Mensch es in extremer Anspannung tut. Jeder, der hofft, er könne einem Pferd etwas und vor allem Vertrauen beibringen, muss lernen, Anspannung und Nervosität im eigenen Körper zu kontrollieren und mit einer Aura ruhigen Selbstvertrauens zu ersetzen, ganz egal, wie die Situation auch aussieht.

Wir Menschen sind hoffnungslose Nieten darin, körperliche Anspannung – aus welchem Grund auch immer – zu verbergen. Gefühle der Besorgnis werden selbst dann, wenn diese Sorge nichts mit dem Reiten oder dem Pferd zu tun hat, wie Schockwellen direkt auf das Pferd übertragen – auf ein Tier, dessen gesamtes natürliches Kommunikationssystem sich rund um die Bedeutung feinster Schattierungen von Körperspannung bewegt. Man kann von einem Pferd nicht erwarten, dass es weiß, dass die steifen und ruckartigen Bewegungen seines Menschen oder dessen verspannte Muskeln davon herrühren, dass er einen Anruf von seinem Sachbearbeiter bei der Bank bekommen hat oder wegen eines Staus spät dran ist. Es wird noch nicht einmal eine seiner eigenen Handlungen – ein Scheuen oder ein Nicht-Reagieren auf eine Hilfe – als Grund für die Verärgerung seines Menschen erkennen oder sich darüber klar sein, dass seine eigene Zappeligkeit seinen unerfahrenen Pfleger nervös macht. Ein Pferd weiß nur, dass Spannung gleich Angst ist, und dass Angst gleich Gefahr ist. Sein Körper wird sich instinktiv auf Kampf oder Flucht vorbereiten – nichts anderes ist wichtig. Jeder, der Pferde reitet und mit ihnen umgeht, muss ein Bewusstsein für die Spannungsniveaus bei sich selbst und beim Pferd entwickeln, und das in jedem Augenblick, in dem er sich in der Gesellschaft des Pferdes befindet. Das Ziel muss darin bestehen, jederzeit so entspannt, ruhig und selbstsicher wie möglich dazustehen.

»Niemals ein Pferd im Zorn behandeln ist für das Pferd die beste Lehre und Gewohnheit. Es ist etwas Unbedachtsames um den Zorn, so dass er oft etwas bewirkt, was man bereuen muss. Wenn ein Pferd vor etwas scheut und nicht darauf zugehen will, soll man es belehren, dass das Ding nicht zu fürchten ist; das gilt besonders bei einem ängstlichen Pferd. Kann man mit besänftigenden Worten nichts erreichen, muss man selbst das, was dem Pferd so furchtbar und angsteinflößend erscheint, berühren und dann das Pferd durch sanfte Behandlung auch herbeiführen. Die Menschen aber, die es mit Schlägen zwingen wollen, machen ihm noch mehr Furcht, denn die Pferde glauben dann, wenn sie bei solchen Dingen eine harte Behandlung erfahren, dass das, wovor sie scheuen, daran schuld sei.« Kluge Ratschläge schon vor 2500 Jahren gegeben – sie stammen aus den Schriften des griechischen Reitergenerals Xenophon.

Die schnellste Möglichkeit, zu einem Pferd zu kommen, das vor lauter Verspannung so gelähmt ist, dass es nicht über seine Angst hinaus denken oder handeln kann, ist eine einschüchternde, übermäßige und unangemessene »Disziplinierung«. Daraus entsteht sofort ein Teufelskreis aus Verspannung – Widerstand – Schmerz – Angst – mehr Verspannung, der sich immer weiter verstärkt. Einschränkende Hilfszügel, mit denen man das Pferd einschnürt, um auf diese Art zu versuchen, die erwünschte Oberlinie oder Haltung zu erzielen, werden lediglich für Verspannung in Hals und Rücken sorgen, so dass diese Körperteile steif und deswegen für die Hilfen unempfindlich sind.

Selbst ein Pferd, bei dessen Ausbildung einfach mit zu viel Hast vorgegangen wird, wird fahrig und übereifrig darauf bedacht, es »richtig zu machen«. Damit entwickelt es eine allgemein verspannte Art. Es wird niemals die spielerische Leichtigkeit zeigen, die man bei einem Pferd sieht, von dem immer erst dann mehr verlangt worden ist, wenn es gezeigt hat, dass es dafür bereit ist: durch eine völlig entspannte Haltung den vorherigen Anforderungen gegenüber.

Erste Warnsignale

Als Ausbilder muss man zum Experten werden, wenn es darum geht, die Anzeichen einer Verspannung zu entdecken, die sich im Pferd entwickelt, und diese Beklemmung so schnell wie möglich zu zerstreuen, solange die Aufmerksamkeit des Pferdes wenigstens noch teilweise auf den Ausbilder gerichtet ist.

Die ersten Warnsignale für eine sich entwickelnde Verspannung sind wesentlich unauffälliger als die geblähten Nüstern, die rollenden Augen und die steife Haltung eines wirklich verängstigten oder wütenden Tieres. Die ersten verräterische Zeichen kommen von den Muskeln in Maul und Hals, die sich verspannen und für eine »fühllose« Zügelanlehnung sorgen. Das Pferd verbeißt den Kiefer, das Maul ist trocken und speichellos. Wenn Maul und Hals versteift sind, verliert die gesamte Wirbelsäule ganz rasch ihre Beweglichkeit. Das Pferd bewegt nur ungern Kopf und Hals zur Seite, und die Vorwärtsbewegung wird hölzern und gestelzt, weil ihr der fließende Schwung des entspannten Pferdes völlig abgeht. Einige Pferde flüchten sich in einen Ausbruch blinder Panik oder absoluter Verweigerung jeglicher Zusammenarbeit, ohne vorher mit einer ganzen Reihe deutlicher Signale auf diesen Punkt hinzusteuern. Es ist Sache des Ausbilders, eine Problemsituation schon im Ansatz zu erkennen und sie abzuwenden, indem er den Grund ermittelt, Maßnahmen ergreift, um die Krise abzuwenden, und dann vermeidet, denselben Fehler noch einmal zu machen. Dabei kann es zum einen sein, dass das Pferd deutlich zeigt, woher die Spannung kommt, indem es seine Aufmerksamkeit auf den wichtigen Punkt richtet. Bei einem Pferd mit verspannter Haltung ist es aber oft so, dass alle Anzeichen für allgemeinere Probleme bei der Ausbildung sprechen oder dass es Verspannungen im Körper des Reiters widerspiegelt.

Carl Hester meint dazu:

Carl Hester legte 1985 einen phantastischen Auftakt in der britschen Dressurszene hin, indem er die National Young Rider Championships (die britische Meisterschaft der jungen Reiter) gewann – nur 18 Monate, nachdem er zum ersten Mal auf einem Pferd gesessen hatte. Man stellte ihm die Grand-Prix-Pferde des Dr. Bechtolsteiner zur Verfügung, mit denen er halten konnte, was sein Auftritt versprochen hatte, und

in ganz Europa internationale Platzierungen erritt. Carl Hester erreichte bei den Weltreiterspielen in Stockholm das Einzelfinale und ritt bei den olympischen Spielen 1992 sein Pferd Giorgione auf den 16. Platz. Inzwischen unterhält er einen eigenen Betrieb in Gloucestershire, England, und sammelt weiterhin in England und im Ausland einen Preis nach dem anderen ein. 1995 gewann er zusammen mit Vicky Thompson bei den Europameisterschaften den Pas de Deux auf Gerswhin.

Wenn man auf der Suche nach einem Pferd ist, das sich auf Turnieren hervortun wird, ist die geistige Haltung genauso wichtig wie das Idealgebäude und die Bewegungen. In meinen Augen muss ein Pferd ein Grundbedürfnis haben, vorwärts zu gehen – es muss arbeiten wollen. Es gibt viele Dinge, die Hinweise auf Temperament und Charakter geben können, wenn man Pferde ausprobiert. Jedes junge Pferd wird, ganz offensichtlich, Neues erst einmal ansehen müssen, aber man bekommt ein Gefühl dafür, ob man dieses da zwanzig Mal an etwas vorbeireiten muss und es wird nur immer schlimmer, oder ob es sich um die Art von Pferd handelt, der man einen Blick erlaubt, und dann geht es vorbei und hat das für das nächste Mal gelernt. Selbst bei einem ganz jungen Pferd würde ich nicht haben wollen, dass es auf einen Schenkeldruck sauer reagiert, oder wenn man mit dem Zügel Anlehnung nimmt.
Es ist die Ausstrahlung, die Präsenz, die ein Pferd auszeichnet, das es bis ganz oben bringen wird. So ein Pferd muss nicht unbedingt schick sein – seine Ausstrahlung kann es wunderschön werden lassen. Und ich bin sicher, dass Spitzenpferde ihre Prüfungen als eine Art Aufführung sehen. Das Pferd, das ich in

Carl Hester

»Ich denke, dass man keine Partnerschaft mit einem Pferd entwickeln kann, wenn das Reiten »fließbandmäßig« so läuft, dass jemand einem das Pferd fertig macht, man aufsteigt und dann bis zum nächsten Mal nichts mehr mit dem Pferd zu tun hat.«
Carl Hester mit zwei hoffnungsvollen Talenten auf seinem Betrieb.

Barcelona geritten habe, Giorgione, war sehr begabt, aber zu Hause konnte man sich wirklich vorstellen, dass er den Huf vor das Maul hob und gähnte, da war er so faul. Aber auf einem Turnier war dieses Pferd einfach großartig. Ich musste immer ganz, ganz ruhig reiten, weil er seinen Auftritt so liebte; er hat mich durch die Prüfungen getragen. Ich musste erst lernen, die Tatsache gelassen zu sehen, dass er zu Hause so schlecht ging, denn wenn wir dann irgendwo auf dem Turnier waren, dann ging er nach dem Motto »He Leute, da bin ich!«.

Es ist nicht wahr, dass ein Dressurpferd ein ruhiger Vertreter sein muss. Die besten Dressurpferde können richtig elektrisch werden, denn wenn man einmal auf das Grand-Prix-Niveau geht und man hat kein intelligentes, gehfreudiges Pferd, dann ist man im Nachteil.

Dressurreiten unterscheidet sich da nicht vom Geländereiten oder vom Springen, wo man es nicht auf die andere Seite schaffen wird, wenn man ein Pferd hat, das einen bis zum Hindernis bringt, aber nicht springen will. Bis zu einem gewissen Grade kann man alles erzwingen, aber wenn man auf dem Grand Prix-Niveau ist, dann ist der Unterschied zwischen den Pferden, die man zum Mitmachen zwingt, und denen, die es für sich selbst tun, deutlich zu sehen. Bei denen ist die Versammlung ganz natürlich.

Ein Dressurpferd muss nicht überragend intelligent sein, aber man muss ihm zugestehen, dass es auch einmal die Initiative ergreifen kann. Wenn man ihm seine Instinkte raubt, weil man in der Ausbildung zu stark dominiert, immer auf absoluten Gehorsam besteht und es immer nur am Zügel reitet, nimmt man ihm diese Brillanz, die die wirklichen Spitzenpferde ausmacht. Dressur wird leicht mit zu vielen Regeln überfrachtet. Man kann in Deutschland auf eine Auktion gehen und dort 50 junge Pferde mit wunderbaren Bewegungen sehen, aber der größte Teil von ihnen wird es niemals bis an die Spitze schaffen. Irgendwo auf dem Weg zur Spitze geht irgend etwas schief. Ich denke, dass der Grund, warum so viele Pferde es nicht schaffen, darin liegt, dass ihr Charakter es nicht aushält. Dressurarbeit ist immer dasselbe und muss es auch sein, weil das Pferd aus den Wiederholungen lernt. Aber das Pferd muss davon immer wieder einmal Abstand nehmen, und es braucht Abwechslung. Wir haben hier das Glück, dass wir auch einmal einen Ausritt oder sonst etwas anderes machen können, wenn wir das wollen oder es nötig wird. Ich denke, wenn man Pferde nach und nach aufbaut, dann lernen sie gerne und setzen auch gerne ihren Körper ein. Wenn man es schafft, in der Ausbildung ein Schwarz-Weiß-System durchzuhalten, in dem man das Pferd lobt, wenn es etwas gut gemacht hat, dann wird es versuchen, sich Lob zu verdienen. Wenn es einen Fehler macht, hört man auf, korrigiert das Pferd und macht das Ganze nochmal, so dass es verstehen kann. Lektionen gehen dann schief, wenn es eine Grauzone gibt. So schafft zum Beispiel ein Reiter, der sich an einem Puller festhält, einen immer stärkeren Block. Man muss sich in der Ausbildung Zeit lassen, so dass man auch einmal spielen und etwas anderes machen kann, und man muss kreativ genug sein, auch einmal verschiedene Sachen auszuprobieren, damit das Ganze abwechslungsreich bleibt. Wenn man ein Pferd durchlässig und gelöst haben will, darf man niemals vergessen, dass man es nicht die ganze Zeit

in ein und derselben Haltung gehen lassen darf. Wir arbeiten viel mit wechselnder Haltung und Oberlinie, wir strecken den Hals, versammeln das Pferd wieder, biegen es und richten es wieder gerade – bis das junge Pferd gelernt hat, dass es sich niemals in einer Haltung festbeißen darf, sondern sich ständig bewegen muss. Ich gehe davon aus, dass man pro Reitstunde 100 bis 150 Übergänge reiten muss. Es ist so ungeheuer wichtig, nicht ständig mit Dingen weiterzumachen, die nicht klappen. Wenn das Pferd nicht gut galoppiert, bringt es auch nichts, es immer weiter galoppieren zu lassen. Wenn man Übergänge vom Trab zum Galopp reitet, oder vom Trab zum Schritt oder an welchem Übergang auch immer man gerade arbeitet, dann wird man die Hinterhand aktivieren, aber nicht damit, dass man die ganze Zeit in der gleichen Gangart bleibt. Wir arbeiten viel mit Trabstangen und haben dabei verschiedene Methoden, wie wir die Pferde entspannen und im Rücken dehnen können.

Man kann jedes Pferd, und wenn es die schlechtesten Bewegungen der Welt hat, auf eine Weide stellen, und wenn es sich dort über etwas aufregt, wird man plötzlich zehn Mal so viel Bewegung an diesem Tier sehen, wie der beste Reiter jemals aus ihm herausreiten könnte. Wenn ein Reiter auf den Rücken eines Pferdes steigt, verändert sich das gesamte Gleichgewicht. Das ist etwas, was man korrigieren und entwickeln kann, aber das dauert Jahre, in denen man das Pferd kräftigt, ins Gleichgewicht bringt, ihm die Grundlagen beibringt und auf diesen weiter aufbaut. Auf ihrem Weg nach oben bleiben viele Pferde in den fortgeschrittenen Bewegungslektionen stecken. Die Reiter fangen an, immer fordernder und gröber zu reiten, weil sie sich so stark auf diese fortgeschrittene Arbeit und auf das nächste Turnier konzentrieren. Das Gesamtbild der Leichtigkeit geht dabei völlig verloren. Ein verspannter Körper ist das Ergebnis einer verspannten geistigen Haltung. Ich arbeite mit einer Menge Vielseitigkeitsreiter, deren Pferde ungeheuer fit sind. Alles, woran man mit denen arbeiten muss, ist, sie zu entspannen. Wenn der Geist entspannt ist, entspannt sich der Körper. Viele Ausbilder dachten immer, man könnte fortgeschrittene Lektionen nicht ohne eine gewisse Verspannung reiten – dass man diese nervöse Energie bräuchte, um die Bewegung hervorzubringen. Und dann kam Reiner Klimke und zeigte allen, dass es auch anders geht, denn seine Pferde waren nie verspannt.

Dressurreiten ist ein schwieriger Sport, weil die geistigen Anforderungen an das Pferd im Dressurviereck eine große Belastung darstellen. Seine natürlichen Instinkte sind die eines Fluchttieres, aber hier findet es sich umzingelt von Zelten, Blumentöpfen, den Richtern in ihren Häuschen, den Menschenmengen auf der Tribüne ... Es braucht einiges an Charakter, um die Konzentration des Pferdes aufrecht zu erhalten, ohne dabei irgendwelche Spannungen zu schaffen. Wie man die Energie kanalisiert, das muss man im Training herausfinden, und man muss lernen, wie sehr man das Pferd aus sich herausgehen lassen kann, wie stark man es warmreiten muss, und man muss ihm so sehr vertrauen, dass man es nicht zu sehr erschöpft, bevor man das Viereck betritt, weil man sonst eine Vorstellung liefert, der der Glanz fehlt. Die Fähigkeit zu all diesen Einschätzungen erhält man, wenn man sein Pferd kennt. Leider gibt es nur wenige Pferde, die mit ihren Reitern harmonieren und den Eindruck erwecken, nicht angespannt zu sein. Viele Reiter sitzen wunderbar, aber sie gewinnen mit verspannten Pferden. Wahre reiterliche Begabung zeigt sich darin, dass man mit dem Pferd mitspüren kann.

Nur zu oft wird nicht genügend Zeit darauf verwendet, die Grundlagen zu entwickeln – die Gänge und das Gleichgewicht – und man versucht sich an den Seitengängen und anderen Lektionen, bevor das Pferd körperlich dazu in der Lage oder geistig dazu bereit ist. Die Situation, die man in England vorfindet, ist in manchen Beziehungen nicht so glücklich, in anderen aber recht gut. Dressurreiten ist ein teurer Sport, und wir haben da kein unerschöpfliches Reservoir an Pferden. Deswegen machen die meisten Leute standhaft weiter und versuchen es einmal von der anderen Seite, wenn Probleme auftreten. Ein klassisches Beispiel dafür war Virtu, das Pferd von Emile Faurie. Dieses Pferd war unheimlich desinteressiert und dachte nicht mit, bis Emile eine Menge Zeit mit ihm verbrachte und anfing, ihn bei Renngalopps bis an die Grenze zu trainieren. Das klappte, und er kam von den Europameisterschaften mit einer Bronzemedaille zurück. Es geht viel darum, dass man offen für Neues bleibt. Gershwin wollte beispielsweise zu Beginn des Jahres an nichts herangehen, wovor er Angst hatte, und noch nicht einmal in die Ecken war er zu bekommen. Da neigt man dann dazu, an die Sache mit ziemlichem Zwang heranzugehen und zu denken »und der geht jetzt da hin!«. Als wir aber allmählich zu Partnern wurden, merkte ich, dass er nur sehr, sehr nervös war, und von da an begann ich, ihn anders zu reiten. Zu Hause geht er jetzt wunderbar, zufrieden und entspannt, aber wenn er das Dressurviereck auf dem Turnier betritt, wird er immer noch brettsteif. Das ist so frustrierend, dass man wirklich Lust hat, ihn zu packen und zu zwingen, weil man weiß, dass er es kann. Aber ich musste lernen, auf ihn einzugehen, und das bedeutete, das Turnier zu vergessen und dem Pferd eine Chance zu geben. Ich merkte dann, dass er sich wirklich schneller entspannte, wenn er sich etwas, das er sich ansehen wollte, auch ansehen durfte und ich ihn dann einfach in aller Ruhe weiterritt, als wenn ich ihn stur geradeaus daran vorbeizwang.

Es geht dabei darum, dass man jedes Pferd als ein Individuum sehen und erkennen muss, wie man bei diesem Pferd am besten die Anspannung loswird. Man muss sicherstellen, dass man sich genügend Zeit nimmt, um eine Aufgabe richtig zu beenden. Arbeit an der Longe, an der Doppellonge, in Springreihen, über Stangen, Ausreiten, Dressurreiten – man muss sich immer nach dem richten, was das Pferd wirklich braucht, anstatt die ganze Zeit nur auf der Ausschau nach etwas zu sein, das es zum Gehorchen bringen wird.

Ich denke, dass man niemals eine richtige Partnerschaft mit einem Pferd entwickeln kann, wenn das Reiten »fließbandmäßig« so läuft, dass jemand einem das Pferd fertig macht, man aufsteigt, wieder absteigt und dann bis zum nächsten Mal nichts mehr mit dem Pferd zu tun hat. Man muss sich auch im Stall mit dem Pferd beschäftigen. Auf dem Spitzenniveau ist das ein dermaßen anstrengender Sport und er stellt so große Anforderungen, sowohl körperlich als auch geistig, dass man voll dahinter stehen und sein Pferd vollständig kennen muss.

Eine der besten Partnerschaften, die ich

> *›Es geht dabei darum, dass man jedes Pferd als ein Individuum sehen und erkennen muss, wie man bei diesem Pferd am besten die Anspannung loswird‹*

jemals hatte, war mit einem jungen Pferd namens Boucheron. Als er zu mir kam, hatte ich noch nicht viele andere Pferde, und so hatte ich die Gelegenheit, mich mit ihm zu beschäftigen, ohne dabei hetzen zu müssen. Ich musste viele verschiedene Sachen ausprobieren, um den Schlüssel zu ihm zu finden, so dass er sich reiten ließ, ohne dass man seinen Charakter hätte zerstören müssen, der von Natur aus recht ausdrucksvoll und vorwärts-bestimmt war. Er wollte explodieren – wenn man also zu heftig reagierte, war es das gewesen, alles fiel auseinander. Ich war der einzige Mensch, der ihn überhaupt ritt, und er entwickelte sich zum britischen Meister in zwei Kategorien.

Ein anderes Beispiel ist Nicole Uphoff mit ihrem Rembrandt. Der ist ein wirklich feuriges, leicht zu erschreckendes Pferd, aber man wird niemals sehen, dass Nicole die Geduld mit ihm verliert. Sie bewegt sich mit ihm mit, ganz egal, was er tut. Zu Hause verbringt sie eine Menge Zeit mit ihm, sie putzt ihn und reitet ihn selbst aus. Bei seinem ersten Grand Prix wurde Rembrandt Letzter, aber mit Nicoles Geduld – sie hat ihm die Zeit gelassen, die er brauchte, und hat immer wieder verschiedene Methoden ausprobiert – hat sie eine Partnerschaft entwickelt, die zur erfolgreichsten im modernen Dressursport geworden ist.

Damit eine gute Partnerschaft entstehen kann, muss Vertrauen da sein. Also muss man als Reiter konsequent bleiben. Warum sollte man sein Pferd beispielsweise auf dem Turnier anders reiten als man es zu Hause macht? Das sind die Dinge, die Vertrauen ins Wanken bringen – das, und wenn man in die Falle tappt, jeden Tag und immer Perfektion zu verlangen. Natürlich schwebt uns als Ziel Perfektion vor Augen, aber auf dem Weg dahin darf man nicht ständig die Meinung ändern und damit sein Pferd verwirren.

Ich wäre gerne in der Lage, ein Pferd so auszubilden, dass es so aussieht wie einer dieser Tänzer mit wirklichem Können. Bei meiner eigenen, persönlichen Ausbildung würde ich gerne die Barrieren niederreißen, die so viele Pferde verspannt aussehen lassen. Als ich jünger und ehrgeizig war, habe ich mich nicht um Dressur als Kunstform gekümmert, weil ich dafür nicht genug wusste. Ich wollte in den Kader, und dadurch trainiert man anders, reitet anders und fordert sein Pferd. Aber es gibt so viel zu lernen, so dass die Herausforderung, die ich mir selber stelle, jetzt anderswo liegt.

Wenn man einmal ein Pferd geritten hat, das gut und sauber geritten ist, gibt es nichts mehr, was dem gleichkommt. Ich habe nie gedacht, dass die Dressur mir immer etwas zu bieten haben würde oder dass der Adrenalinschub bleiben würde, aber beides war der Fall. Ein Teil des Adrenalins kommt für mich auf Turnieren, aber das meiste kommt vom Pferd selbst. Diese Spitzenpferde sind beim Reiten einfach eine Sache für sich, mit ihrer Leichtigkeit und Energie. Das ist heute die Herausforderung für mich, dieses Gesamtbild von Reiter und Pferd, zusammen, zu schaffen.

Den Zeitsinn entwickeln

Die richtige Zeiteinteilung kann für das Lernen in verschiedener Hinsicht die wichtigste Voraussetzung sein. Wie wir gesehen haben, hilft es dem Pferd sehr, wenn man neue Aufgaben in einem optimalen Lebensstadium einführt, weil man dann die Anforderung in eine Zeit legt, in der seine natürlichen Neigungen es ohnehin in diese Richtung führen. Dann gehorcht es bereitwillig und problemlos. Wenn man bestimmte Lektionen in eine Zeit legt, zu der das Pferd eine offene Geisteshaltung dafür hat, kann das darüber entscheiden, ob es eine rasche Auffassungsgabe zeigt oder ob es eine Anforderung völlig ignoriert, was dann schnell zu bloßliegenden Nerven in der gesamten Umgebung führt. Wenn ein Pferd nicht in der Laune ist, sich etwas sagen zu lassen, kann das daran liegen, dass das Pferd an diesem Tag allgemein keine Lust zur Zusammenarbeit hat, wie bei einer rossigen Stute oder bei einem übermütigen Jungpferd, das an einem frischen und windigen Morgen die Hufe fliegen lässt. Der Grund kann auch darin liegen, dass seine Aufmerksamkeit vorübergehend abgelenkt ist, dass man zu viel von ihm verlangt hat, dass es nicht verstanden hat, körperlich müde oder unausgeglichen und damit nicht in der Lage ist, zu tun, was man von ihm will, oder dass aus welchem Grund auch immer Verspannungen irgendwo im Körper vorliegen. Wenn man unter einem dieser Umstände darauf besteht, die Lektion unbedingt durchpeitschen zu wollen, lädt man das Pferd geradezu zur Widersetzlichkeit und Ablehnung ein und wird es auch weiterhin nicht zur Zusammenarbeit überreden können. Auch Menschen können nicht gut lernen, wenn sie keine Lust dazu haben, und auch Menschen können es nicht leiden, wenn man sie in solchen Zeiten zu irgendwelchen Leistungen drängen will. Pferde sind da nicht anders, und so liegt es in der Verantwortung des Ausbilders, zu wissen, wann er aufhören muss oder wann es den Versuch wert ist, die Motivation anzukurbeln, indem er bessere

Laune beim Pferd schafft – beispielsweise durch eine leichte Veränderung der Situation, also des Gesamtbildes.

Falsche Konditionierung – mangelndes Verständnis oder die ungewollte Verstärkung der falschen Reaktion – liegt den meisten Schwierigkeiten im Umgang und in der Ausbildung zugrunde. Jede neue Lektion, die nicht ausführlich vorbereitet wurde, indem der vorhergehende Schritt vollständig konditioniert wurde, ist auch vom Zeitplan her fehl am Platze und wird wahrscheinlich fehlschlagen. Wenn man ganz ins Detail geht, ist es das Wichtigste, dass das eigentliche Signal oder die eigentliche Hilfe genau dann kommt, wenn die Wahrscheinlichkeit am höchsten ist, dass so die korrekte Reaktion erfolgt. Dabei kann es um den Bruchteil einer Sekunde gehen. Die Fertigkeit, die nötig ist, um diesen richtigen Augenblick einzuschätzen, und die körperliche Fähigkeit, das richtige Signal in eben diesem Augenblick zu geben, werden in langen Jahren der Übung erworben – und ein instinktives »Gefühl« dafür gehört dazu. Zur Ausbildung eines Pferdes braucht man einen sehr guten Reiter, der schnell denken und sich völlig konzentrieren kann sowie in der Lage ist, seinen Körper und dessen Reaktionen vollständig zu kontrollieren.

Der Trick liegt dabei darin, dass man dem Pferd genau in dem Augenblick das Signal gibt, in dem es die geforderte oder eine ganz ähnliche Bewegung ohnehin gerade ausführen wollte. Dann kann man die Bewegung mit einer Hilfe kombinieren und mittels Belohnung und Wiederholung verstärken, bis die Hilfe zum Signal für die Bewegung wird. Man fordert den Galopp, wenn das äußere Hinterbein gerade unter den Körper gezogen wird, weil man so wahrscheinlich auf dem richtigen Fuß angaloppieren wird; man spricht mit beruhigender Stimme »Scheeee-ritt«, wenn das Pferd an der Longe etwas langsamer wird und ohnehin gerade in den Schritt fallen will – damit die Konditionierung an ein Signal stattfinden kann, dürfen zwischen Signal und Ausführung ein oder zwei Sekunden verstreichen, mehr nicht. Der Ausbilder muss fühlen oder sehen können, was das Pferd im nächsten Augenblick vorhat, wenn er wirkungsvoll eine Handlung an ein Signal binden will.

Auch für Disziplinierungen muss derselbe Zeitrahmen eingehalten werden. Man weiß, dass körperliche Bestrafung bei Pferden nicht wirkt, weil sie Spannung und Angst erzeugt und so positives Lernen blockiert. Bestrafung bei der Ausbildung ist aus anderen logischen Gründen keine gute Idee. Zunächst einmal ist Bestrafung zur Verstärkung einer Reaktion so nutzlos wie nur etwas, weil sie normalerweise erst nach dem Ereignis stattfindet. Wird eine Bestrafung auch nur eine Minute nach dem Vergehen verabreicht, dann war das eine Minute zu spät, weil das Pferd keinerlei geistige Verbindung zwischen den beiden Handlungen herstellt. Eine solche Bestrafung bedeutet für ein Pferd absolut nicht mehr, als dass es aus unerfindlichen Gründen geschlagen wird – oder für das, was es in diesem Augenblick gerade

Wird eine Bestrafung auch nur eine Minute nach dem Vergehen verabreicht, dann war das eine Minute zu spät.

zufällig tut. Ein Pferd, das beim Absprung über ein Hindernis geschlagen wird, damit es die Füße höher heben soll, wird fürs Springen bestraft. Wird ein Pferd von einem verärgerten Reiter im Maul gerissen, der abgebuckelt wurde und nun wieder aufgesessen ist, so sagt das dem Pferd, dass es plötzlich wehtut, jemanden aufsitzen zu lassen – und nicht, dass es vor fünf Minuten nicht hätte buckeln sollen. Wenn man ein Pferd maßregelt, das man gerade hat einfangen können, nachdem es eine Stunde lang fröhlich vor einem her durch die Koppel getänzelt ist, tut man nichts anderes, als ihm zu bestätigen, dass es völlig recht hatte, als es sich erst nicht einfangen lassen wollte.

Bestrafung kann beim Lernen eingesetzt werden, wenn der Mensch genügend auf die Körpersprache achtet, die ihn vor den Absichten des Pferdes warnt. Man kann damit Unsinn, der dem Pferd von selbst eingefallen ist, im Ansatz verhindern, indem man eingreift, noch bevor es eine unerwünschte Handlung beendet hat. Ein Pferd macht eine Grimasse, mit der es mit dem Beißen droht, und wird dafür sofort grob angesprochen, oder es wölbt den Rücken zum Buckeln auf und erhält dafür einen kurzen Schlag hinter dem Sattelgurt, der es sofort vorwärtstreibt. Diese Art von Disziplin begreift das Pferd so, dass es sich die Bestrafung selbst zugefügt hat – es stellt keine Verbindung zwischen der Unannehmlichkeit und dem Reiter her. Statt dessen verknüpft es die unerwünschte Handlung direkt mit den unangenehmen Folgen. Wenn solche Disziplinierungsmaßnahmen sofort vorgenommen werden, wenn die unerwünschte Handlung sich im Ansatz zeigt,

> *›Wir sehen es gerne als selbstverständlich an, dass ein Pferd eine Anweisung verstehen müsste‹*

reicht es oft, sie ziemlich sanft zu halten, und sie wirken so, dass sie verhindern, dass sich echte Probleme entwickeln.

Zeichensprache

Reiten ist ein Dialog. Bei der Schaffung des richtigen Umfeldes für das Lernen geht es darum, die Zeichen zu lesen – Zeichen für den richtigen Zeitpunkt, Zeichen der Verspannung. Es reicht nicht, nur Signale auszusenden; der Ausbilder muss auch in der Lage sein, welche zu empfangen. Zu jeder Form der Kommunikation gehört nicht nur, dass man die Bedeutung der »Worte« kennt und sie »aussprechen« kann, sondern ebenso, dass man die Antworten interpretieren kann, die zurückkommen.

Das Pferd kommuniziert ständig mit dem Menschen und gibt ihm dabei alle nötigen Informationen darüber, wie es sich fühlt, was stört, ob es verstanden hat, was man von ihm verlangt, ob es das in Ordnung findet, ob es entspannt ist und weitermachen will. Dabei hat es das eine große Problem, dass der Mensch normalerweise so auf seinen Versuch konzentriert ist, dem Pferd in seiner Sprache etwas zu sagen (oder normalerweise ihm etwas zuzuschreien), dass er niemals lange genug leise genug ist, um auf die Antwort des Pferdes zu hören. In vielen Fällen könnte diese Antwort lauten, dass es überhaupt nicht versteht, worüber der Mensch da eigentlich redet, oder dass die Signale des Menschen inkonsequent sind und einander widersprechende, verwirrende Botschaften enthalten. Wir sehen es gerne als selbstverständlich an, dass ein Pferd eine Anweisung verstehen müsste, und wenn es nicht so reagiert, wie wir es geplant haben, nehmen wir arroganterweise an, dass es sich absichtlich entzieht. Bei einer so kleinen gemeinsamen Grundlage, von der man ausgehen könnte, kommt der Fortschritt zum Stehen, und die Unsicherheit setzt sich durch. Missverständnisse kristallisieren zu Angst und Widersetzlichkeiten.

Das Problem liegt oft darin, dass die Reiter so mit den Problemen der sprachlichen »Mechanik« beschäftigt sind – gerade sitzen, Schultern zurück, mit dem linken Zügel Anlehnung aufnehmen und jetzt nach links wenden, rechten Schenkel zurücklegen bis etwas hinter den Gurt, linke Schulter zurück, zwischen den Ohren des Pferdes hindurchsehen – dass sie den Dialog völlig verpassen, der da oft sehr unauffällig und sehr komplex abläuft und die Hintergrundmusik zwischen Pferd und Reiter beim Reiten darstellt. Das mindeste, was man als Reiter tun kann, ist, Bescheid zu geben, dass man gehört hat, dass das Pferd gerade einen Kommentar abgegeben hat – selbst wenn man dann nach einer gewissen Prüfung entscheidet, dass man darauf bestehen will, dass das Pferd das tut, was man von ihm verlangt hat, und somit vielleicht eine andere, genauere oder weniger missverständliche Hilfe oder ein anderes Signal benutzt. Erst wenn ein Pferd in der Sprache des Menschen gründlich ausgebildet wurde und wenn der Mensch empfänglich für die Sprache des Pferdes geworden ist – und das kann viele Jahre dauern – kann eine echte Beziehung auf der Grundlage von gegenseitigem Vertrauen und Respekt entstehen, in der Pferd und Mensch gleichberechtigte Partner sind.

Verstärkung

Wodurch wird ein Pferd veranlasst, eine bestimmte Handlung mit großer Wahrscheinlichkeit zu wiederholen? Um einem Pferd wirkungsvoll etwas beibringen zu können – das bedeutet, um das Signal gründlich mit der Reaktion zu verknüpfen, die man erzielen will – muss man die Kunst beherrschen, zu wissen, wann, wie viel und welche Art von Verstärkung erforderlich ist. Verstärkung erhöht die Wahrscheinlichkeit, mit der ein Pferd dasselbe wieder tut, wenn man es das nächste Mal dazu auffordert, oder mit der es im Falle einer unerwünschten Handlung diese nicht mehr zeigt. Verstärkung kann positiv sein und damit die Wiederholung der Reaktion fördern, oder sie kann negativ sein und die Reaktion hemmen.

Positive Verstärkung: Positive Verstärkung nimmt die Form einer Belohnung an, die entweder während einer Handlung oder direkt danach gegeben wird, so dass sie die Wiederholung derselben Handlung fördert, falls dasselbe Signal wieder gegeben wird. Pferde lieben es, wenn sie gelobt werden, und das muss nicht unbedingt so aussehen, dass sie einen Leckerbissen bekommen, auch wenn der im Augenblick immer willkommen ist. Ein kurzes Klopfen am Hals oder ein freundlich, beruhigend oder ermutigend ausgesprochenes Wort ist ebenso wirkungs- und bedeutungsvoll, vielleicht sogar noch mehr, weil das für ein Pferd die naturgemäße Art ist, freundliche Stimmung und Zuneigung zu zeigen und zu erhalten. Die Beendigung eines Reizes kann Belohnung genug sein, um damit eine Konditionierung zu erreichen: wenn der Zug am Gebiss nachlässt, sobald das Pferd langsamer macht, oder wenn der Schenkel nicht mehr einwirkt, sobald das Pferd auf eine Hilfe reagiert hat. Ebenso ist es möglich, eine Handlung so zu konditionieren, dass sie selbst zur Belohnung wird. Ein Pferd, das gerne springt, wird es als Belohnung betrachten, wenn es nach einer anstrengenden Dressurstunde noch zehn Minuten lang über einige Hindernisse hüpfen darf. Für die Motivation am wirkungsvollsten sind das Gefühl von Anerkennung und besserer Kommunikation, das durch freigiebiges Loben erreicht wird – ganz unabhängig von den Umständen wird ein häufig gelobtes Pferd es seinem Reiter recht machen wollen und zu tun versuchen, was er verlangt. Es ist bemerkenswert, wie viele Pferde immer weiter ihr Bestes für Reiter geben, die nur zögerlich ihre Anstrengungen loben, aber ganz schnell dabei sind, wenn es auch nur den kleinsten Fehler zu bestrafen gilt.

In den ersten Stadien des Lernprozesses kann ein gegebenes Signal irgendeine von mehreren verschiedenen Reaktionen hervorrufen. Ein Reiter, der auch ein guter Ausbilder ist, muss Geduld haben und warten, bis Versuch und Irrtum dem Pferd gezeigt haben, welche Reaktion die »richtige« ist. Lernen wird das Pferd diese richtige Reaktion nur, wenn es eine Belohnung nur und ausschließlich für diese korrekte Reaktion gibt. Außerdem muss die Belohnung konsequent jedes Mal erfolgen, wenn die korrekte Reaktion gezeigt wurde. Das ist für den Reiter keine so leichte Aufgabe, wie es sich vielleicht anhört, sondern erfordert ein ziemliches Maß an Konzentration. Wenn die Reaktion später konditioniert ist, ist die Belohnung wirkungsvoller, wenn sie nur manchmal erfolgt, so dass das Pferd sich nicht daran habituiert. Wenn ein Pferd gerade die Vorstufen zur Arbeit in den Seitengängen lernt, kann man es bereits für eine geringfügige Seitwärtsbewegung loben. Ein weiter ausgebildetes Pferd wird besser motiviert, wenn es Anerkennung für eine komplett und gut ausgeführte Traversale bekommt.

Belohnungen sind eine Möglichkeit, die Motivation zu steigern. Bestechungen, bei denen dem Pferd zukünftige Belohnungen in Aussicht gestellt werden, sind eine andere Möglichkeit. Ein junges Pferd, das nur zögerlich springt, findet vielleicht den Mut dazu, wenn es seinen Freund auf der anderen Seite warten sieht. Ein Tier, das an der Kante der Hängerrampe steht und sich nicht entschließen kann, könnte man vielleicht überreden, einen Fuß auf die Rampe zu setzen, wenn es hungrig wäre und oben auf der Rampe ein Eimer mit Futter in Sicht wäre. Bestechungen sind dann am wirkungsvollsten, wenn sie von einem natürlichen Drang des Pferdes Gebrauch machen, aber selbst dann hängt viel vom jeweiligen Pferd und von den Umständen ab. Wenn der Trieb nach Futter oder Gesellschaft stark ist, kann eine solche Bestechung gut wirken. Wenn es gerade gefressen hat oder es solche Angst hat, dass es lieber nicht springen will, egal was auf der anderen Seite wartet, dann ist es wahrscheinlich, dass keine Bestechung gut genug ist, um es von seiner Meinung abzubringen.

Negative Verstärkung: Eine gedankliche Verbindung kann auch negativ verstärkt werden, wenn die Verstärkung entweder aktiv von der Handlung abhält, mit der

Es gibt viele gute Gründe, warum die Verwendung von aktiven Bestrafungen ein Minenfeld ist, das man besser meiden sollte.

sie verbunden ist, oder wenn sie dem Pferd beibringt, eine potentielle Unannehmlichkeit zu meiden. Wie wir bereits gesehen haben, ist eine Bestrafung keine besonders wirkungsvolle Verstärkung, weil sie meistens zu spät erfolgt. Eine Bestrafung kann eine Reaktion abschaffen, wenn sie sofort eingesetzt wird, so dass das Pferd eine gedankliche Verbindung zwischen den beiden Ereignissen herstellt, aber selbst diese Wirkung ist normalerweise nur von kurzer Dauer. Wissenschaftliche Untersuchungen haben gezeigt, dass auf lange Sicht selbst harte Strafen den Drang, früher einmal Gelerntes zu wiederholen, nicht unterdrücken können.

Wenn Bestrafung für eine Handlung eingesetzt wird, die nicht stattgefunden hat, muss man sehr aufpassen, selbst wenn die Bestrafung sofort erfolgt. Das Pferd verweigert einen Sprung und der Reiter ist sicher, dass der Grund nicht in irgendwelchen Kommunikationsproblemen liegt – das Pferd hätte abspringen sollen. Er gibt ihm sofort einen Schlag mit der Gerte, so dass es eine Verbindung zwischen seinem »Verbrechen« und der Bestrafung herstellen sollte. Der Reiter hofft, dass das Pferd so davon abgehalten wird, das Stehen bleiben zu wiederholen, und dass es gleichzeitig dazu ermuntert wird, das nächste Mal abzuspringen. Dass der Gertenschlag fehlt, wenn es dann tatsächlich springt, dient als positive Verstärkung für die Handlung des Springens. Diesen Schlag zu verabreichen, kann aber eine ziemlich heikle Sache sein. Zunächst einmal muss die Bestrafung ja blitzschnell kommen – und wie viele Reiter sind schon so schnell? Zum zweiten muss sie erfolgen, wenn das Pferd noch direkt vor dem Hindernis steht. Sobald es sich einmal davon weggedreht hat, ist zum einen das Abwenden die Belohnung dafür, dass es den Sprung verweigert hat, und zum anderen ist der Schlag zu diesem Zeitpunkt die Bestrafung für das Abwenden, nicht aber für das Stehen bleiben. Nun ist das Pferd völlig verwirrt! Dazu kommt, dass Untersuchungen gezeigt haben, dass nach einer Bestrafung für das Nicht-Ausführen eines Befehls die geforderte Handlung zwar ausgeführt wird, aber nur widerstrebend und mit geringstmöglicher Anstrengung. Ob dabei wohl ein erfolgreiches Leistungspferd herauskommt, das Spaß an seiner Arbeit hat?

Es gibt viele gute Gründe, warum die Verwendung von aktiven Bestrafungen ein Minenfeld ist, das man besser meiden sollte, aber der wahrscheinlich einfachste und beste dieser Gründe aus der Sicht eines jeden Ausbilders ist der, dass Bestrafung contraproduktiv und eine ausgesprochen wirkungslose Methode ist, wenn es darum geht, eine gedankliche Verbindung zu verstärken. Warum, so sollte man sich fragen, hat das Pferd überhaupt etwas falsch gemacht? Ein entspanntes, aufmerksames Pferd, dem man im richtigen Augenblick die richtigen Hilfen gibt, wird fast immer den Versuch starten, die richtige Reaktion zu erbringen, selbst wenn diese Reaktion nicht so prompt erfolgt, wie der Reiter vielleicht gehofft hat. Schlechte Vorbereitung, Ablenkungen, schlechtes Timing, eine schwammige Hilfe oder Verspannung erzeugen »Fehler« – und wer ist nun schuld daran? Damit soll nicht gesagt werden, dass es nicht auch Ungehorsam gibt und dass es nicht ab und zu oder sogar regelmäßig notwendig werden kann, auf seiner Meinung zu bestehen und eine gewisse Festigkeit zu zeigen, wenn man es mit Pferden mit einem ausgeprägten eigenen Willen zu tun hat. Pferde sind auch keine Heiligen, und sie sind auch nicht vor lauter Liebe und Loyalität verzweifelt bemüht, dem Menschen zu Gefallen zu sein. Aber sie reagieren eindeutig darauf, wenn sie mit fester Hand und fair behandelt werden, und sie sind nur zu gerne bereit, auf dieser Basis eine Beziehung aufzubauen – aber eine, die auf Respekt beruht und nicht auf Angst.

Viele Widersetzlichkeiten sind eine Reaktion auf einen Mangel an Verständnis oder einen anderen Zusammenbruch der Kommunikation. Das Pferd kann der Situation nicht entkommen, also kämpft es – es widersetzt sich. Der Reiter muss lernen, trotzigen Widerstand von Verwirrung oder Angst zu unterscheiden.

Stephen Hadley meint dazu:

Früher Springreiter auf internationalem Niveau, ist Stephen Hadley heute ein Spitzentrainer und Fernsehkommentator. In den siebziger Jahren war er Kadermitglied der Nationencup-Mannschaft und sammelte so eine ganze Reihe von internationalen Erfolgen an, bevor er sich in den Achtzigern mehr der Ausbildung von Reitern zuwandte. Sein Ausbildungsstall zieht heute Vielseitigkeits- und Springreiter aller Leistungsklassen an. Außerdem reist Stephen Hadley viel, weil er den britischen Juniorenkader trainiert. Er ist Mitglied verschiedener Komitees der britischen Springreitervereinigung.

Springreiten, Vielseitigkeit und Dressur auf hohem Niveau stellen hohe Ansprüche an Verstand und Körper eines Pferdes. Für alle drei Disziplinen muss ein Pferd Geist und Verstand mitbringen, sonst hält es das Training nicht durch. Man kann einem Pferd seine geistige Haltung ansehen, wenn es vier Jahre alt ist.

Sobald ein Pferd an Trense und Sattel gewöhnt ist und geritten werden kann, setzen wir ihm sofort auch ein paar Stangen vor. Ich halte mehr davon, schon früh im Leben eines Pferdes herauszufinden, ob ein Pferd die Fähigkeiten besitzt und vom Temperament her geeignet ist, als ein oder zwei Jahre zu verschwenden und dann herauszufinden, dass es keinen Sinn hat.

Ganz an der Spitze meiner Liste, die Eigenschaft, nach der ich sehe – egal, ob ich ein Pferd kaufen oder zu züchten versuchen will – steht das Gebäude. Es mag zwar so scheinen, als ob das mit Geist und Verstand des Pferdes nichts zu tun hätte, aber es ist wichtig, weil ein korrektes Gebäude ein Pferd befähigt, seine Arbeit wesentlich besser zu tun, als es das mit einem fehlerhaften Exterieur könnte. Nicht nur das, sondern ein gut gebautes Pferd ist fast immer auch besser im Gleichgewicht; damit ist es leichter auszubilden, weil ihm alles leichter fällt, und es wird länger gesünder bleiben. Die Abstammung ist ebenfalls wichtig. Es gibt ein altes geflügeltes Wort unter Pferdezüchtern: »Der Apfel fällt nicht weit vom Stamm«, und das trifft auf Gesundheit und Temperament zu.

Nach dem Gebäude sehe ich auf die geistige Haltung, die Einstellung des Pferdes, die ich an seinem Auge erkennen kann, an seinem Gesichtsausdruck, an der Art, wie es auf irgendeine Situation reagiert. Ein freundliches Pferd schaut dem Menschen gerade ins Auge. Es denkt eher darüber nach, was es tut; es achtet selbst auf sich und wird gleichzeitig auch auf den Reiter achten.

Wenn ein Pferd gut gezogen und geritten ist, kann es normalerweise im Alter von vier Jahren ein anständiges Hindernis springen, und dann geht es nur noch darum, ihm diese Arbeit wirklich beizubringen und ein wenig mehr Technik hineinzubringen. Bei einem zu mutigen Pferd arbeitet man die ganze Zeit daran, es zurückzuhalten, während man ein schüchternes Pferd ständig vorwärtstreiben muss. Es gibt da so eine

»Sunorra wäre einfach stehen geblieben, wenn ich aufgehört hätte, sie aktiv zu reiten, weil sie so zaghaft war – sie war vorsichtig. Man braucht das perfekte Mittelding zwischen dem »Küken« und dem mutigen Pferd. Wenn da zu viel vom »Küken« ist, wird man nie über eine große Kombination kommen, weil das Pferd einfach nicht den Mut dazu hat, das zu springen. Zu viel Mut und man wird nie einen fehlerfreien Parcours springen.«

Stephen Hadley

Art Mittelwert, den man die ganze Zeit zu erreichen versucht – die richtige Fahrgeschwindigkeit sozusagen. Mit dem Temperament hat man bei einem Springpferd die Schlacht wirklich schon halb gewonnen. Ich habe viel mit Mary King und ihrem Pferd »King William« gearbeitet. Der kann im Renngalopp querfeldein gehen, er hat jede Menge Ausdauer und Kraft und er hat hervorragende Bewegungen – aber er ist als Springpferd keine Naturbegabung. Weil er das Springen schwierig findet, macht er sich Gedanken darüber, und weil er nicht gerade der Unkomplizierteste ist, kann er richtig in die Luft gehen. Auf dem internationalen Niveau, wo die Vielseitigkeitswettbewerbe drei Tage dauern und das Springen als letztes drankommt, hat er immer vier oder fünf Abwürfe. Im Vergleich dazu gewinnt er Vielseitigkeitsprüfungen, die

nur über einen Tag gehen, so leicht, wie andere Leute Erbsen pulen – da springt er am frühen Morgen, wenn er keine Zuschauer hat.
Ein gutes Springpferd weiß, dass es darum geht, fehlerfrei zu springen. Es räumt nicht gerne einen Sprung ab und es verletzt sich nicht gerne selbst. Gute Pferde finden es einfacher, ein Hindernis sauber zu überspringen, als anzuschlagen, und sie ziehen es auch vor, genau das zu tun. Solche Pferde räumen normalerweise nur deshalb einen Sprung ab, weil etwas nicht genau genug gelaufen ist, und nicht, weil es ihnen egal ist. Wenn ein gutes Pferd bei einem Hindernis anschlägt, wird es das nächste sicher nicht berühren, weil es genau weiß, dass die Dinger da stehen, damit man darüberspringt. Es ist wirklich Pech, dass die guten Pferde mehr arbeiten müssen als die schlechten, weil sie immer fehlerfrei

springen und deswegen gleich zwei Prüfungen gehen müssen; in der Beziehung sind sie sich selbst wirklich die ärgsten Feinde! Die vier-Fehler-Pferde machen ihre Arbeit nur halb und müssen in ihrem Leben auch nur halb so viel arbeiten.

Gute Pferde suchen schon das nächste Hindernis, wenn sie gerade eines gesprungen haben. Manche Pferde sind ziemlich ehrgeizig, sie wollen weitermachen und bringen den Reiter wirklich von selbst zum Sprung. Ich habe in Mächtigkeitsspringen ein altes Pferd namens »Corunna Bay« geritten, und er hat auch einige gewonnen. Wenn er in Wembley oder bei Olympia oder wo auch immer um die Kurve kam und da diese hohe Mauer gesehen hat, hat er mich die ganze Strecke dorthin gezogen, weil er so sehr Lust darauf hatte, dieses Ding zu springen.

Die besten Pferde, die ich geritten habe, waren vom Charakter her alle sehr unterschiedlich: manche waren die Ruhe selber, manche waren hypernervös, manche ein wenig zaghaft und manche übermäßig mutig wie Corunna Bay vor dieser Mauer. Aber da gab es auch den Gegensatz dazu, ein anderes gutes Pferd, das ich hatte, sie hieß Sunorra. Sunorra wäre einfach stehen geblieben, wenn ich aufgehört hätte, sie aktiv zu reiten – so einfach war das. Sie war zaghaft, und deswegen war sie vorsichtig. Man braucht das perfekte Mittelding zwischen dem »Küken« und dem mutigen Pferd. Wenn da zu viel vom »Küken« ist, wird man nie über eine große Kombination kommen, weil das Pferd einfach nicht den Mut dazu hat, das zu springen. Zu viel Mut und man wird nie einen fehlerfreien Parcours springen, weil es zu sehr auf die Hindernisse loszieht.

Sauber über Hindernisse zu springen, dazu gehört eine Kombination aus den Fähigkeiten des Pferdes und den Fähigkeiten des Reiters. Ein Spitzenreiter bringt das Pferd beim Anreiten an einen Punkt, von dem aus es einfacher ist, das Hindernis glatt zu überspringen als es abzuräumen. Solche Reiter reiten das Pferd in eine so gute Haltung hinein, sie haben es so sehr vor ihrem Schenkel, zwischen dem Schenkel und dem Hindernis, und reiten es so auf den Punkt, dass das Pferd abspringt und über dem Sprung die bestmögliche Bascule mit aufgewölbtem Rücken zeigt. Als Folge davon wird das Pferd in 19 von 20 Fällen sauber springen, weil es einfach unpraktischer ist, diesen Sprung abzuräumen als ihn sauber zu überspringen. Es kommt darauf an, dass man es dem Pferd leichter macht. Wenn ein Pferd auch noch so gerne springen will, wenn es nicht von Natur aus eine gewisse Technik mitbringt, wird es Sprünge abräumen. Wenn es als Springpferd eine Naturbegabung ist, einen tollen Reiter und genügend Vermögen hat, und wenn man Dinge von ihm verlangt, die im Bereich seiner Fähigkeiten liegen, dann kann man die Anzahl von Sprüngen, bei denen es in einer Saison anschlägt, an einer Hand abzählen.

Ein Springpferd muss eindeutig eher superschlau sein als supergehorsam. Ein Pferd, das lediglich gehorsam ist, ist sehr davon abhängig, wer da auf seinem Rücken sitzt. Ein schlaues Pferd kann sich selbst um sich kümmern und dem Reiter auch noch ein wenig aushelfen. Wenn man ein absolut gehorsames Pferd mit einem tollen Reiter auf dem Rücken hat, wird es nie in die Verlegenheit kommen, schlau sein zu müssen, und es wird nie in die Situation kommen, in der es lernen muss, was zu tun ist, wenn der Reiter einen Fehler macht. Es gibt keinen einzelnen Faktor, der die Pferde auszeichnet, die es bis zur Spitze bringen werden. Zu Spitzenpferden gehört eine Menge: Begabung, Technik, ein scharfer Verstand, Gebäude. Es geht gleichermaßen darum, dass es in der Lage ist zu springen, und dass es springen will. Und wenn es springen will, ist es auch gut darin und findet es einfach und hat deswegen Spaß daran. Es geht einfach um das Selbstvertrauen.

Vor zwanzig Jahren war die Springerei viel weniger anspruchsvoll. Die Parcours werden heute viel höher und anspruchsvoller gebaut. Die Hälfte der Pferde, die vor 30 oder 40 Jahren aktiv waren, würde heute nicht über den dritten Sprung hinauskommen – sie würden mit den Distanzen nicht klarkommen oder mit dem Galopptempo. Selbst wenn das Pferd selbst ein perfekter Kandidat ist, ist das Vertrauen in den Reiter der wichtigste Faktor, und von der Fähigkeit des Reiters hängt viel ab. Das Pferd und der Reiter müssen sich mögen. Manche Pferde können gut sein, aber man mag sie nicht unbedingt. Die Pferde, mit denen ich am meisten zuwege gebracht habe, waren hauptsächlich freundliche, fähige, qualitätsvolle Pferde, die nur allzu bereitwillig so viel hergegeben haben, wie sie nur konnten. Das sind fast schon persönliche Freunde geworden.

Bedingte Aversion – lernen, Dinge zu meiden

Viele Ausbilder, die stolz darauf sind, dass sie niemals oder zumindest nur selten aktive körperliche Bestrafung einsetzen, gründen ihr System oft trotzdem noch auf das Vermeiden. Dieses Prinzip steht häufig hinter konventionellen Ausbildungsmethoden. Das Pferd bewegt sich auf den leisesten Druck des Schenkels hin vorwärts, weil es gelernt hat, dass eine stärkere Hilfe folgen wird – möglicherweise mit Unterstützung von Gerte oder Sporen – wenn es das nicht tut. Ob das nötig oder erwünscht ist, ist fraglich, denn wir wissen ja inzwischen, wie leicht Furcht zu Verspannung und allem, was damit zusammenhängt, führt. Jede Menge positiver Verstärkung, bei der Fehler ignoriert und die Aufgaben wiederholt werden, wird zu einem aufmerksamen Pferd führen, das wirklich willig geht und nicht in der ständigen Angst lebt, es könnte falsch reagieren. Ebenso wie die Bestrafung kann bedingte Aversion, also die Konditionierung auf das Vermeiden unerwünschter Konsequenzen, dazu führen, dass das Pferd weiterhin reagiert, aber sozusagen »unter Zwang«. Oft wird es auch dann noch weitermachen, wenn es Schmerzen hat oder sich gar nicht wohl fühlt – weil es Angst hat, Einwände zu bringen oder mit der Lektion aufzuhören. Xenophon bemerkt dazu: »Wir halten es aber für den besten Unterricht, wenn bei jeder Übung, die das Pferd nach dem Willen des Reiters gut ausführt, ihm gleich darauf vom Reiter wieder eine Pause gegönnt wird. Denn wenn das Pferd gezwungen wird, das versteht es nicht... Es auch nicht schön, ebenso wenig wie man einen Tänzer auspeitscht oder sporniert.«

> *Ein Pferd, das Angst hat, auch nur den kleinsten Fehler zu machen, wird niemals natürliche Bewegungen zeigen.*

Ein Pferd, das Angst hat, auch nur den kleinsten Fehler zu machen – und vor allem, wenn es sich unsicher ist, was eigentlich von ihm erwartet wird – wird niemals natürliche und ausdrucksvolle Bewegungen zeigen und auch niemals willens sein, sich für seinen Reiter anzustrengen oder auch nur in einer schwierigen Situation halbwegs verlässlich zu sein. Für ein Pferd, das mit Lob und Belohnung ausgebildet wurde, ist ein Steifwerden seines Reiters oder ein grober Ton in dessen Stimme schon genug, um Unwillen auszudrücken, wenn das nötig ist. Das Pferd achtet darauf, wie der Reiter sich »anfühlt«, um so zu erfahren, ob es die »richtige« oder die »falsche« Reaktion gezeigt hat. Die Nutzung der Aversion zur Ausbildung kann ganz sicher ein gehorsames Pferd erziehen, aber der Respekt für den Reiter beruht dann auf der Dominanz anstatt auf einer echten Partnerschaft mit Zusammenarbeit und Verständnis zwischen den Vertretern beider Arten. Ein unterwürfiges Pferd wird tun, was unbedingt nötig ist, und wenn die Beziehung vor einer anspruchsvollen Prüfung steht, wird sie dieser Belastung wahrscheinlich nicht standhalten. Wenn es hart auf hart geht, werden Angst, Fluchtinstinkt und Kampftrieb mit an Sicherheit grenzender Wahrscheinlichkeit die Oberhand gewinnen. Wenn die Konsequenz daraus noch mehr Bestrafung ist, dann wird das Pferd in diesem verwirrenden, seine Seele zerstörenden Geschäft, seinem Versuch der Kommunikation, wahrscheinlich völlig das Handtuch werfen und zum Roboter werden, dessen Gedanken nur darauf gerichtet sind, wie es weiteren Schmerz vermeiden kann. Ein gehorsames Pferd muss aber nicht unbedingt eingeschüchtert sein. Es kann deswegen gehorsam sein, weil es genau verstanden hat, was von ihm erwartet wird, und weil es dann auch genau das tut, um seine Belohnung

zu erhalten oder eine Bestrafung zu vermeiden. Diese Situation klingt ja ganz gut – aber sie deutet immer noch auf eine sehr einseitige Kommunikation hin. Hierbei würde es um stumpfes Auswendiglernen gehen, bei der die gesamte Konzentration des Pferdes auf den jeweiligen Befehl und darauf gerichtet ist, ob es die richtige oder die falsche Reaktion gezeigt hat. Dabei ist der Reiter der »Schleifer«, von dem alles abhängt. Es wäre eine bessere Perspektive, wenn man darauf achtet, wie die Sprache selbst »gesprochen« wird, wie das Pferd sie interpretiert und was es darauf antwortet. Wenn die Signale deutlich übermittelt werden und das Pferd so reagiert, wie der Reiter es wünscht, dann ist die Kommunikation wirkungsvoll und erfolgreich. Wenn in der Kommunikation ein Knoten auftritt und die Reaktion auf sich warten lässt, muss man sich daranmachen, herauszufinden, wo die kaputte Stelle liegt. Das Pferd selbst wird einem dazu oft Hinweise in seiner eigenen Sprache geben. Jetzt wird die Unterhaltung zu einem echten Dialog mit Platz für Persönlichkeit und Selbstverwirklichung, in der keine Seite sich bedroht oder unter Druck gesetzt fühlt. Das Pferd hat genug Platz, um darüber nachzudenken, was es da tut, und sich damit zu arrangieren. Pferde sind gut darin, sich mit anderen zu unterhalten, das ist eine natürliche Begabung bei ihnen. Sie sind viel zu empfindsam, als dass es nötig wäre, sie so zu dominieren, dass sie schließlich gehorchen. Wenn es doch nötig ist, spiegelt das die Methoden des Ausbilders wieder und spricht damit für sich! Xenophon schreibt dazu: »Im übrigen muss man, wie ich nicht oft genug betonen kann, jedes Mal, wenn das Pferd etwas gut macht, ihm etwas Angenehmes erweisen. Wenn man dann merkt, dass das Pferd an der Erhebung des Nackens und der weichen Führung (leichte Hand) seine Freude hat, darf man dabei keine harten Hilfen geben, als ob man es zwingen wollte, sich anzustrengen, sondern ihm schmeicheln. Denn so wird es am mutigsten zum schnellen Laufe anspringen.«

»Wenn man das Pferd in die Haltung bringt, die es selbst annimmt, wenn es sich das schönste Ansehen geben will, so erreicht man, dass das Pferd des Reiters froh und prächtig, stolz und sehenswert erscheint.«

Mary King meint dazu:

Mary King reitet seit 1991 mit ihrem »heißen Ofen« King William im britischen Vielseitigkeitskader. Er ist nur eines aus einer ganzen Reihe von begabten Hochleistungspferden, die sie bis zum internationalen Niveau gefördert hat. Mit ihrer Begeisterung und ihrem Engagement für den Vielseitigkeitssport ist sie eine bekannte Verfechterin dafür, wofür sie mit Erfolgen wie dem Sieg 1992 in Badminton, der Mannschaftsgoldmedaille und dem vierten Platz in der Einzelwertung bei den Weltreiterspielen 1994, und der Mannschaftsgoldmedaille und der Einzelbronzemedaille bei den Europäischen Meisterschaften 1995 belohnt wurde.

Man kann ein Pferd haben, das alle Fähigkeit der Welt mitbringt – die Bewegungen, das Springvermögen – aber wenn das Temperament nicht passt, wird dieses Pferd nie stetig auf Spitzenniveau arbeiten können. Bei den Pferden, die sich schließlich als die erfolgreichsten Vertreter herausgestellt haben, war ich mir vom ersten Augenblick an sicher – man wirft einen Blick in die Box und bekommt dieses Gefühl. Als ich King William gesehen habe, habe ich gedacht »Ja! Der hat etwas Besonderes an sich.« Es war einfach nur die Art, wie er da stand, seine ganze Haltung war so positiv. Selbst die Art, wie er aus der Box ging, war zielbewusst und entschlossen; auch die Art, wie er an der Hand vortrabte. Er war ganz offensichtlich ein vorwärtsdenkendes Pferd mit einem wachen Verstand, das hat mich wirklich angesprochen. Ich habe einige Pferde gehabt, die schon als junge Pferde unheimlich ruhig und entspannt waren, und ich dachte, sie hätten einen ganz tollen Charakter. Solche Pferde machen alles ohne große Probleme mit, aber manchmal stellt es sich heraus, dass sie so ruhig sind, weil sie nicht sonderlich intelligent sind. Wenn sie sehr ruhig sind, sind sie vielleicht ein bisschen »langsam«, und wenn man allmählich immer mehr von ihnen verlangt, kommt der Verstand da nicht ganz mit. Ein gutes Pferd muss also ein wenig temperamentvoll und intelligent und mutig sein. Die Pferde, die als junge Pferde sehr ruhig sind, haben diesen Mut und diese Entschlossenheit vielleicht nicht.

Wenn es um Gehorsam geht, dann hängt das großenteils davon ab, wie präzise man als Reiter ist. Wenn man sehr präzise ist, kann man mit Pferden zurechtkommen, die nur gehorsam sind und sonst nichts, aber Pferde, die nur genau das tun, was man von ihnen verlangt, können sich nicht selbst helfen, wenn sie ein Problem bekommen, während die selbstbewussten und eigensinnigen Pferde für sich selbst denken – das heißt, so lange man das alles kanalisieren kann, denn sonst äußert es sich beim jungen Pferd gerne als Widersetzlichkeit und Eigensinn. Man muss diese Energie so kanalisieren, dass das Pferd sie dazu verwendet, mit dem Reiter zusammenzuarbeiten. Wenn man dann beim Anreiten an ein Hindernis einen Fehler macht und etwas schief geht, kann das Pferd die Sache retten.

»Dieser Sport fordert einem Pferd alles ab. Ich liebe es, Pferde auszubilden, mit einem jungen und völlig unerfahrenen Pferd anzufangen, das von nichts eine Ahnung hat, und es bis zu diesem Spitzenniveau aufzubauen, auf dem es dem Reiter völlig vertraut.«

Mary King

Springpferde müssen gehorsamer sein als Vielseitigkeitspferde, weil Springreiten ein viel mechanischerer Sport ist. Sie gehen jeden Tag raus und tun genau das Gleiche wie gestern – manchen Pferden würde das nicht reichen. Ein Spitzenspringpferd ist ein richtiger Freak, es muss ständig so unheimlich vorsichtig sein, es muss selbst den Sprung nicht berühren wollen und von selbst alles tun, was es kann, damit es nicht anschlägt. In unserem Sport, dem Vielseitigkeitsreiten, wäre das nutzlos – wenn man mit einem Pferd, das dermaßen vorsichtig ist, beispielsweise einen mächtigen Tiefsprung nehmen wollte,

würde es sich ständig selbst verletzen. Die Spitzenspringpferde sind oft so vorsichtig, dass sie nicht mutig genug wären, um schwere Vielseitigkeiten zu gehen, wo sie im Renngalopp auf einen Sprung losziehen müssen – es würde ihnen gegen den Strich gehen. Vielseitigkeitspferde müssen da rauer vorgehen und robuster sein. Springpferde sind auf ihre Art ein bisschen affektiert, das macht sie so gut. Wir Vielseitigkeitsreiter ermuntern die Pferde fast ein wenig dazu, etwas eigensinnig zu sein und für sich selbst zu denken, so dass sie »draußen in der Welt« alleine klarkommen.

Es gibt viele Kleinigkeiten, mit denen man ein Pferd ermutigen kann, selbst zu denken. Auf jeden Fall wird der Geist beschäftigt, wenn es auf die Koppel gehen kann, und wenn wir beispielsweise von einem Ritt zurückkommen, müssen die Pferde alle ohne Festhalten im Hof stehen bleiben, während wir gehen, um die Halfter zu holen. Wenn wir ausmisten und putzen, müssen die Pferde stehen bleiben, ohne dass sie angebunden sind. Das sind nur Kleinigkeiten, aber sie müssen das Gehirn einschalten und herausfinden, was man von ihnen erwartet. Sie haben die Wahl und müssen eine Entscheidung treffen, anstatt dass man ihnen ständig alles so vorschreiben würde, dass sie nicht selbst zu denken brauchen. Man muss seinem Pferd so sehr vertrauen, wie es geht.

Ein Pferd muss Spaß an der Sache haben, wenn es erfolgreich sein soll, was auch immer es machen soll. Es muss alles geben. Ich habe Pferde gehabt, die bis zu einem bestimmten Niveau gekommen sind, und dann wurde deutlich, dass sie nie Vielseitigkeitspferde werden würden; für solche Pferde wäre es besser, sie könnten etwas anderes machen. Oft sieht man aber Reiter, die darauf bestehen, weiterzumachen, obwohl ihre Pferde einfach nicht das Vermögen haben oder ihnen der Wille fehlt, es zu tun. Man sieht Reiter mit diesen Pferden immer weitermachen, sie gehen Runde um Runde und sie werden nie gut genug sein, um bis zur Spitze vorzudringen – das ist nicht die Schuld des Pferdes, das Pferd ist einfach so und nicht anders. Ich versuche, mich so bald wie möglich zu entscheiden, anstatt mit einem Pferd weiterzumachen, dem das

> *›Ein Pferd muss Spaß an der Sache haben, wenn es erfolgreich sein soll, was auch immer es machen soll‹*

Ganze schwerfällt oder das keinen Spaß daran hat. Pferde, die keinen richtigen Spaß daran finden, können zwar ziemlich erfolgreich werden, aber sie tun es, weil der Reiter das von ihnen verlangt und weil man ihnen beigebracht hat, zu gehorchen. Da sieht man keine Begeisterung, und dabei wäre die Begeisterung der Schlüssel zum Potential dieses Pferdes.

King Boris, der sich gerade aus dem Turniergeschehen verabschiedet hat, war eigentlich überhaupt nicht der Typ »Vielseitigkeits-Pferd«. Er ist ziemlich stämmig und hat deutlich nur ein Viertel Vollblut-Anteil, deswegen waren die Renngalopps und die Geschwindigkeit, die er auf dem Spitzenniveau bringen muss, für ihn ziemlich schwierig. Er war nur deswegen so erfolgreich, weil er so ein großes Herz hat. Sein gesamtes Leben lang wollte er es seinem Reiter rechtmachen. Immer, wenn ich in Schwierigkeiten geriet, tat er einfach alles, was nur irgendwie ging, um diesen Sprung doch noch zu nehmen. Boris war vielleicht nicht das begabteste Pferd, das man sich vorstellen kann, aber er hatte einfach dieses große Herz und den Willen, dem Reiter zu helfen und alles richtig zu machen. Er hatte einen scharfen Verstand und war nach Jahren des Trainings auch sehr durchlässig und gehorsam. Er musste sich wirklich jeden Zentimeter mühsam erkämpfen, aber das hat er mit solchem Ernst und Eifer gemacht, dass er ungeheuer erfolgreich war.

Dann bekommt man das andere Extrem wie King William, der einfach von Natur aus dermaßen begabt ist, dass es für ihn total einfach ist. Er könnte kilometerweit Renngalopp gehen, er hat wunderbare Bewegungen und er hat die Ausstrahlung, die er für die Dressur braucht. Als junges Pferd war er schon fast zu gut im Denken, und er war eigensinnig. Bei ihm ging es wirklich darum, ihn dazu zu bringen, dass er ruhiger wurde und auch einmal abwartete, während man bei Boris immer beschäftigt war, ihn anzukurbeln. Aber mit William gab es Probleme, weil er so begabt ist, weil er so einen scharfen Verstand hat, vor allem in der Springprüfung. Wenn da eine Menschenmenge ist und eine gespannte Atmosphäre, dann verliert er einfach den Kopf und kann sich überhaupt nicht mehr auf die Sprünge konzentrieren. Die sind ja nicht sehr hoch, und er weiß, dass er sie mit Leichtigkeit springen kann. Wenn er zu Hause und ganz ruhig ist, oder wenn er auf kleineren Turnieren startet, dann springt er endlos fehlerfreie Runden. Aber wenn er in einer gespannten Atmosphäre ist, wird er nervös, und dann fängt er an, Stangen abzuräumen. Manche Pferde scheinen gut auf diese Turnieratmosphäre zu reagieren und blühen dann richtig auf, aber William ist sehr, sehr empfindlich für diese Spannung.

Er ist nicht dieses »Schaut-mich-an«-Pferd, wie die Leute immer meinen. Wenn man ihn bei der Verfassungskontrolle sieht, da richtet er sich beim Vortraben so richtig auf und lässt die Beine fliegen – aber das liegt daran, dass er eine furchtbare Angst hat, er ist einfach hyper-aufmerksam. Die Leute denken dann »Oh, der zeigt sich aber schön…«, aber William hat keinen anderen Gedanken, als dass er ganz schnell hier raus will! Es wird allmählich besser. Früher war er ziemlich unberechenbar, wenn er eine Gruppe von Menschen gesehen hat – dann hat er vor denen gescheut, oder vor einem Hund, den er nicht kannte, oder vor ein paar Kühen. Das ist nur eines Probleme, die auftreten, wenn man ein intelligentes Pferd reitet. Diese Intelligenz kann zu Problemen führen. In der Dressurprüfung kann es zu stark vorwärts gehen oder sich verspannen, weil es weiß, dass am nächsten Tag der Renngalopp ansteht, und dann ist es schwierig, es ruhig und durchlässig genug zu bekommen. Auf der Geländestrecke machen diese von Natur aus mutigen Pferde oft eine Phase durch, in der sie sehr großspurig sind. Da bilden sie sich dann etwas auf ihr Können ein und stoßen deswegen auf Probleme, sobald sie es mit festen Sprüngen zu tun bekommen, weil sie zu stark und mutig gewesen sind. Nach dieser Phase scheinen sie wieder stabiler zu werden und aus ihren Fehlern zu lernen. Wenn sie dann 10 oder 14 Jahre alt sind, sind sie meistens ganz toll zu reiten, weil sie das alles durchgemacht und daraus gelernt haben. Genau das ist bei King William und bei Star Appeal passiert. Die sind beide instinktiv sehr mutig und haben beide eine Phase durchgemacht, in der sie sich sehr stark vorkamen. Bei unserer ersten Europameisterschaft hat William an diesem massiven Tiefsprung,

> *Es ist sehr wichtig, bei jungen Pferden niemals die Nerven zu verlieren… oft wissen sie einfach nicht, was richtig ist.*

an dem alle anderen Pferde bisher stehen geblieben waren, einen Riesensatz gemacht, und unten sind ihm dann einfach die Beine weggeknickt. Im Grunde hat ihm das sehr gut getan, weil er dadurch etwas nachgedacht hat und zu dem Schluss kam, dass ein bisschen mehr Vorsicht vielleicht nicht verkehrt wäre. Star Appeal wurde großspurig und legte sich stark auf die Hand, er versuchte wirklich, einem alles aus der Hand zu nehmen, und so rannte er in ein Hindernis hinein, das er einfach nicht gesehen hatte. Er hatte keinen Sturz dabei, aber es gab einen ziemlichen Aufprall, der für ihn sehr überraschend kam. Glücklicherweise wurde er dabei nicht verletzt, und er war nach dieser Episode viel vorsichtiger und hat mehr über das nachgedacht, was er machte. Ich muss einfach hoffen, dass die Pferde aus ihren Fehlern lernen – man reagiert nämlich leicht so, dass man ihnen dann zu scharfe Gebisse verpasst.

Man muss über Jahre hinweg ruhig bleiben und das Vertrauen aufbauen. Wenn man sich Teams aus Reiter und Pferd ansieht, dann scheint es da Reiter zu geben, bei denen alle ihre Pferde ganz ähnlich gehen. Manche Reiter scheinen immer Pferde zu haben, die sich ein bisschen aufregen, während andere immer Pferde haben, die ganz entspannt und ruhig bleiben – offensichtlich liegt das am Reiter, welche Pferde bei seiner Behandlung herauskommen. Wenn man also als Reiter ruhig bleiben kann, dann ist zu hoffen, dass das auch auf das Pferd diese Wirkung ausübt. Man muss alles langsam aufbauen, mit einem jungen Pferd nicht zu viel tun und es nicht überfordern, sonst zerstört man eine Menge von dem Vertrauen, das man gerade angefangen hat aufzubauen.

Man braucht sich nur Spitzenreiter wie Mark Todd anzuschauen und zu sehen, wie ruhig er beim Reiten bleibt, wie still er sitzt. Er lässt das Pferd machen und für sich selbst denken, beim Renngalopp auf der Geländestrecke macht er ihm so wenig Vorschriften wie nur möglich, solange das Pferd vorwärts geht und jeden Sprung mit der richtigen Geschwindigkeit angeht. Manche Reiter sieht man wild zerrend und schenkelklopfend an den Sprung heranreiten. In dieser Situation denkt das Pferd zur Hälfte an den Reiter und kann sich nur zur anderen Hälfte auf den Sprung konzentrieren. Je freier man als Reiter sein kann, desto ruhiger und konzentrierter kann das Pferd sein. Ein anderes Beispiel dafür ist Andrew Nicholson. Die beiden Ritte, die er 1995 in Burghley gezeigt hat, waren absolute Klassiker. Keines von seinen beiden Pferden war wirklich gut, aber Andrew ist wirklich ein Meister seines Fachs. Er ging mit diesen Pferden auf die Geländestrecke, Hände tief und Zügel ziemlich locker, und sorgte einfach dafür, dass sie vorwärts gingen. Beide Pferde haben im ersten Teil der Strecke Fehler gemacht, mal den Kopf hochgestreckt oder an ein paar Hindernissen die Beine baumeln lassen, aber Andrew hat einfach ganz ruhig da oben gesessen und dafür gesorgt, dass sie ausreichend vorwärts gingen und nicht einfach anhalten konnten. Er ließ das die Pferde für sich durchdenken, anstatt zu versuchen, sie zu dominieren und zu etwas zu zwingen. Bei beiden Pferden war es einfach faszinierend zu beobachten, wie sie im Verlauf des Parcours immer mehr Selbstvertrauen bekamen, weil man ihnen erlaubte, selbst darüber nachzudenken.

Mit William habe ich wirklich eine besondere Beziehung. Er ist für die Geländestrecke dermaßen begabt, dass er darin immer sehr gut war, auch als junges Pferd schon. Seit meinem allerersten Turnier mit ihm ist er immer vorwärts gegangen, hat nie Tricks versucht und ist immer sauber gesprungen. Wir haben immer einfach zusammengepasst. Jetzt ist er ruhiger geworden und ist damit sehr einfach zu reiten, und er ist absolut begeistert von der Geländestrecke. Man hat schon das Gefühl, es sei eine besondere Ehre, ein Pferd reiten zu dürfen, das so begabt ist und so viel Spaß daran hat. Jedes Mal, wenn man über einem Hindernis ist, hält er schon nach dem nächsten Ausschau, oder wenn er um die Kurve kommt, denkt er schon darüber nach, was als nächstes kommt, also braucht man einfach bloß dazusitzen! William und ich kennen einander inzwischen in- und auswendig. Er weiß genau, wie ich denke, und ich weiß, wie er denkt. Wir verstehen einander absolut. Wir versuchen, unseren Pferden zu Hause ein so angenehmes Leben wir möglich zu geben: sie kommen jeden Tag eine oder zwei Stunden lang zusammen auf die Koppel, wo sie ihre Freiheit haben, und wir sorgen für Abwechslung bei der Arbeit. In unserer Gegend gibt es eine Menge Hügel, so dass wir jeden Tag etwas anderes tun und so den Geist der Pferde aktiv halten können. Wenn wir uns auf die nächste Vielseitigkeitssaison vorbereiten, bringen wir die Pferde an andere Orte und lassen sie an kleineren Turnieren teilnehmen, so dass sie ständig interessiert bleiben und lernen.

Wenn man ein junges Pferd ausbilden will, muss man sich am Anfang der Ausbildung ständig ins Gedächtnis rufen, dass es von nichts eine Ahnung hat. Das Pferd weiß nicht, worum es im Leben geht oder was man von ihm erwartet. Es ist sehr wichtig, bei jungen Pferden niemals die Nerven zu verlieren. Man sieht da Beispiele, wie Reiter auf ihrem Pferd herumprügeln, weil es einen

Fehler gemacht hat, und oft weiß das arme Pferd einfach nicht, was denn richtig sein soll. Wenn ich also beispielsweise dressurmäßige Arbeit mit ihm machen würde und das Pferd beim Übergang vom Trab in den Galopp immer den Kopf in die Luft werfen würde, dann würde ich, anstatt es dafür zu maßregeln, versuchen, ihm zu erklären, dass es beim Galoppieren den Kopf unten lassen muss. Ich würde ein Stück mit ihm gehen und es dann noch einmal probieren. Wenn das Pferd es richtig machen würde, würde es am Hals geklopft werden, wobei ich ganz entspannt bleibe, so dass es weiß, dass es jetzt das gemacht hat, was man von ihm wollte. Wenn andererseits das Pferd etwas falsch macht, muss man sich sofort darum kümmern. Es bringt nichts, zu denken »Oh, das ist schon in Ordnung«, weil das Pferd es das nächste Mal ausgeprägter machen wird, weil man ihm nicht erklärt hat, dass das nicht das Richtige war.

Es bringt absolut nichts, wenn der Reiter wütend wird. Man muss ganz deutlich, in schwarz und weiß, klarmachen, was falsch und was richtig ist. Natürlich muss man ein Pferd maßregeln, wenn es anfängt, eine Situation zu seinen Gunsten auszunutzen, aber es muss auch zur richtigen Zeit belohnt werden. Auf diese Art wird es leichter lernen und verstandesmäßig ganz klar sortieren können, was von ihm erwartet wird. An diesem Punkt muss der Reiter ein Gespür dafür haben, was sein Pferd denkt und fühlt. Man kann nicht jedes Pferd auf dieselbe Art reiten, und man kann ganz sicher nicht über jedes dominieren. Wenn ein Pferd auf dem Niveau, auf dem es arbeitet, selbstbewusst und kompetent ist, dann weiß ich, dass es nun bereit ist, weiter zu machen und mehr zu tun. Wenn es sich mutig anfühlt, wenn seine Arbeit ihm Spaß macht und man das Gefühl hat, dass es auf diesem Niveau genug getan hat und dort völlig zu Hause ist, dann ist es an der Zeit, dass man ein wenig mehr verlangt. Oft muss dabei der Reiter ziemlich kreativ sein, wenn er an bestimmte Ausbildungsschwierigkeiten herangeht, damit er dem Pferd mehr Spaß oder mehr Motivation in seinem schwächsten Bereich oder in dem Bereich, den das Pferd als am schwierigsten empfindet, verschaffen kann. Als ich Boris kaufte, war er ziemlich pedantisch und konnte nicht sonderlich gut schnell galoppieren. Er war auf Schauen vorgestellt worden, und so war er rundlich, weich und speckig und hatte keine Ahnung. Er veränderte sich völlig, als wir ihn auf Jagden nahmen. Plötzlich lernte er, dass das Leben unheimlich aufregend sein kann, und er lernte den schnellen Galopp, indem er im Jagdgalopp mit den anderen Pferden mithielt, sie beobachtete und sie nachahmte, so dass er richtig lange Tritte machen und Spaß an der eigenen Geschwindigkeit haben konnte. Diese Methode klappte – viel besser, als wenn wir darauf bestanden hätten, zu Hause zu versuchen, ihm irgendwie den Renngalopp beizubringen.

Manchmal kann man dem Pferd aber auch etwas beibringen oder seine Technik verbessern, um so Probleme zu vermeiden, bevor sie auftreten. Oft kommt man in der Vielseitigkeit bis zum mittleren Niveau und dann werden die Gräben so richtig tief und breit, und das Pferd bekommt Angst vor ihnen. Also versuche ich gerne, dem Pferd von Anfang an beizubringen, die Gräben langsam und am langen Zügel anzugehen, anstatt im Renngalopp darauf loszustechen. Pferde können aus dem Trab einen ganz ordentlichen Graben springen, wenn man ruhig sitzt, vorwärtstrabt und nötigenfalls zunächst ein

anderes Pferd vorausgehen lässt. Das junge Pferd hat den natürlichen Instinkt, das Vorderpferd nachzuahmen, und wenn es hinter einem solchen erfahrenen Pferd hergehen kann, entspannt es sich auch. Auf diese Art lernt es dann, den Graben selbständig zu springen, ohne dass man es ständig dazu ermuntern muss.

Je begabter ein Pferd für etwas ist, desto einfacher ist es für dieses Pferd, Spaß daran zu haben – und es ist wichtig, dass es Spaß daran hat. Wenn man bei der Dressur beispielsweise das Pferd ständig auffordern muss und es die Ohren nicht vorne hat, verschlechtert das das Gesamtbild. King William macht das Springen am wenigsten Spaß, weil dabei so viel Spannung herrscht und die Atmosphäre so nervös ist, aber wir haben daran auf verschiedene Arten gearbeitet und dabei hauptsächlich versucht, ihn so oft wie möglich in diese Art von Situation zu bringen, so dass er lernt, damit zurechtzukommen. Wenn ich auf Kurse und Vorführungen gehe, nehmen wir immer William mit, damit er sich an die Menschenmengen und den Applaus gewöhnt. Es geht dabei darum, das Pferd selbstbewusst zu machen, so dass es an sich selbst glaubt – das darf nicht so aussehen, dass man die ganze Zeit hinter ihm her sein muss – aber man muss sein Selbstbewusstsein aufbauen und ihm immer wieder sagen, »doch, Du kannst es«.

Mein Ausbilder, Lars Sederholm, ist unheimlich gut darin, herauszubekommen, was das Pferd denkt: ob es nun einfach faul ist, oder ob es ihm an Selbstvertrauen fehlt und es den Sprung deswegen abräumt, weil es das Gefühl hat, dass es ihn nicht springen kann. Wenn das der Fall ist, machen wir Übungen, die den Springstil des Pferdes verbessern, so dass es den Sprung gehen kann, und dann ist das Pferd auch willens, mehr von sich zu geben, weil es anfängt, an sich selbst zu glauben. Man kann ein Pferd schnell demoralisieren, indem man ihm das Gefühl gibt, es sei nutzlos. Wenn man ein Problem mit Widersetzlichkeit eines Pferdes bekommt, muss man sich als Reiter darüber klar werden, ob man denkt, dass das Pferd einfach nur ungehorsam ist – in diesem Falle muss man es in seine Schranken verweisen – oder ob es ihm am Selbstvertrauen fehlt und es einer Situation sorgenvoll gegenübersteht – in diesem Falle muss man natürlich ganz anders an die Sache herangehen. Dann muss man nämlich alles langsam aufbauen, also beispielsweise den Sprung um einiges niedriger machen, um so dem Pferd zu helfen, das verlorene Selbstvertrauen wiederzufinden, weswegen es sich widersetzlich gezeigt hat. Je nach Standpunkt ist ein Vielseitigkeitspferd ja eines, das es nicht geschafft hat – es springt nicht gut genug, um Springpferd zu sein, es bewegt sich nicht gut genug für ein reines Dressurpferd, und es ist nicht schnell genug, um Rennen zu laufen. Aber dieser Sport fordert einem Pferd alles ab, wozu es fähig ist. Ich liebe es, Pferde auszubilden, mit einem jungen und völlig unerfahrenen Pferd anzufangen, das von nichts eine Ahnung hat, und es bis zu diesem Spitzenniveau aufzubauen, auf dem es dem Reiter völlig vertraut. Das ist alles, worum es geht, diese Partnerschaft auf der Basis von absolutem Vertrauen und Verständnis.

Plusfaktor Motivation

Wenn das Lernen einfach ist, macht es Spaß – jeder denkt positiv, Selbstvertrauen liegt in der Luft, der Lehrer wird als Helfer und Freund angesehen. Der Schüler befindet sich in einem Zustand, in dem er gut auf Anforderungen reagiert

– er ist fürs Lernen motiviert. Wenn Lernen auf harte Arbeit hinausläuft, bei der man sich unattraktiven Befehlen beugen muss, dann ist es eine ungeliebte Aufgabe. Der Lehrer wird zur Feindfigur. Die negative Haltung wird von Anfang an zum Hindernis und führt zu einer abwärts gehenden Spirale der Demotivierung.

In der Wildnis wird ein Pferd von seinen Genen dazu motiviert, seine natürlichen Triebe auszuleben, also zu fressen, sich zu paaren, sich zu bewegen und die Gesellschaft anderer Pferde zu suchen. Die Gene wiederum wurden durch die Anforderungen des Überlebens geformt – dieser Vorgang ist dauerhaft, hat weit reichende Auswirkungen und ist für das Pferd völlig natürlich. Die Ausbildung zum Reiten dagegen und auch viele andere Dinge, die wir Menschen mit Pferden tun, ist nicht natürlich, und für diese Dinge ist dem Pferd auch keine Motivation angeboren. Kurzfristige Motivation kann aber erzeugt werden, wenn der Ausbilder den Lernvorgang für das Pferd so angenehm zu machen versteht, dass das Pferd die Dinge einfach aufsaugen kann, statt dass man sie ihm aufdrücken muss. Eine gute Zeiteinteilung, eine wirkungsvolle Kommunikation in beide Richtungen, das Mitgehen mit den Neigungen des Pferdes und die Tatsache, dass man dem Pferd zeigen kann, dass es sich gut anfühlt, wenn es etwas richtig macht – all das gehört dazu, wenn man diese Lernatmosphäre schaffen will. Gibt es denn noch andere Methoden, das Lernen so zu gestalten, dass es Spaß macht und einfach ist und dass die Motivation erhöht wird, anstatt unabsichtlich das Pferd zu demotivieren? Belohnungen und Lob wirken, wenn sie konsequent und ständig eingesetzt werden, als allgemein motivierende Einflüsse und auch als vorübergehende Lockmittel, weil sie dem Pferd das Gefühl geben, etwas geleistet zu haben. Lob für eine gut ausgeführte Aufgabe ist für den Aufbau einer Atmosphäre der Zusammenarbeit und des Vertrauens vielleicht ebenso wirkungsvoll wie als sofortige Verstärkung für eine Reaktion. Dazu muss das Lob aber ständig kommen, egal, bis zu welchem Niveau das Pferd es schon gebracht hat, und es muss immer dann kommen, wenn das Pferd es verdient hat. Xenophon schreibt: »Die Götter haben den Menschen verliehen, Menschen durch Worte zu lehren, was sie tun müssen. Dass man aber ein Pferd durch Worte nichts lehren kann, das ist einleuchtend. Wenn man aber jedes Mal, wenn das Pferd etwas tut, wie man es von ihm haben will, ihm einen Gefallen erweist, dagegen, wenn es ungehorsam ist, es straft, so wird es so am besten lernen, seine Schuldigkeit zu tun. Dies ist... der Inhalt der ganzen Reitkunst. Denn es wird den Zaum eher annehmen, wenn man ihm danach etwas Gutes angedeihen lässt. Es wird über Gräben setzen, herausspringen und, kurz, alles andere williger ausführen, wenn ihm nach der Ausführung des Befehls Lob und Ruhe zuteil wird.« Konsequenz und deutliche Kommunikation geben dem Pferd das Gefühl von Sicherheit, das es braucht, um entspannt und bereit zum Lernen zu sein. Wenn der Reiter es vermeiden kann, schwammige Signale zu geben, sollte auch keine demotivierende Verwirrung entstehen. Wie sehr es auch versucht, es seinem Reiter recht zu machen, ein Pferd, das durch schwammige Signale verwirrt wurde, kann nicht herausfinden, was von ihm erwartet wird,

> *›Ein Pferd, das durch schwammige Signale verwirrt wurde, kann nicht herausfinden, was von ihm erwartet wird, damit sein Reiter zufrieden ist‹*

damit sein Reiter zufrieden ist. Der Reiter muss in der Lage sein, eine Aufgabe in die Einzelschritte zu zerlegen, bei denen das Pferd sich sicher fühlt und mit denen es zurechtkommen kann. Die Unterhaltung muss, so weit wie möglich, deutlich und vernünftig geführt werden, so dass jeweils ein Schritt unter Beachtung der Abfolge »Aufforderung – Reaktion – Belohnung« dem anderen folgt. Sobald das Pferd die korrekte Reaktion gezeigt hat, muss die Aufforderung sofort aufhören, denn weiteres Herumnörgeln ist ungeheuer verwirrend für das Pferd und verwandelt die gehorsame Reaktion in eine Strafe an sich. Das Reitschulpony, dessen Flanken vor lauter Bearbeiten mit den Schenkeln ganz abgestumpft sind, hat schon vor langer Zeit beschlossen, dass es gar nichts bringt, wenn es von der Klopferei Notiz nimmt, denn wenn es daraufhin vorwärts geht, wird trotzdem weiter geklopft! Wenn ein Pferd Einwände gegen eine Anforderung hat, muss man als Reiter darüber nachdenken, woran das liegen kann, und falls nötig, muss man die Motivation erhöhen, um so eine Aufgabe attraktiver zu gestalten. Wo Regeln unumgänglich sind – gute Manieren sind zum Beispiel unbedingt wichtig – muss die Disziplin konsequent und sofort gewahrt werden, so wie es auch in der Natur wäre. Ein Pferd weiß es zu schätzen, wenn es genau weiß, wo die Grenzen sind. Abwechslung ist wichtig in der Ausbildung, ganz egal, welches Niveau das Pferd schon erreicht hat. Zwar ist es nötig, Lektionen zu wiederholen, damit sie im Gedächtnis haften bleiben, aber

Langeweile lädt geradezu zum Widerstand ein, und das Habituationsprinzip sorgt dafür, dass zu viel Übung, vor allem ohne die Motivation einer Belohnung, zur Abstumpfung der Reaktion führt. Jedes Pferd geht besser, wenn seine Arbeit abwechslungsreich ist – ganz egal ob es sich um ein Reitschulpferd oder ein weit gefördertes Turnierpferd handelt. Der Geist sehnt sich nach Stimulation und Herausforderung, und das in immer höherem Maße, wenn der Geist durch das ständige Lernen immer beweglicher und empfindlicher wird. Die bequeme Sicherheit des »ich laufe meinem Leitpferd hinterher« oder der immer gleichen vertrauten Routine fördert weder die Initiative noch die Reaktionsfreudigkeit – das gilt sowohl für die Pferde als auch für ihre Reiter.

Temperament und Talentsuche

Aus einem Pony im Cobtyp wird nie ein großartiges Polopony werden, und ein englischer Vollblüter ist nun einmal nicht das Kraftwerk der Pferdewelt – und das sollte man auch nicht von ihm erwarten. Pferde sind seit Jahrhunderten nach körperlichen und nach Charaktermerkmalen gezüchtet worden, um sie für bestimmte Aufgabenbereiche geeigneter zu machen; in jüngerer Zeit werden sie auf athletische und geistige Höchstleistungen gezüchtet. Wenn ein Pferd nicht für die Aufgabe, die man ihm stellt, gebaut ist, wird es beim besten Willen Schwierigkeiten damit haben und gar nicht gehorchen können. Die charakterliche Eignung ist ebenso wichtig. Allgemein kann man sagen, dass die meisten Pferde Dinge gerne zu machen scheinen, die zur umherschweifenden, geselligen Natur der Gattung Equus passen: ausreiten, Jagden gehen, Distanzritte und selbst Rennen (auch wenn nicht jedes Pferd schnell genug ist, um als erstes über die Ziellinie

zu gehen). Dinge, die von Natur aus weniger Spaß machen, werden wahrscheinlich auch mit mehr Anstrengung verbunden sein: Dressurlektionen und selbst Springen sind Dinge, mit denen ein Wildpferd sich geistig nicht zu befassen bräuchte und die ihm normalerweise keinen Nutzen bringen, wenn es Energie darauf verwendet.

Wenn wir schon gerade bei der Spezialisierung sind, so wird hier die Psyche des Einzelpferdes noch wichtiger. Jeder Pferdebesitzer oder Reiter weiß, dass Pferde ihre eigene Persönlichkeit haben, aber aus was besteht diese Individualität? Die Persönlichkeit ist die Neigung eines bestimmten Einzelnen, zu bestimmten Zeiten auf eine bestimmte, immer gleiche Art zu handeln. Es handelt sich dabei um das Produkt der Kombination von ererbten Faktoren (züchterischer Einfluss) und früheren Erfahrungen. Diese zwei Einflüsse stehen in Wechselbeziehung und formen so die Haltung des einzelnen Pferdes gegenüber dem Leben im allgemeinen und auch in bestimmten Situationen. Man könnte sagen, dass es die Persönlichkeit ist, die die Unterschiede bei Pferden hervorruft, die die gleichen grundlegenden Lernerfahrungen gemacht haben. Selbstsicherheit oder ein Mangel daran, Empfindsamkeit und Erregbarkeit scheinen großenteils ererbte Züge der Persönlichkeit zu sein. Ein Ausbildungsplan sollte immer flexibel genug sein, um Raum für individuelle Stärken und Schwächen zu lassen. Manche Rassen und Einzeltiere sind beispielsweise leichter abzulenken als andere, weil sie stärker reagieren, also müssen sie stärker motiviert werden, damit ihre Aufmerksamkeit bei der jeweiligen Aufgabe bleibt. Solche Charaktere regen sich auch leichter auf und werden schneller verwirrt als die weniger sensiblen Typen, wenn man einen Fehler macht. Jedes Pferd reagiert positiv auf eine klare Führung, aber die ängstlicheren leiden regelrecht darunter, wenn sie in den Händen eines Reiters sind, der sich nicht entscheiden kann. Wenn dann eine dominante Pferdepersönlichkeit an einen zaghaften Reiter gerät, wird dieser Reiter der Leidtragende sein! Deswegen ist es wichtig, dass der Reiter zu seinem Pferd passt.

Die »richtige« Persönlichkeit, das richtige Temperament für eine bestimmte sportliche Disziplin – so dass ein Pferd herauskommt, das in dem, was es tut, »gut« ist – muss an das Umfeld dieser Disziplin gut angepasst sein. Was für die eine Disziplin passend ist, kann für eine andere völlig falsch sein. Ein scheues, vorsichtiges Seelchen wird sicher kein Vielseitigkeitspferd, aber es könnte sich um einen Reitanfänger auf eine Art kümmern, auf die man sich bei einem selbstbewussten und unabhängigen Charakter nicht verlassen könnte. Ein Pferd, das sich ständig Sorgen macht, wird sich in einer stabilen Situation mit einem einzigen Reiter wohler fühlen als in einem geschäftigen Schulstall oder wenn man es in eine Turnierkarriere drängt, wo es sich ständig mit neuen Umgebungen konfrontiert sieht. Ein großspuriger Vertreter, der voll von sich überzeugt ist, wird wahrscheinlich nicht gut genug zuhören können, um ein Grand Prix-Dressurpferd abzugeben, und wird Fehler nicht gut genug tolerieren, um in eine Reitschule zu passen, aber er hat Mut und liebt die Herausforderung. Auf der Geländestrecke wird er sich für seinen Reiter das Herz aus dem Leibe rennen. Zwar wird es immer so sein, dass bestimmte Rassen sich für bestimmte Dinge im allgemeinen besser eignen, aber mit einer guten Grundausbildung kann jedes Pferd an irgendeiner reiterlichen Disziplin Spaß finden und gut darin werden, selbst wenn das Turnierreiten nicht als Ziel im Vordergrund steht. Jedes Pferd wird ein bestimmtes Niveau erreichen, auf dem es sich am wohlsten fühlt – nicht jedes Pferd kann ein Leistungspferd und Superstar werden. Die Aufgabe des Ausbilders liegt darin, herauszufinden, was für ein bestimmtes Pferd eine angenehme und lohnende Aufgabe ist. Wenn man dann eine Begabung entdeckt hat, geht es darum, darauf aufzubauen. Nichts zerstört die Seele eines Pferdes – oder eines Reiters – mehr, als wenn immer und immer wieder an einer Aufgabe gearbeitet wird, bei der das Pferd zwar mithalten kann, nie aber diesen »Wohlfühlfaktor« erreichen wird, der dazu beiträgt, eine echte Partnerschaft aufzubauen.

Susie Hutchinson meint dazu:

In der amerikanischen Springszene ist Susie Hutchinson, die seit fast 30 Jahren erfolgreich auf allen amerikanischen Spitzenveranstaltungen zu sehen ist, eine überall bekannte und respektierte Persönlichkeit. 1992 wurde sie zum »American Grand Prix Association Rider of the Year« (erfolgreichste Springreiterin des Jahres) ernannt. Zu ihrem derzeitigen Pferdelot gehören Samsung Clover Mountain, Bugs Bunny und Samsung Woodstock, der 1993 im Weltcup-Finale Dritter wurde.

Jedes Pferd hat seine ureigene Persönlichkeit. Ein Reiter muss sich die Zeit nehmen, sein Pferd kennen zu lernen.

»Pferde sind wie Menschen, jedes Pferd hat seine ur-eigene Persönlichkeit. Ein Reiter muss sich die Zeit nehmen, sein Pferd kennen zu lernen.«

Susie Hutchinson

Ich habe schon eine ganze Menge Pferde gesehen, und so vertraue ich auf mein Gefühl, wenn ich in einen Stall gehe. Ich mag es, wenn ein Pferd diese besondere Ausstrahlung hat. Es sollte sagen »Oh Mann, ich bin einfach gut!« Es sollte einen Blick haben, der Charakter zeigt. Meine beiden derzeitigen Spitzenpferde, Woodstock und Bugs Bunny, haben beide diesen besonderen, intelligenten Blick. Sie glauben wirklich, dass sie gut sind.

Ich will ein Pferd, das sich umsieht, dass sich für das interessiert, was um es herum vorgeht, und das mit der Welt im Frieden zu sein scheint. Wenn ein Pferd diesen Blick hat, dann wird es sich in 90 % aller Fälle auch wirklich so entwickeln. Fürs Springen mag ich es auch, wenn ein Pferd aufmerksam und vorsichtig ist. Wenn ich ein Pferd ausprobiere, berühre ich es deswegen mit einem Zweig leicht an der Hinterfessel. Wenn es dieses Bein schnell hochhebt, ist es von Natur aus empfindsam und wird wahrscheinlich ziemlich vorsichtig sein. Wenn es sich überhaupt nicht bewegt, lasse ich die Finger davon, weil so ein Pferd nicht vorsichtig ist. Gelegentlich lasse ich sogar sechs Monate alte Fohlen über leichte Bambusstangen freispringen, weil man so sehen kann, ob sie einen natürlichen Instinkt dafür haben. Ich versuche, Pferde zu meiden, die aussehen, als ob sie schlecht behandelt worden wären. Menschen schaffen so viele Probleme mit Pferden, und leider ist es sehr schwierig, ungeschehen zu machen, was einem Pferd in der Vergangenheit angetan wurde. Pferde erinnern sich.

Ein wirklich »gutes« Pferd kann alles machen, weil alle guten Pferde sich charakterlich ähnlich sind. Sie haben diese

Ausstrahlung von Größe. Sie haben ein großes Herz und sie geben alles, wenn sie etwas versuchen. Sie geben 110 Prozent. Manche guten Pferde haben so ihre Eigenheiten, an denen man arbeiten muss, aber das gehört nun einmal zu ihrer Persönlichkeit. Ein guter Pferdemensch lässt sich auch durchaus die eine oder andere Eigenheit gefallen – sie kann für den Reiter arbeiten. Als Woodstock nach Amerika kam, war er im Stall ziemlich böse: er drehte uns den Rücken zu und legte die Ohren zurück. Ich wollte wissen, woran das lag, also fragte ich die Frau, die ihn als Dreijährigen gehabt hatte, wie er sich damals verhalten hatte, und sie sagte, sie hätte immer die Arme um ihn gelegt und ihn ständig umarmt. Ich frage mich oft, was passiert ist, so dass er sich jetzt so anders gibt. Inzwischen kenne ich ihn gut und es ist mir klar geworden, dass das einfach nur heiße Luft ist. Wenn man für ihn neu ist oder ein bisschen vorsichtig erscheint, dreht er sich herum und tut so, als ob er ausschlagen wollte. Der Stall ist sein Reich. Das ist nun einmal seine Eigenheit! Auf der anderen Seite ist er aber sehr mutig. Er galoppiert mit Höchstgeschwindigkeit durch einen Parcours und lässt alle Sprünge stehen. Ich liebe es wirklich, schnell zu reiten – manchmal weiß ich, dass ich die Prüfung gewinnen werde, aber ich lasse ihn immer noch rennen, denn Woody kann wirklich rennen, das ist einfach erstaunlich.

Bugs Bunny ist eine interessante Persönlichkeit. Er liebt menschliche Gesellschaft und er ist sehr ausdrucksfähig. Er versucht immer, es mir recht zu machen. Sein größter Fehler ist der, dass er einfach noch nicht genug Turniererfahrung

hat. Er ist zwar elf Jahre alt, aber ich muss immer so über ihn denken, dass er noch ein wenig grün ist. Er kommt auf den Turnierplatz und lässt sich dort von einer wehenden Fahne ablenken und wirft deswegen eine Stange ab. Also muss ich bei ihm einige Fehler akzeptieren – er braucht mehr Erfahrung in den oberen Klassen und mehr Zeit.

Ein gutes Pferd ist wie ein guter menschlicher Sportler. Ein gut vorbereiteter Mensch bekommt einen Adrenalinschub, der ihm hilft, eine bessere Leistung zu erbringen, und so ist das auch beim Pferd. Es wächst mit seinen Aufgaben. Ich bin mir sicher, dass ein gutes Springpferd weiß, dass es gut ist, und dass ihm das Turnier Spaß macht. Da muss diese Bindung zwischen Pferd und Reiter da sein: sie müssen sich mögen, sich gegenseitig respektieren,

> *›Man sollte reiten, weil man Pferde mag. Es geht ums Pferd – das ist alles‹*

Anerkennung füreinander empfinden. Um ganz ehrlich zu sein, wäre es mir lieber, die Pferde würden auf einem Laufband trainiert oder an der Führmaschine, oder sie würden longiert, als dass jemand anders sie reitet, wenn ich einmal nicht zu Hause bin. Wenn bei einem Pferd etwas nicht stimmt, möchte ich es sein, die sich damit befasst, wie das Problem am besten anzupacken ist. Es ist ganz wichtig, dass man einem Pferd nur einen Reiter gibt, der mit ihm zusammenpasst. Es ist ein großer Fehler, ein vorwärtsstürmendes und sensibles Pferd zu nehmen und irgendeinen übereifrigen Jugendlichen daraufzusetzen, der auf Teufel komm raus reitet. Paul Schockemöhle ist ein Genie, wenn es darum geht, Pferde und Reiter zu kombinieren. Er verkauft ein Pferd lieber nicht, als dass er ein wirklich vorsichtiges Pferd einem unerfahrenen Reiter verkauft. Wenn ein Pferd nicht gut geht, liegt das normalerweise am Reiter. Manchmal muss ich ein Pferd verkaufen, weil es nicht zu mir passt. Selbst wenn ich dieses Pferd sehr mag, kann es sein, dass ich körperlich nicht stark genug bin, um es zu reiten.

Wenn man sehen kann, dass ein Pferd gute natürliche Instinkte hat, ist eine gute Basis in Form von korrekter Dressurarbeit sehr wichtig. Ich bin der Meinung, dass Springen nur eine Erweiterung der Bahnarbeit ist – das Springen ist sekundär. Meine Spitzenpferde springen nur auf Turnieren. Weil sie zu Hause die ganze Zeit Dressurarbeit machen, macht ihnen das Springen richtig Spaß. Manchmal lasse ich sie ohne Reiter einen Sprung mit langen Fängen gehen, oder ich lasse ein Pferd ein solches Hindernis freispringen, bevor ich mich zum ersten Mal fürs Springen draufsetze. Dann kann ich sehen, an welcher Stelle vor dem Hindernis es am liebsten abspringt. Springt es eher kurz oder macht es einen mächtigen Satz? Das ist hilfreich, weil man dann dem Pferd helfen kann, dort abzuspringen, wo es das am besten kann. Freispringen lehrt ein Pferd auch, die Tiefen und Entfernungen besser einzuschätzen.

Ich reite ein Pferd nur ungefähr dreißig Minuten lang Dressur und arbeite dabei an Schulterherein, Traversalen, Pirouetten und an Übungen aus dem Westernreiten: Roll-backs und Spins (Wendungen auf der Hinterhand um 180 und um 360 Grad) in hoher Geschwindigkeit. Ich übe mit dem Pferd auf kurze Distanzen, so schnell zu galoppieren, wie es nur irgend kann, so dass es für das Pferd nichts Neues ist, wenn es auf den Turnierplatz kommt und beim Stechen wirklich schnell sein muss. Das Pferd hat gelernt, bei noch höheren Geschwindigkeiten im Gleichgewicht zu bleiben. Alle meine Pferde lernen zu

Hause, wie sie sich bei großer Geschwindigkeit bewegen müssen. Manchmal spiele ich mit meinen Pferden sozusagen Billard, oder Fassrennen, wir benutzen die Hindernisse auf dem Platz als Fässer und umrunden sie im Galopp. Man muss sich einmal die Westernreiter ansehen, die Fassrennen gehen: normalerweise galoppieren sie am langen Zügel im schnellen Galopp vor sich hin, und wenn sie am Fass ankommen, nehmen sie den Zügelkontakt auf und umrunden das Fass. Darauf arbeite ich hin. Bestimmte Lektionen und Ausbildungspraktiken aus dem Westernreiten könnten wirklich auch einer Menge von Englisch-Reitern helfen, weil man damit ein Pferd so schön gelenkig hält.

Ich arbeite auch eine Menge am Tritte verlängern und verkürzen, aber zuerst muss man mit dem Pferd in einen Takt kommen. Sobald man Schritt, Trab und Galopp taktrein halten kann, kann man mit der Trittlänge spielen, wie man sie braucht. Ich arbeite ziemlich viel daran, die Geschwindigkeit meines Pferdes anzupassen, weil ich will, dass es in der Lage ist, zuzulegen und langsamer zu machen, wenn ich es ihm sage – das ist beim Springen wichtig, und Pferde lernen durch Wiederholung.

Ich mag es nicht, wenn ein Pferd gelangweilt ist. Mein Ausbilder, Jimmy Williams, brachte den Pferden Kunststückchen bei. Zum Beispiel nahmen sie den Kopf ganz tief und rollten Bälle durch die Gegend, oder sie stellten selbst die Füße auf einen Aufsteigeblock für den Reiter. Ich möchte den Geist eines Pferdes immer aktiv halten. Wenn ein Pferd sich lustlos fühlt und nicht vorwärts gehen will, machen wir einen Ausritt oder einen Renngalopp rund um einen Acker. Ich will ein Pferd, das für sich selbst denken kann. Ein gutes Springpferd muss intelligent sein, und es muss zwar für sich selbst denken, aber gleichzeitig muss es darauf achten, was es für Anweisungen bekommt, und muss gehorchen.

Ich halte auch viel von Belohnung, und ich habe beim Reiten immer Würfelzucker dabei. Ich lasse mich allerdings von einem Pferd, das ein Leckerli will, nicht herumschubsen. Das ist wie beim Ausbilden eines Hundes – ein gut ausgebildetes Pferd ist ein zufriedenes Pferd. Es muss seinen Reiter respektieren. Ich korrigiere Fehler sofort, aber ich belohne auch sofort gutes Verhalten. Manchmal hat man ja vor dem geistigen Auge eine Vorstellung davon, wie man das Pferd gerne gehen hätte, aber dazu muss man vielleicht seine Methoden ändern. Ich hatte zum Beispiel einmal einige Pferde, mit denen ich nicht sonderlich erfolgreich war. Jimmy war zwar ein stetiger Verfechter der These, dass man bis zum Absprung Zügelkontakt mit dem Pferd halten soll, aber trotzdem sagte er mir, ich solle vor dem Sprung alles komplett loslassen, ihnen den Kopf freilassen – und sie fingen an, wunderbar zu gehen. Es widersprach allem, was wir normalerweise lehren, wie wir reiten und wie wir die Pferde ausbilden, aber für diese Pferde klappte es, weil wir offen genug waren, um mit ihnen eine neue Art auszuprobieren, an die Dinge heranzugehen. Man muss sich also davor hüten, zu sehr in seinen alten Methoden verhaftet zu bleiben. Woodstock beispielsweise hatte einen fürchterlichen Charakter. Er bekam Wutanfälle und war launisch, aber ich habe gelernt, bei ihm nie wütend zu werden. Wenn man sich mit einem Pferd auf einen Kampf einlässt, wird man immer verlieren, weil man in der falschen Gewichtsklasse kämpft! Pferde sind genauso wie Menschen, jedes Pferd hat seine ureigene Persönlichkeit. Ein Reiter muss sich die Zeit nehmen, sein Pferd kennen zu lernen. Man hat mir beigebracht, ein Pferd auszubilden, nicht einfach nur raufzuklettern und zu reiten, sondern geistig eins mit dem Pferd zu werden. Man sagt oft, Pferde seien dumm, aber jeden Tag sieht man ein Beispiel dafür, dass sie uns hereinlegen! Die Pferde sind unsere Lehrer und können uns beibringen, was wir tun sollen und was wir tunlichst lassen sollten. Jedes Pferd kann uns etwas Neues beibringen. Die Reitschüler, die wir haben, fangen auf ganz jungen und grünen Pferden an, aber mit der richtigen Unterweisung, und wenn sie dann etwas besser werden als das Pferd, können sie ein besseres Pferd bekommen. Es ist nicht schwierig, ein gutes Pferd gut zu machen – es ist schwierig, es gut zu halten. Man hat mir beigebracht, dass das am meisten zählt, was man gelernt hat, nachdem man dachte, dass man jetzt alles weiß.

Die Pferde haben mir beigebracht, die Gefühle der Menschen besser zu akzeptieren und ihnen einfühlsamer gegenüberzustehen. Pferde können einem sehr zu einer bescheideneren Haltung verhelfen. Ich war Vierte im Weltcupfinale, und eine Woche später ritt ich auf einem Turnier in Kalifornien und fiel vor den Augen aller Zuschauer auf dem Abreiteplatz herunter – das Pferd sprang irgendwie seltsam, und schon lag ich auf dem Boden. Ich habe auch gelernt, dass Gewinnen nicht alles ist. Wenn man vom Platz reitet und man mit der Art, wie man geritten ist und wie das Pferd auf diesem Niveau gegangen ist, zufrieden ist, dann ist das das Einzige, was zählt. Man sollte reiten, weil man Pferde mag. Es geht ums Pferd – das ist alles. Wenn einem das Schleifen-Gewinnen wichtiger ist als die Beziehung zum Pferd, dann hat man den Blick für das wirklich Wichtige verloren.

Bibliographie

Ainslie; Ledbetter: So verstehen Sie Ihr Pferd. BLV, 1993
McBane, Susan: Pferde ganzjährig draußen halten. Danker 1993.
S. Mac Bane: Understanding Your Horse. Ward Lock 1992.
Bayley, Lesley; Maxwell, Richard: So verstehe ich mein Pferd. Müller Rüschlikon 1997.
C. & V. Coldrey: Breaking & Training Young Horses. Crowood Press 1990.
A. Fraser: The Behaviour of the Horse. CAB International 1992.
Gerweck, Gerhard: Die Psyche des Pferdes. Franckh-Kosmos
Kiley-Worthington, Marthe: Pferdepsyche-Pferdeverhalten. Müller Rüschlikon.
S. Loch: The Classical Seat. Unwin Hyman 1988.
S. Loch: Dressage-The Art of Classical Riding. The Sportsmans Press 1990.
Rees, Lucy: Das Wesen des Pferdes. Müller Rüschlikon 1990.
S. Roughtoun: Breaking & Training Your Horse. Ward Lock 1994.
M. Schafer: The Language of the Horse. Ario New York, 1975.
R.H. Smythe: The Mind of the Horse. J.A. Allen 1975.
Tellington-Jones, Linda; Tylor, Sybil: Die Persönlichkeit Ihres Pferdes. Franckh-Kosmos 1995.
A. Townley: The Natural Horse. Crowood Press 1983.
A. Townley: Natural Riding. Crowoood Press 1990.
M. Williams: Horse Psychology. Stanley Paul 1984.
M. Williams: Understanding Nervousness in Horse & Rider. J.A. Allen 1990.
Xenophon: Über die Reitkunst. Der Reiteroberst. Paul Parey 1984.

Nützliche Adressen

Equine Behaviour Study Circle (Studienkreis Pferdeverhalten)
Ms. Jane Lucas MBCS, Flat 2, 169 Sumatra Road, West Hampstead, London, NW6 1PE, England.
E-Mail-Adresse: J.Lucas@UK.AC.KCL.CC.ASH

Balance Team
The White House, East Claydon, Bucks, MK18 2NH, England.

The Classical Riding Club (Vereinigung für die klassische Reitweise)
Cornard Tye House, Sudbury, Suffolk, CO1O OQA, England.

Monty Roberts
Flag is Up Farms, PO Box 86, Solvang, California, USA.

TTeam International
Site 20 Comp. 9 R.R. 1, Vernon, British Columbia, VIT 6L4, Canada.
In Deutschland: TTeam-Gilde, c/o Bibi Degn, Hassel 4, 57589 Pracht.

Mehr Freude am Reiten

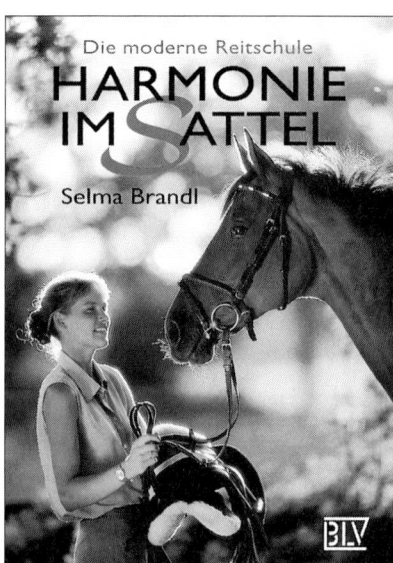

Selma Brandl
Harmonie im Sattel
Der richtige Umgang mit dem Pferd, seine artgerechte Haltung, die Ausbildung von Pferd und Reiter in allen Reitweisen – mit vielen Abbildungen, die die Faszination der Pferde und des Reitsports eindrucksvoll vermitteln.

BLV Pferdepraxis
Marina Wieland
Reiten lernen ohne Stress
Reitunterricht, der wirklich Spaß macht: Erlernen eines lockeren Sitzes in Übereinstimmung mit den Bewegungen des Pferdes, effektive und logische Hilfengebung, sinnvolles Training für Pferd und Reiter.

BLV Pferdepraxis
Kerstin Diacont
Die Reiterhilfen für Anfänger
Die harmonische Verständigung mit dem Pferd: Grundkenntnisse für die Zusammenarbeit, theoretisches und praktisches Basiswissen über die Hilfengebung (Schenkel-, Gewichts- und Zügelhilfen) für alle Reitstile.

BLV Pferdepraxis
Birgit Neuhaus
Freizeitpartner Pferd
Rund um die aktive Freizeitgestaltung mit dem Pferd: beliebte Pferderassen für Freizeitreiter, geeignete Reitweisen, Grundbegriffe zum Fahren, Grundlagen der artgerechten Pferdehaltung.

Im BLV Verlag finden Sie Bücher zu folgenden Themen: Garten und Zimmerpflanzen • Wohnen und Gestalten • Natur • Heimtiere • Jagd • Angeln • Pferde und Reiten • Sport und Fitness • Tauchen • Reise • Wandern, Alpinismus, Abenteuer • Essen und Trinken • Gesundheit und Wohlbefinden

Wenn Sie ausführliche Informationen wünschen, schreiben Sie bitte an:
**BLV Verlagsgesellschaft mbH • Postfach 40 03 20 • 80703 München
Telefon 089 / 127 05-0 • Telefax 089 / 127 05-543**